비전공자도 합격시키는 쉽고 가벼운 ——— 진승현 토목직

2026

가벼운
토질역학

머리말

오늘도 하루를 견디고 있는 수험생에게...

저는 대학생활 동안 도서관에 있는 토목 전공서적을 '전부' 읽었습니다. 거의 외웠다 하는 표현이 맞겠습니다. 비가오나 눈이오나 한 달에 하루 정도를 제외하고는 눈을 뜬 모든 시간을 전공 공부에 쏟아 부었습니다. 토목공학과를 수석졸업하고 책의 내용을 모두 이해하고 보니 잘못 표현되거나 애매하게 표현된 내용들이 참 많았다는 생각이 들었습니다.

그러다 우연히 9급 공무원을 준비하는 학생의 전공과목 수업을 하게 되었습니다. 정말 간절한 마음으로 열심히 공부하는 학생들이 시험에 나오지도 않는 내용을 이해하려 애쓰고, 수많은 공식들을 암기하는 데 소중한 시간을 흘려보내고 있었습니다. 그 학생의 간절함을 보고 이 책을 쓰기로 마음먹었던 것 같습니다.

"선생님 책 언제 출판되나요?"

이 책이 세상에 나오기 전에 저는 합격하겠다며 농담을 건네던 학생들. 지금은 공무원이 되어버린 나의 학생들. 연거푸 감사하다며 식사대접하겠다고 찾아오는 학생들. 한숨을 쉬며 하루를 견디던 수험생이 공무원이 되어 밝게 웃는 얼굴을 보면 형언할 수 없는 책임감을 느낍니다. 그런 마음으로 책을 썼습니다.

> 어떻게 하면 학생이 빠르게 이해할 수 있을까?
> 어떻게 하면 학생들의 암기량을 줄일 수 있을까?
> 어떻게 하면 학생들의 수험기간을 줄일 수 있을까?

수험생의 간절함이 합격에 닿을 수 있게
이 책에 가장 빠른 길을 한 권의 지도로 남겨 놓습니다.

진승헌

토질역학 학습전략

1. 문제 유형을 파악해야 합니다.
토질역학도 매년 동일한 유형의 기출문제가 다수 출제됩니다. 해당 문제를 신속하게 풀기 위해서는 문제 유형에 대해 정확한 파악이 필요합니다. 특히 계산문제의 경우 완벽하게 유형이 잡혀있는 문제들이 있습니다.

2. 흙에 대한 이해가 필요합니다.
고난이도, 신유형 문제를 풀기 위해서 또는 글로 된 문제를 풀기 위해서는 흙에 대한 이해가 필요합니다. 해당 문제들은 문제마다 표현 방식이 다르기 때문에 이론적인 내용을 토대로 수험생이 판단을 하고 문제를 풀이하는 능력이 요구됩니다.

3. 지엽적인 부분을 버려야 합니다.
암반공학, 지반조사, 공법 등은 굉장히 광범위하지만 출제빈도는 높지 않습니다. 고득점을 맞는 수험생들도 해당 부분까지는 학습하지 못하고 합격에 도달합니다. 유형으로 잡혀 있는 토질역학을 완벽하게 학습한 후 시간이 남는 학생들만 기출제된 범위에서 지엽적인 부분을 학습해야 합니다. 이러한 내용들은 별도로 부록에 정리해 두었습니다.

교재 활용 방법 이론편

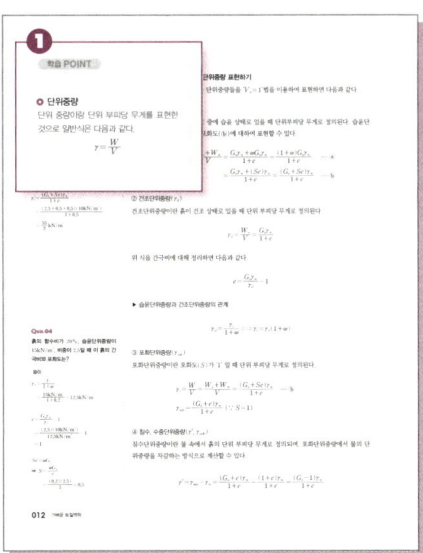

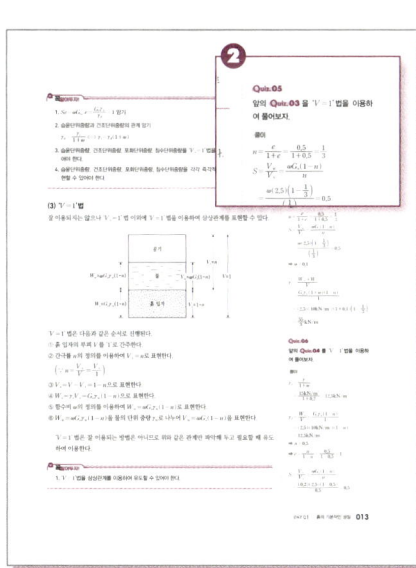

❶ 토질역학을 처음 접하는 수험생들을 위해 이론서 날개 쪽에 단어 정의, 개념정리를 해두었습니다.

❷ 이론을 100% 이해하지 못해도 좋습니다. 어느 정도 이론을 학습한 후에 관련 문제를 풀면 이해도가 향상됩니다. 이론서 날개 쪽에 이해도를 향상시킬 수 있는 예제를 배치했습니다.

CONTENTS

토질역학

DAY 01	흙의 기본적인 성질	006
DAY 02	흙의 기본적인 성질 / 흙의 분류	020
DAY 03	흙의 다짐 / 지중응력	034
DAY 04	흙 속의 물의 흐름(투수)과 응력	052
DAY 05	흙의 변형	072
DAY 06	전단강도	088
DAY 07	토압론	108
DAY 08	얕은 기초 / 깊은 기초 1	130
DAY 09	사면안정론	148

지반공학/시공학/건설재료

DAY 01	지반조사	160
DAY 02	깊은 기초2(말뚝/피어/케이슨)	168
DAY 03	연약지반 개량공법	172
DAY 04-1	암반 / 석재 / 터널	178
DAY 04-2	발파 / 화약류	
DAY 05	토공 / 건설기계 / 토량계산	
DAY 06-1	흙막이 / 사면안정	181
DAY 06-2	토목섬유	184
DAY 07	금속재료 / 목재	
DAY 08	콘크리트	
DAY 09-1	아스팔트	
DAY 09-2	포장	185
DAY 10	교량 / 암거	
DAY 11	댐 / 항만	
DAY 12	품질관리	
DAY 13	공정관리	
DAY 14	물량산출	

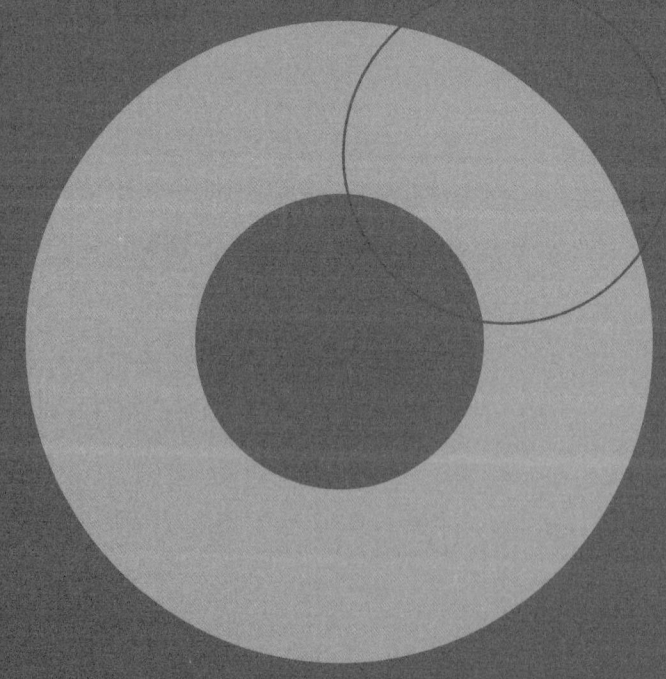

4 0 8 0
진 승 현
토 질 역 학

DAY 01

흙의 기본적인 성질

흙의 기본적인 성질

학습 POINT

 개요

토질역학을 공부하기에 앞서 알아두어야 하는 것은 왜 '토질역학'이라는 학문이 만들어졌는가 하는 것이다. 토질역학이란 흙을 재료로 하여 역학적인 원리를 다루는 학문인데, 굳이 토질역학의 선행과목인 '재료역학'에서 흙을 분리하여 학문으로 정립한 이유는 무엇일까?
그 이유는 흙이 자연 그대로의 상태, 소위 'in-situ' 상태에 있어 재료역학과 토질역학이 다음과 같은 차이를 보이기 때문이다.

① 인공적으로 제작한 재료를 다루는 재료역학에서는 재료들의 탄성계수, 포아송 비, 강도 등의 물성치를 정확히 결정할 수 있으나, 토질역학에서는 자연 지반의 물성치들을 정확히 결정할 수 없다. 왜냐하면 자연 지반의 시료를 채취할 경우 필연적으로 교란이 발생하여 원지반 상태 흙의 물성치와 다른 값들이 계산되기 때문이다.

② 재료역학에서 다루는 재료들은 균질하고 균등한 단일재료이나, 토질역학에서 다루는 흙은 흙 입자(고체), 물(액체), 공기(기체)로 구성된 삼상재료로 혼합재료이다. 이와 비슷한 이유로 재료역학과 콘크리트역학을 분리하여 학문으로 정립하였다. 그러나 콘크리트는 시멘트, 물, 골재가 비교적 일체화되어 거동한다고 해석할 수 있으나, 흙은 흙 입자, 물, 공기가 분리되어 거동하기 때문에 외력에 대하여 여타 재료와는 다른 역학적 특징을 갖게 된다.

이러한 이유로 우리는 지금부터 흙이라는 재료가 갖는 특성이 역학적으로 어떤 특징을 갖는지 다른 재료와 분리하여 공부해야 하는 것이다.

꼭 알아두자!
1. 흙은 자연 상태에 있을 때 물성치를 정확히 알기 어렵다.
2. 흙은 흙 입자(고체), 물(액체), 공기(기체)로 구성된 삼상재료이다. 여기서 삼상이란 3가지 상태(고체, 액체, 기체)를 의미한다.

② 흙의 삼상관계

흙 = 흙 입자 + 물 + 공기

토질역학을 공부하기 전에 '흙이 무엇인가?' 하는 질문을 받게 된다면 대다수의 사람들은 '흙 입자'를 떠올릴 것이다. 그러나 토질역학이라는 학문에서 다루는 '흙'이란 **'흙 입자와 흙 입자 사이의 간극을 메우고 있는 물과 공기로 구성된 삼상재료'**로 정의된다. 여기서 간극이란 흙 입자 사이의 비어 있는 공간을 지칭하는 말로 공극이라는 말로 표현되기도 한다. 간극은 비어 있는 공간이므로 물 또는 공기가 공간을 차지할 것이다. 따라서 흙을 구성하는 요소의 무게와 부피는 다음과 같이 표현한다.

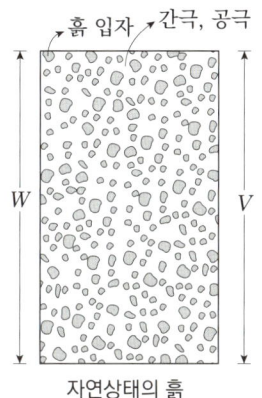
자연상태의 흙

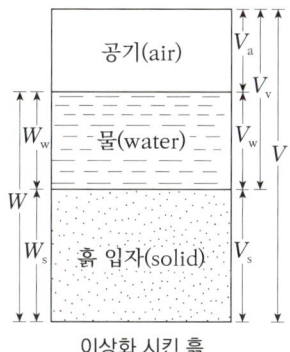
이상화 시킨 흙

| | 흙 입자(S) | 간극(공극) ||
		물(W)	공기(A)
무게	W_s	W_w	공기는 무게가 없다
부피	V_s	V_w	V_a

간극은 물과 공기로 구성되므로 $V_v = V_w + V_a$ 이다.

$$W = W_s + W_w$$
$$V = V_s + V_v = V_s + V_w + V_a$$

흙의 역학적 거동은 흙을 구성하는 삼상의 비율에 영향을 받게 될 것이 당연하므로 토질역학에서는 다음과 같은 문자들을 도입하여 삼상관계를 표현한다.

꼭 알아두자!

1. 흙은 흙 입자와 흙 입자 사이의 간극(공극)을 메우고 있는 물과 공기로 구성된 삼상재료이다.
2. $W = W_s + W_w$
   $V = V_s + V_v = V_s + V_w + V_a$

학습 POINT

Quiz. 01

흙 시료의 무게가 200g, 건조 후 무게가 150g이며, 건조 전 흙의 부피가 110cm³이다. 흙입자의 비중이 2.5일 때 W_w, V_s, V_w, V_v는?

풀이

$W_w = W - W_s$
$\quad = 200\text{g} - 150\text{g}$
$\quad = 50\text{g}$

$V_s = \dfrac{W_s}{\gamma_s} = \dfrac{W_s}{G_s \gamma_w}$
$\quad = \dfrac{150\text{g}}{(2.5)(1\text{g/cm}^3)}$
$\quad = 60\text{cm}^3$

$V_w = \dfrac{W_w}{\gamma_w} = \dfrac{50\text{g}}{1\text{g/cm}^3}$
$\quad = 50\text{cm}^3$

$V_v = V - V_s$
$\quad = 110\text{cm}^3 - 60\text{cm}^3$
$\quad = 50\text{cm}^3$

> 학습 POINT

Quiz.02
Quiz.01의 결과를 이용하여 간극비, 간극률, 포화도, 함수비를 구하시오.

풀이

$e = \dfrac{V_v}{V_s} = \dfrac{50\text{cm}^3}{60\text{cm}^3} = \dfrac{5}{6}$

$n = \dfrac{V_v}{V} = \dfrac{50\text{cm}^3}{110\text{cm}^3} = \dfrac{5}{11}$

or $n = \dfrac{e}{1+e} = \dfrac{5}{11}$

$S = \dfrac{V_w}{V_v} = \dfrac{50\text{cm}^3}{50\text{cm}^3} = 1$

$\omega = \dfrac{W_w}{W_s} = \dfrac{50\text{g}}{150\text{g}} = \dfrac{1}{3}$

(1) 흙의 삼상관계 표현

(1)-1 간극비(e)

간극비는 간극의 부피(V_v)와 흙 입자 부피(V_s)의 비로 정의된다.

$$e = \dfrac{V_v}{V_s}$$

(1)-2 간극률, 공극률(n)

간극률은 간극의 부피(V_v)와 흙의 부피(V)의 비로 정의된다.

$$n = \dfrac{V_v}{V} \times 100\% \text{ (or 100을 곱하지 않고 표현하기도 함)}$$

▶ 간극비와 간극률의 관계

$$e = \dfrac{V_v}{V_s} = \dfrac{V_v}{V - V_v} = \dfrac{\left(\dfrac{V_v}{V}\right)}{\left(\dfrac{V}{V}\right) - \left(\dfrac{V_v}{V}\right)} = \dfrac{n}{1-n}$$

$$n = \dfrac{V_v}{V} = \dfrac{V_v}{V_s + V_v} = \dfrac{\left(\dfrac{V_v}{V_s}\right)}{\left(\dfrac{V_s}{V_s}\right) + \left(\dfrac{V_v}{V_s}\right)} = \dfrac{e}{1+e}$$

(1)-3 포화도(S)

포화도는 간극(V_v) 중 물이 차지하고 있는 부피(V_w)의 비로 정의된다.

$$S = \dfrac{V_w}{V_v} \times 100\% \text{ (or 100을 곱하지 않고 표현하기도 함)}$$

(1)-4 함수비(ω)

함수비는 흙 입자 무게(W_s)와 물 무게(W_w)의 비로 정의된다.

$$\omega = \dfrac{W_w}{W_s} \times 100\% \text{ (or 100을 곱하지 않고 표현하기도 함)}$$

> **꼭 알아두자!**
> 1. 간극비, 간극률, 포화도, 함수비 공식을 암기한다.
> 2. 간극비와 간극률의 관계를 파악한다.
> 3. 간극률, 포화도는 '1'보다 클 수 없지만 간극비, 함수비는 '1'보다 클 수 있다.

(2) '$V_s=1$'법

(2)-1 '$V_s=1$'법의 이해

흙의 삼상관계를 파악하는 가장 좋은 방법으로는 '$V_s=1$'법이 있다. 이는 말 그대로 $V_s=1$이라 하고 비를 이용하여 삼상관계를 표현하겠다는 의미이며, 아래 그림과 같이 부피를 오른쪽에, 무게를 왼쪽에 표현한다.

> **학습 POINT**
>
> ○ **공기함유율(A)**
> 공기함유율의 정의와 '$V_s=1$' 법을 이용하여 표현하는 식도 알아두어야 한다.
> $$A=\frac{V_a}{V}=\frac{V_v-V_w}{V}=\frac{e-\omega G_s}{1+e}$$
> 'Day 3 흙의 다짐'에서 다시 확인할 수 있다.

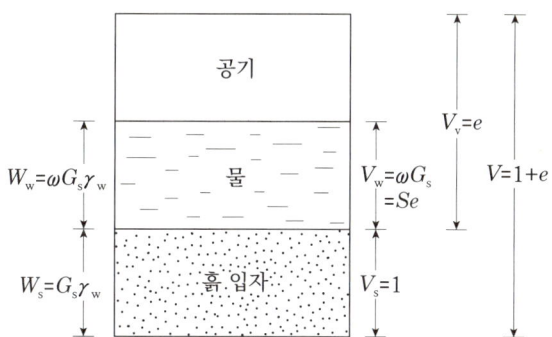

'$V_s=1$' 법은 다음과 같은 순서로 진행된다.
① 흙 입자의 부피 V_s를 '1'로 간주한다.
② 간극비 e의 정의를 이용하여 $V_v=e$로 표현한다.
$$\left(\because e=\frac{V_v}{V_s}=\frac{V_v}{1}\right)$$
③ $W_s=\gamma_s V_s=(G_s\gamma_w)(1)=G_s\gamma_w$로 표현한다.
④ 함수비 ω의 정의를 이용하여 $W_w=\omega G_s\gamma_w$로 표현한다.
$$\left(\because \omega=\frac{W_w}{W_s} \Rightarrow W_w=\omega W_s \Rightarrow W_w=\omega G_s\gamma_w\right)$$
⑤ $W_w=\omega G_s\gamma_w$를 물의 단위 중량 γ_w로 나누어 $V_w=\omega G_s$를 표현한다.

> ○ **흙의 비중(G_s)**
> 비중이란 물의 단위중량과 흙 입자의 단위중량의 비를 의미한다.
> $$G_s=\frac{\gamma_s}{\gamma_w} \Rightarrow \gamma_s=G_s\gamma_w$$

▶ '$V_s=1$'법에서 중요한 관계식

$$S=\frac{V_w}{V_v}=\frac{\omega G_s}{e} \Rightarrow Se=\omega G_s$$

'$Se=\omega G_s$'는 매우 중요한 관계식임으로 반드시 암기한다.

꼭 알아두자!

1. '$V_s=1$'법을 삼상관계를 이용하여 유도할 수 있어야 한다.
2. '$V_s=1$'법을 빠른 시간(10초) 안에 순서에 맞춰 그릴 수 있어야 한다.

> **학습 POINT**
>
> ● 단위중량
> 단위 중량이랑 단위 부피당 무게를 표현한 것으로 일반식은 다음과 같다.
> $$\gamma = \frac{W}{V}$$

> **Quiz. 03**
> 흙의 비중이 2.5, 간극비가 0.5, 포화도가 0.5일 때 이 흙의 습윤단위중량은?
>
> **풀이**
> $$\gamma_t = \frac{(G_s + Se)\gamma_w}{1+e}$$
> $$= \frac{(2.5 + 0.5 \times 0.5)(10\text{kN/m}^3)}{1+0.5}$$
> $$= \frac{55}{3} \text{kN/m}^3$$

(2)-2 '$V_s = 1$'을 이용하여 단위중량 표현하기

토질역학에서 많이 이용되는 단위중량들을 '$V_s = 1$'법을 이용하여 표현하면 다음과 같다.

① 습윤단위중량(γ_t)

습윤단위중량이란 흙이 공기 중에 습윤 상태로 있을 때 단위부피당 무게로 정의된다. 습윤단위중량은 함수비(ⓐ) 또는 포화도(ⓑ)에 대하여 표현할 수 있다.

$$\gamma_t = \frac{W}{V} = \frac{W_s + W_w}{V} = \frac{G_s\gamma_w + \omega G_s \gamma_w}{1+e} = \frac{(1+\omega)G_s\gamma_w}{1+e} \quad \cdots ⓐ$$
$$= \frac{G_s\gamma_w + (Se)\gamma_w}{1+e} = \frac{(G_s + Se)\gamma_w}{1+e} \quad \cdots ⓑ$$

② 건조단위중량(γ_d)

건조단위중량이란 흙이 건조 상태로 있을 때 단위 부피당 무게로 정의된다.

$$\gamma_d = \frac{W_s}{V} = \frac{G_s\gamma_w}{1+e}$$

위 식을 간극비에 대해 정리하면 다음과 같다.

$$e = \frac{G_s\gamma_w}{\gamma_d} - 1$$

▶ 습윤단위중량과 건조단위중량의 관계

$$\gamma_d = \frac{\gamma_t}{1+\omega} \iff \gamma_t = \gamma_d(1+\omega)$$

③ 포화단위중량(γ_{sat})

포화단위중량이란 포화도(S)가 '1'일 때 단위 부피당 무게로 정의된다.

$$\gamma_t = \frac{W}{V} = \frac{W_s + W_w}{V} = \frac{(G_s + Se)\gamma_w}{1+e} \quad \cdots ⓑ$$
$$\gamma_{sat} = \frac{(G_s + e)\gamma_w}{1+e} \quad (\because S=1)$$

④ 침수, 수중단위중량(γ', γ_{sub})

침수단위중량이란 물 속에서 흙의 단위 부피당 무게로 정의되며, 포화단위중량에서 물의 단위중량을 차감하는 방식으로 계산할 수 있다.

$$\gamma' = \gamma_{sat} - \gamma_w = \frac{(G_s + e)\gamma_w}{1+e} - \frac{(1+e)\gamma_w}{1+e} = \frac{(G_s - 1)\gamma_w}{1+e}$$

> **Quiz. 04**
> 흙의 함수비가 20%, 습윤단위중량이 15kN/m³, 비중이 2.5일 때 이 흙의 간극비와 포화도는?
>
> **풀이**
> $$\gamma_d = \frac{\gamma_t}{1+\omega}$$
> $$= \frac{15\text{kN/m}^3}{1+0.2} = 12.5\text{kN/m}^3$$
>
> $$e = \frac{G_s\gamma_w}{\gamma_d} - 1$$
> $$= \frac{(2.5)(10\text{kN/m}^3)}{12.5\text{kN/m}^3} - 1$$
> $$= 1$$
>
> $Se = \omega G_s$
> ➡ $S = \frac{\omega G_s}{e}$
> $$= \frac{(0.2)(2.5)}{1} = 0.5$$

꼭 알아두자!

1. $Se = \omega G_s$, $e = \dfrac{G_s \gamma_w}{\gamma_d} - 1$ 암기

2. 습윤단위중량과 건조단위중량의 관계 암기

   $\gamma_d = \dfrac{\gamma_t}{1+\omega} \Longleftrightarrow \gamma_t = \gamma_d(1+\omega)$

3. 습윤단위중량, 건조단위중량, 포화단위중량, 침수단위중량을 '$V_s = 1$'법을 이용하여 유도할 수 있어야 한다.

4. 습윤단위중량, 건조단위중량, 포화단위중량, 침수단위중량을 각각 즉각적으로 '$V_s = 1$'법으로 표현할 수 있어야 한다.

---

(3) '$V = 1$'법

잘 이용되지는 않으나 '$V_s = 1$' 법 이외에 '$V = 1$' 법을 이용하여 삼상관계를 표현할 수 있다.

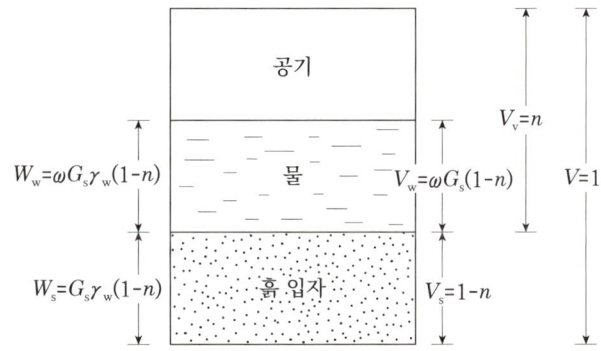

'$V = 1$' 법은 다음과 같은 순서로 진행된다.

① 흙 입자의 부피 V를 '1'로 간주한다.
② 간극률 n의 정의를 이용하여 $V_v = n$로 표현한다.

$\left(\because n = \dfrac{V_v}{V} = \dfrac{V_v}{1}\right)$

③ $V_s = V - V_v = 1 - n$으로 표현한다.
④ $W_s = \gamma_s V_s = G_s \gamma_w (1-n)$으로 표현한다.
⑤ 함수비 ω의 정의를 이용하여 $W_w = \omega G_s \gamma_w (1-n)$로 표현한다.
⑥ $W_w = \omega G_s \gamma_w (1-n)$을 물의 단위 중량 γ_w로 나누어 $V_w = \omega G_s (1-n)$을 표현한다.

'$V = 1$' 법은 잘 이용되는 방법은 아니므로 위와 같은 관계만 파악해 두고 필요할 때 유도하여 이용한다.

꼭 알아두자!

1. '$V = 1$'법을 삼상관계를 이용하여 유도할 수 있어야 한다.

학습 POINT

Quiz. 05

앞의 **Quiz. 03**을 '$V = 1$'법을 이용하여 풀어보자.

풀이

$n = \dfrac{e}{1+e} = \dfrac{0.5}{1+0.5} = \dfrac{1}{3}$

$S = \dfrac{V_w}{V_v} = \dfrac{\omega G_s(1-n)}{n}$

$= \dfrac{\omega(2.5)\left(1-\dfrac{1}{3}\right)}{\left(\dfrac{1}{3}\right)} = 0.5$

➡ $\omega = 0.1$

$\gamma_t = \dfrac{W_w + W_s}{V}$

$= \dfrac{G_s \gamma_w (1+\omega)(1-n)}{1}$

$= (2.5)(10\text{kN/m}^3)(1+0.1)\left(1-\dfrac{1}{3}\right)$

$= \dfrac{55}{3} \text{kN/m}^3$

Quiz. 06

앞의 **Quiz. 04**를 '$V = 1$'법을 이용하여 풀어보자.

풀이

$\gamma_d = \dfrac{\gamma_t}{1+\omega}$

$= \dfrac{15\text{kN/m}^3}{1+0.2} = 12.5\text{kN/m}^3$

$\gamma_d = \dfrac{W_s}{V} = \dfrac{G_s \gamma_w (1-n)}{1}$

$= (2.5)(10\text{kN/m}^3)(1-n)$

$= 12.5\text{kN/m}^3$

➡ $n = 0.5$

➡ $e = \dfrac{n}{1-n} = \dfrac{0.5}{1-0.5} = 1$

$S = \dfrac{V_w}{V_v} = \dfrac{\omega G_s(1-n)}{n}$

$= \dfrac{(0.2)(2.5)(1-0.5)}{0.5} = 0.5$

학습 POINT

Quiz. 07

다음 빈칸을 채우시오.

> 통일분류법은 자갈과 모래를 (　)를 기준으로 분류하나, AASHTO 분류법은 보다 작은 (　)를 기준으로 분류한다. 또한 통일분류법과 AASHTO 분류법은 모래와 실트를 (　)를 기준으로 분류하나, AASHTO 분류법에서 실트와 점토를 (　)를 기준으로 분류하는 것과 달리 통일분류법에서는 (　)를 기준으로 분류한다.

풀이

통일분류법은 자갈과 모래를 (4.75mm)를 기준으로 분류하나, AASHTO 분류법은 보다 작은 (2mm)를 기준으로 분류한다. 또한 통일분류법과 AASHTO 분류법은 모래와 실트를 (0.075mm)를 기준으로 분류하나, AASHTO 분류법에서 실트와 점토를 (0.002mm)를 기준으로 분류하는 것과 달리 통일분류법에서는 (소성도표)를 기준으로 분류한다.

● 간극비(e) 비교

세립분의 입자 크기가 작기 때문에 입자가 촘촘히 배치되어 간극비(e)도 작을 것이라 생각하기 쉽지만, 세립분은 흙 입자 부피(V_s)에 비해서 간극의 부피(V_v)가 더 크기 때문에 세립분의 간극비가 조립분의 간극비보다 크다. 추후에 배울 면모구조를 떠올리면 이해하기 쉽다.

③ 흙 입자

앞에서 흙은 흙 입자, 물, 공기로 구성된 삼상재료라고 하였다. 이 중 흙 입자의 크기가 흙의 역학적 거동에 영향을 미칠 것은 자명하므로 흙 입자의 크기와 특성에 대한 파악이 필요 하다.

(1) 흙 입자의 크기와 입도 분포

(1)-1 흙 입자의 분류

흙 입자는 크기가 큰 순서에 따라 자갈, 모래, 실트, 점토로 분류하며 이를 분류하는 기준은 분류법에 따라 상이하다. 수험생이 알아야 하는 대표적인 분류법은 통일분류법(USCS)과 AASHTO 분류법이다.

분류법	입자 크기(mm)			
	자갈	모래	실트	점토
통일분류법	76.2~4.75	4.75~0.075	소성도표를 이용하여 분류	
AASHTO 분류법	76.2~2	2~0.075	0.075~0.002	>0.002

자갈과 모래를 조립분이라고 하며, 실트와 점토를 세립분이라고 한다.

다음과 같은 사실에 주목하여야 한다.
① 통일분류법에서는 자갈과 모래를 4.75mm(KSF 기준 4.76mm)를 기준으로 분류하나, AASHTO 분류법에서는 자갈과 모래를 2mm를 기준으로 분류한다.
② 통일분류법과 AASHTO 분류법 모두 조립분과 세립분을 0.075mm(KSF 기준 0.074mm)를 기준으로 분류한다.
③ 통일분류법에서는 실트와 점토를 소성도표를 이용하여 분류하나, AASHTO 분류법 에서는 0.002mm를 기준으로 분류한다.

소성도표는 다음 파트에서 설명하기로 한다.

♥ 꼭 알아두자!

1. 흙 입자의 크기가 흙의 역학적 거동에 영향을 줄 것이다.
2. 통일 분류법과 AASHTO 분류법에서 흙 입자를 분류하는 기준을 알아야 한다.

(1)-2 입도분포 곡선

당연히 자연 상태의 흙 입자들은 크기가 모두 같지 않고 다양한 크기의 입자들이 섞여 있을 것이다. 이러한 흙 입자들의 분포를 표현한 그래프를 입도분포 곡선이라 한다. 입도분포 곡선을 그리기 위해서는 **0.075mm 이상(조립분)**의 직경에 대해서는 체분석을 실시하나, **0.075mm 이하(세립분)**의 직경에 대해서는 체로 거를 수 없을 정도로 입자가 가늘어 비중병 시험을 실시한다.

① 체분석 시험

체분석이란 체 직경이 다른 여러 개의 체를 큰 것부터 위에서 아래로 쌓아놓고 흙을 넣어 거름으로써 흙 입자들의 분포를 파악하는 방법이다. 체분석 시 주의 깊게 보아야 하는 체 번호는 다음과 같다.

#4(4.75mm) : 통일분류법에서 자갈과 모래의 분류 기준
#10(2mm) : AASHTO 분류법에서 자갈과 모래의 분류 기준
#200(0.075mm) : 통일분류법, AASHTO 분류법에서 조립분과 세립분의 분류 기준

체분석 시험 결과는 각 체에 남은 흙 무게를 전체 무게로 나눠서 각 체에 남아 있는 흙 무게비를 계산하고 이를 이용하여 통과 백분율을 계산한다.

체 번호	체 직경	체에 남은 흙 무게	체에 남은 흙 무게비(%)	통과 백분율(%)
#4	4.75mm	W_1	$W_1/W_t = A_1$	$100 - A_1 = B_1$
#10	2mm	W_2	$W_2/W_t = A_2$	$B_1 - A_2 = B_2$
#20	0.85mm	W_3	$W_3/W_t = A_3$	$B_2 - A_3 = B_3$
⋮	⋮	⋮	⋮	⋮
#200	0.075mm	W_n	$W_n/W_t = A_n$	$B_{n-1} - A_n = B_n$
pan	—	W_p	$W_p/W_t = A_p$	0%
Σ	—	W_t	100%	—

학습 POINT

◉ Pan
체분석 시험에서 'Pan'이란 여러 개의 체를 쌓아 올리고 최하단에 받친 그릇이라고 이해하면 된다. 마지막 체로 #200(0.075mm)를 이용하기 때문에 Pan에 남은 흙은 0.075mm보다 작은 세립분이 모이게 된다.

◉ 체분석 시험의 이해

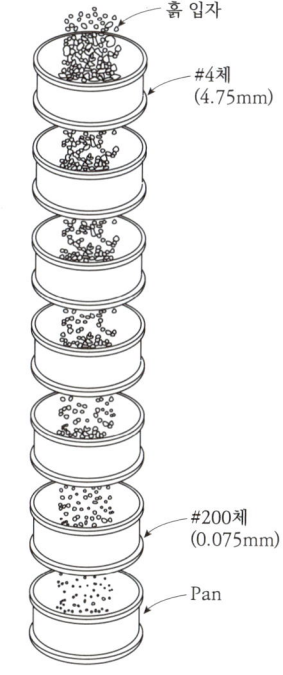

◉ 체 번호
흙과 골재에 사용되는 체 번호는 상이하다.
• 흙의 입도 시험방법(KS F 2302)
 : #4, #10, #20, #40, #60, #140, #200
• 골재의 체가름 시험방법(KS F 2502)
 : #4, #8, #16, #30, #50, #100

> **학습 POINT**

Quiz. 08

다음 체분석 결과를 이용하여 통과 백분율을 계산하시오.

체 번호	체에 남은 흙 무게(g)
#4	0
#10	40
#20	60
#40	80
#60	120
#140	80
#200	40
Pan	80

풀이

$W_t = \sum W = 500g$

체 번호	체에 남은 흙 무게비 (%)	통과 백분율 (%)
#4	0	100
#10	8	92
#20	12	80
#40	16	64
#60	24	40
#140	16	24
#200	8	16
Pan	16	0

○ **체분석시험, 비중병 시험에 이용되는 시료**

체분석 시험에 이용되는 시료는 노건조 시료이다. 여기서 노건조 시료란 'No'건조 시료를 의미하는 것이 아니고 '화로 노(爐)'를 의미하여 화로에 건조시킨 시료이다. 추후에 통일분류법의 유기질토 판정에서 다시 언급하기로 하자.

비중병 시험에 이용되는 시료는 체분석 Pan에 모인 시료로 세립분을 의미한다.

② 비중병 시험

0.075mm 이하 흙 입자는 입자가 너무 작아 체로는 이를 분류할 수 없다. 따라서 이용되는 방법이 비중병 시험으로 '**입자의 침강속도가 흙 입자 직경의 제곱에 비례한다**'는 '**Stokes 법칙**'을 이용하여 비중계를 통해 입자의 침강속도를 측정함으로써 입자의 직경을 추정한다. Stokes 법칙은 다음과 같다.

$$v = \frac{\gamma_s - \gamma_w}{18\eta} D^2$$

v : 흙 입자의 침강 속도 γ_s, γ_w : 흙 입자와 물의 단위중량

η : 물의 점성계수 D : 흙 입자의 직경

③ 입도분포 곡선

체분석 시험과 비중병 시험을 실시하여 측정된 흙 입자를 가로축에, 통과백분율을 세로축으로 하여 입도분포 곡선을 그린다. 단, 반드시 흙 입자 직경을 log scale로 표현한 반대수 그래프 용지에 그려야 한다.

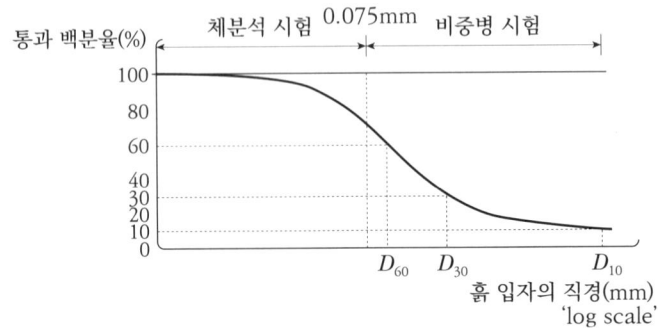

입도분포 곡선에서 구해지는 토질정수는 다음과 같다. 단, D_{10}, D_{30}, D_{60}은 각각 통과백분율이 10%, 30%, 60%일 때 흙 입자의 직경을 의미한다.

㉠ 균등 계수 $C_u = \dfrac{D_{60}}{D_{10}}$

㉡ 곡률 계수 $C_c = \dfrac{D_{30}^2}{D_{10} \times D_{60}}$

'균등계수가 크다'는 표현은 입도분포가 좋다는 표현이다. '균등하다'는 표현은 입도분포가 좋지 않다는 표현이다. 따라서 균등계수가 크면 균등하지 않다. 수험생들이 어려워 하는 문장이니 숙지해 두자.

'곡률계수가 적당하다'는 표현은 입도분포가 좋다는 표현이다. 균등계수가 너무 작거나 크면 특정 직경의 흙 입자가 지나치게 많다는 것을 의미하며 입도분포가 일양(smooth)하지 않고 급격한 'S'자 형태를 보인다.

균등계수와 곡률계수는 추후에 통일 분류법에서 이용되므로 암기해두자.

(2) 점토입자

실트입자와 점토입자는 통일분류법에서 소성도표를 이용하여 분류하고, AASHTO 분류법에서는 0.002mm를 기준으로 분류한다고 하였다. 흙 입자 중 점토입자는 함수비에 따라 성질이 변화하는 특징을 갖는데 이번 장에서는 이러한 이유를 설명하고자 점토입자를 구성하는 점토광물에서부터 설명을 시작하겠다.

(2)-1 대표적인 점토광물의 종류와 특징

① 점토광물의 기본단위

㉠ 규소 사면체 : 4개의 산소 원자와 1개의 규소 원자(Si^{4+})로 구성된다.

㉡ 알루미늄 팔면체 : 6개의 산소 원자와 1개의 알루미늄 원자(Al^{3+})로 구성된다.

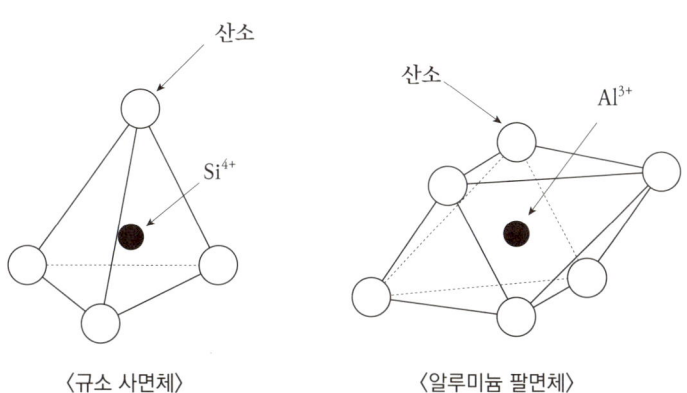

〈규소 사면체〉 〈알루미늄 팔면체〉

규소 사면체와 알루미늄 팔면체가 각각 연속적으로 연결되어 있는 것이 규소판(silica sheet), 알루미늄 판(alumina sheet)이다.

학습 POINT

○ **유효입경(D_{10})**
D_{10}을 유효입경이라고 하며, 유효입경이 크면 클수록 주어진 흙 입자의 크기가 대체적으로 큼을 의미한다.

꼭 알아두자!

1. 0.075mm 이상(조립분)은 체분석을, 0.075mm 이하(세립분)는 비중병 시험을 실시한다.
2. 체분석 시험에서 중요한 체 번호는 #4, #10, #200이다.
3. 비중병 시험은 '입자의 침강 속도가 흙 입자 직경의 제곱에 비례한다'는 'Stokes 법칙'을 이용한다.
4. 입도분포 곡선은 반드시 반대수 그래프 용지에 그린다.
5. 균등계수, 곡률계수 공식을 암기한다.

○ **산소원자**
규소 사면체와 알루미늄 팔면체는 산소원자를 다량 함유한다는 것을 알아두자.

학습 POINT

● 동형치환
동형치환이란 분자구조의 형태는 동일하게 유지되면서 가운데 있는 원자만 다른 원자로 치환되는 것을 의미한다.
➡ '동'일한 '형'태로 '치환'

● 점토광물 표면이 '−' 인 이유
점토광물 표면이 '−'인 이유는 동형치환뿐만 아니라 파단(Breaking)에 의해서 발생될 수 있음을 알아두자.

② 대표적인 점토광물의 종류와 특징

㉠ 카올리나이트(Kaolinite) : 규소판 1개 + 알루미늄판 1개가 1 : 1로 수소 결합된 구조이다.

㉡ 일라이트(illite) : 규소판 2개 + 알루미늄판 1개가 2 : 1로 이온 결합된 구조이다. 규소 사면체에 있던 규소 원자(Si^{4+})가 알루미늄 원자(Al^{3+})로 동형치환 되면서 '−' 전하를 띠게 되는데 여기에 K^+가 추가되어 안정을 이룬다.

㉢ 몬모릴로나이트(Montmorillonite) : 규소판 2개 + 알루미늄판 1개가 2 : 1로 이온 결합된 구조이다. 알루미늄 팔면체에 있던 알루미늄 원자(Al^{3+})가 마그네슘 원자(Mg^{2+})로 동형치환이 되면서 '−' 전하를 띠게 되는데 기본구조 사이에 K^+가 존재하지 않아 강한 음성이다. 따라서 **주변의 물을 다량 흡수하여 팽창하는 성질**을 지닌다.

'점토광물의 결합력'은 수소 결합하는 카올리나이트가 가장 크고, 일라이트, 몬모릴로나이트 순으로 크다. (K>I>M)

'점토광물의 단위 질량당 표면적(m^2/g)'은 결합력이 가장 작은 몬모릴로나이트가 가장 크고, 일라이트, 카올리나이트 순으로 크다. (K<I<M)

③ 점토입자의 형상

카올리나이트, 일라이트, 몬모릴로나이트 모두 규소판과 알루미늄판이 결합된 구조이므로 이를 통해 점토 입자가 넓은 판 모양인 이유를 알 수 있다. 또한, 점토광물이 동형치환에 의하여 표면에 '−' 전하를 띠게 되므로 점토입자는 다음과 같은 형상을 보인다.

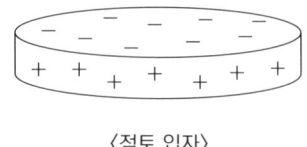

〈점토 입자〉

꼭 알아두자!

1. 규소사면체, 알루미늄 팔면체는 산소 원자를 다량 함유한다.
2. 카올리나이트(K)는 1 : 1 구조이고, 일라이트(I), 몬모릴로나이트(M)는 2 : 1 구조이다.
3. 점토광물 결합력 : K>I>M
4. 점토광물 단위 질량당 표면적 : K<I<M
5. 점토입자는 동형치환, 파단에 의하여 넓은 표면에 '−' 전하를 띠게 되며, 넓은 판 모양이다.

(2)-2 점토입자와 물

물은 극성으로 막대자석과 같이 수소 원자 쪽에 '+' 전하와 산소 원자 쪽에 '−' 전하를 띠게 된다. 따라서 앞서 설명한 점토입자와 물의 상호작용이 발생하게 된다.

① 물의 수소 원자와 점토 입자의 산소 원자간 수소결합
② 물의 '+' 전하(수소)와 점토의 '−' 전하간 이온결합
③ 점토 입자 인근의 양이온들이 '−' 표면에 부착하고 그 위에 물의 '−' 전하(산소)간 이온결합

위와 같은 이유로 점토 입자 근처 물은 거동에 제한을 받게 되는데 이를 이중층수 혹은 확산 이중층수라 하고 점토 입자에 완전히 접촉되어 있는 물을 흡착수라 한다. 이중층수 영역에서는 점토의 '−' 표면에 의해 양이온 농도가 높게 나타나지만 거리가 멀어질수록 영향이 감소하게 되어 일정 거리 밖에서는 평형상태를 유지하는데 이 영역 밖의 물을 자유수라 한다.

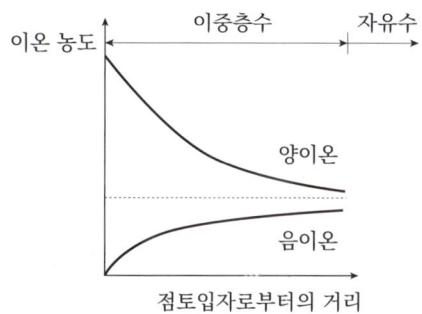

따라서 점토 입자는 인근 물의 함량에 따라 흙의 성질이 변화하게 되는데 이러한 성질을 '연경도'라고 한다. 연경도는 추후에 다시 설명하기로 한다.

학습 POINT

◯ **물 분자의 극성**

물 분자는 아래 그림처럼 막대 자석과 같은 극성을 지닌다.

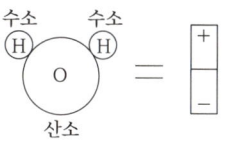

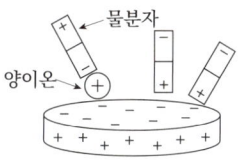

점토입자와 물의 상호작용

◯ **해양 점토**

염분을 포함한 해양점토는 이중층수의 두께가 얇아진다.
해양점토 → 이중층수 두께⇩ → 반력⇩ → 면모화

꼭 알아두자!

1. 점토 입자 표면은 '−'전하가 넓게 분포하며 극성을 띠는 물 분자와 상호작용이 발생하기 때문에 점토 입자는 물의 함량(함수비)에 따라 성질이 변화한다.
2. 흡착수, 이중층수, 자유수의 정의와 점토 표면 근처에 양이온이 많다는 사실을 알아두자.

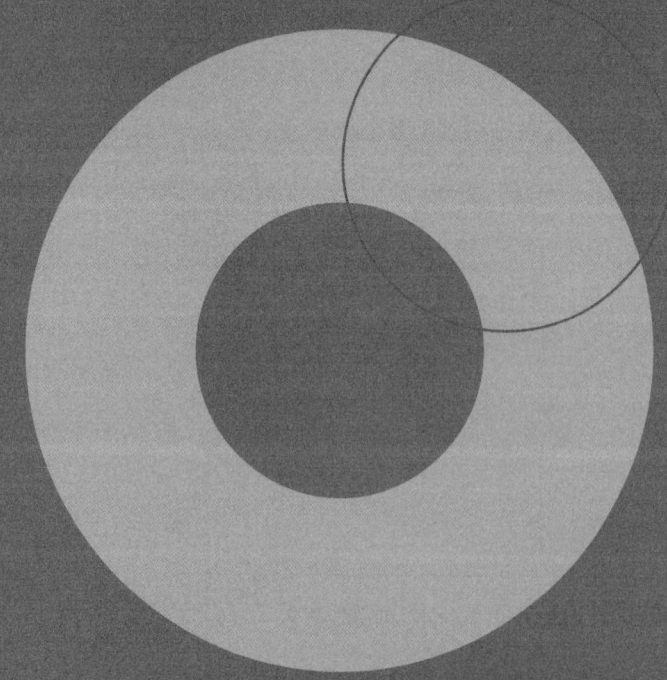

4 0 8 0
진 승 현
토 질 역 학

DAY 02 흙의 기본적인 성질 / 흙의 분류

> **학습 POINT**
>
> ● **사질토, 점성토**
> 사질토는 조립분(자갈, 모래)이 많은 흙이고, 점성토는 세립분(실트, 점토)이 많은 흙이다. 사질토와 점성토를 분류하는 방법은 다음 장에서 설명하기로 한다.

1 흙의 성질을 나타내는 요소

이전 장에서 흙의 역학적 거동은 흙 입자의 크기에 영향을 받을 것이라고 하였다. 그러나 점토 입자는 흡착수의 영향도 받게 된다. 따라서 흙의 성질에 대해서는 다음과 같은 문장을 염두에 두어야 한다.

'**사질토는 입자의 크기가 흙의 성질을 지배하나, 점성토는 입자의 크기 뿐만 아니라 입자를 구성하는 점토 광물의 종류와 그 특성이 흙의 성질을 지배한다**'

따라서 사질토는 입자의 크기에 관심을 두어 상대밀도, 점성토는 점토광물과 물의 상관관계에 관심을 두어 연경도 등으로 흙의 성질을 표현한다. 물론, 사질토나 점성토 모두 흙 입자의 크기에 영향을 받기 때문에 입도 분포 곡선은 두 종류의 흙 모두에게 중요한 관심사이다.

(1) 상대밀도(사질토)

상대밀도는 사질토의 밀하고 느슨한 상태를 상대적으로 나타낸 것으로 다음과 같이 표현한다. 0~100% 사이 값으로 표현된다.

$$D_r = \frac{e_{max} - e}{e_{max} - e_{min}} \times 100\%$$

e_{max} : 주어진 흙의 최대 간극비(가장 느슨한 상태)
e_{min} : 주어진 흙의 최소 간극비(가장 조밀한 상태)
e : 주어진 흙의 현재 간극비

흙이 주어졌을 때 상태 그대로의 간극비는 e이다. 이 흙에 대하여 실내 실험을 통해 e_{max}, e_{min}을 계산할 수 있다. 위의 식은 $e = \frac{G_s \gamma_w}{\gamma_d} - 1$의 관계를 이용하여 정리하면 다음과 같이 건조단위중량에 대하여 표현할 수 있으나 유도 과정은 중요하지 않다.

$$D_r = \frac{\gamma_d - \gamma_{d-min}}{\gamma_{d-max} - \gamma_{d-min}} \times \frac{\gamma_{d-max}}{\gamma_d} \times 100\%$$

> ● **사질토의 상대밀도와 흙의 상태(조밀도)**
>
> | 상대밀도(%) | 흙의 상태 |
> |---|---|
> | 0~15 | 매우 느슨 |
> | 15~50 | 느슨 |
> | 50~70 | 중간 |
> | 70~85 | 조밀 |
> | 85~100 | 매우 조밀 |

γ_{d-max} : 주어진 흙의 최대 건조단위중량(가장 조밀한 상태)

γ_{d-min} : 주어진 흙의 최소 건조단위중량(가장 느슨한 상태)

γ_d : 주어진 흙의 현재 건조단위중량

γ_{d-min}, γ_{d-max}는 다음과 같은 실내 시험을 실시하여 구할 수 있다.

γ_{d-min} : 몰드에 사질토를 $1''(2.54cm)$ 높이에서 살살 떨어뜨렸을 때의 건조단위중량

γ_{d-max} : 몰드에 사질토를 넣고 8분간 진동을 주었을 때의 건조단위중량

여기서 γ_{d-max}에 대한 주의가 필요하다. 몰드에 사질토를 넣고 다짐봉으로 짓이겨 다질 경우 위에서 설명한 방법보다 더 큰 단위 중량을 얻을 수 있다. 그러나 이와 같이 실험할 경우 흙 입자가 부서져 원래 흙과 다른 흙이 되기 때문에 부적절하다. 상기 시험 방법을 암기할 필요는 없으나, γ_{d-max} 시험 시 다짐봉을 이용하여 짓이겨 다지면 안된다는 사실에 유념하자.

꼭 알아두자!

1. 흙의 성질은 사질토는 상대밀도, 점성토는 연경도로 표현한다.
2. 상대밀도는 간극비 또는 건조단위중량에 대한 공식으로 계산할 수 있다.
3. γ_{d-max}를 구하기 위한 실내 시험 시 다짐 봉을 이용한 짓이김 다짐이 아닌 진동 다짐을 실시하여야 한다.

(2) 연경도(점성토)

이전 장에서 설명했듯이 점토입자는 흡착수의 영향으로 성질이 변화하게 되며, 이는 함수비에 영향을 받게 된다고 해석할 수 있다. 점성토는 이러한 이유로 함수비에 따라 고체, 반고체, 소성, 액체 상태를 보이게 되며 이들 상태의 경계가 되는 함수비(LL, PL, SL)를 '애터버그 한계'라고 한다.

```
         수축한계(SL)   소성한계(PL)   액성한계(LL)
    ────────┼────────────┼────────────┼────────────→ 함수비
    고체상태   반고체상태      소성상태        액체상태
```

흙의 애터버그 한계를 결정하는 시험방법에 대하여 다음과 같이 간략하게 알아두어야 한다.

(2)-1 액성한계(LL: Liquid Limit)

일정량 물을 넣고 섞은 반죽을 그릇에 담고 홈을 판 뒤 액성한계 표준기구를 이용하여 25회 낙하 시 홈이 $0.5''(12.7mm)$ 붙게 될 때의 함수비이다. 액성한계는 유동곡선을 이용하여 계산하게 되는데 다음과 같은 특징이 있다.

학습 POINT

Quiz.01

채취한 시료에 대하여 실내 시험을 실시한 결과 $e_{max}=0.8$, $e_{min}=0.4$이고 비중이 2.7, 건조 단위중량이 $18kN/m^3$일 때 주어진 흙의 상대밀도는?

풀이

$$e = \frac{G_s \gamma_w}{\gamma_d} - 1$$
$$= \frac{(2.7)(10kN/m^3)}{18kN/m^3} - 1$$
$$= 0.5$$

$$D_r = \frac{e_{max} - e}{e_{max} - e_{min}}$$
$$= \frac{0.8 - 0.5}{0.8 - 0.4}$$
$$= 0.75$$

● **애터버그 한계**

현장 흙의 현재 함수비(ω)와 무관하게 애터버그 한계는 흙의 특성으로 정해져 있다. 또한 애터버그 한계 계산시 흙은 필연적으로 교란될 수 밖에 없다.

● **흙의 액성한계, 소성한계 시험 방법**

KS F 2303 에서는 No.40($0.425mm$)체를 통과한 흙에 대해서 시험을 진행한다. 왜냐하면 흙 입자 크기가 $0.425mm$ 이하만 되도 세립토 특성이 크게 발현되기 때문이다.

학습 POINT

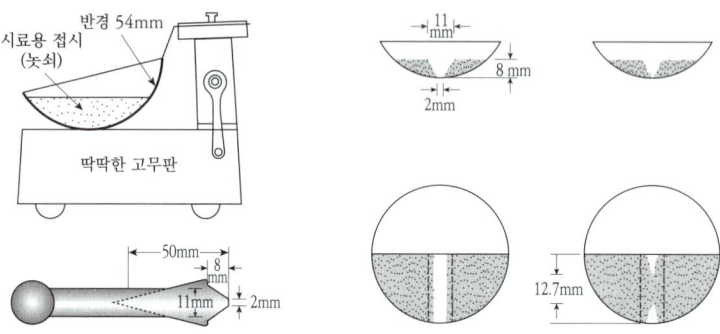

① 낙하횟수를 'log scale'로 하여 반대수 용지에 작성한다.
② 유동곡선을 반드시 직선으로 작성한다.

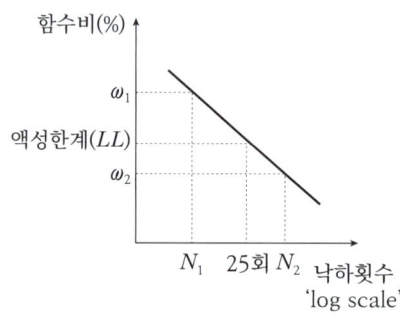

ω_1 : 낙하횟수가 N_1인 경우 함수비
ω_2 : 낙하횟수가 N_2인 경우 함수비

유동곡선의 기울기를 유동지수(I_f)라 하며 음수표기를 피하기 위해 '−'를 붙여 양수로 표현한다.

$$I_f = -\frac{\omega_2 - \omega_1}{\log N_2 - \log N_1}$$

따라서 2번 실험 시 액성한계는 다음과 같이 계산할 수 있다.

① 기울기 $I_f = -\dfrac{\omega_2 - \omega_1}{\log N_2 - \log N_1}$를 계산한다.
② 유동곡선 식 $\omega = -I_f \log N + c$를 세우고 ω_1, N_1을 대입하여 c를 계산한다.
③ 완전해진 유동곡선 식에 $N=25$를 대입하면 나온 함수비 ω가 액성한계 LL이다.

Quiz.02

액성한계 표준기구를 이용하여 시험한 결과 다음과 같을 때 액성한계를 구하시오. (단, $\log 7 \approx 0.8$)

함수비	낙하횟수
50	10
40	70

풀이

$$\begin{aligned} I_f &= -\frac{\omega_2 - \omega_1}{\log N_2 - \log N_1} \\ &= -\frac{40-50}{\log 70 - \log 10} \\ &= -\frac{40-50}{0.8} \\ &= 12.5 \end{aligned}$$

$\omega = -I_f \log N + c$
$\quad = -(12.5)(\log N) + c$

$\omega = 50\%$, $N=10$을 대입한다.

$50 = -(12.5)(\log 10) + c$
➡ $c = 62.5$

$\omega = -(12.5)\log N + 62.5$

다시 $N=25$를 대입한다.
$\omega = -(12.5)\log(25) + 62.5 = LL$

★ 실제 문제에 출제된다면 log 값은 모두 주어진다.

(2)-2 소성한계(PL: Plastic Limit)

일정량 물을 넣고 섞은 반죽을 유리판 위에서 국수 가닥처럼 살살 문질러 직경 3.2mm(1/8″)에서 부스스 부서질 때의 함수비이다.

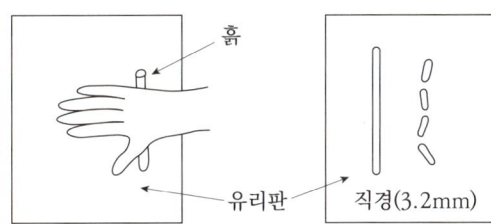

▶ 액성한계(LL)와 소성한계(PL)의 이용
① 소성지수(PI: Plasticity Index) $= LL - PL$
   소성 지수는 추후에 설명할 활성도 및 흙의 분류 파트의 소성도표에서 이용되므로 반드시 알아두어야 한다.
② 액성지수(LI: Liquidity Index) $= \dfrac{\omega - PL}{LL - PL} = \dfrac{\omega - PL}{PI}$

   $LI > 1$ ➡ $\omega > LL$: 액체상태(예민한 흙)
   $1 > LI > 0$ ➡ $LL > \omega > PL$: 소성상태
   $0 > LI$ ➡ $PL > \omega$: 반고체 or 고체상태

학습 POINT

○ **터프니스 지수(I_T)**
colloid(세립분)이 많을수록 소성지수는 크고, 유동지수는 작다. 따라서 터프니스 지수는 크다.

터프니스 지수(I_T) $= \dfrac{소성지수(PI)}{유동지수(I_f)}$

○ **컨시스턴시 지수(I_c)**
흙 지반의 무르고 단단한 상태를 판정하는 데 이용된다.

컨시스턴시 지수(I_c) $= \dfrac{LL - w}{소성지수(PI)}$

꼭 알아두자!

1. 함수비에 따라 점성토의 상태가 변화하는 성질을 연경도라 하며, 각각의 상태의 경계가 되는 함수비를 애터버그 한계라 한다.
2. 액성한계는 25회 낙하시 함수비로 유동곡선을 이용하여 계산한다. 유동곡선은 반드시 직선이며, 반대수 용지에 그린다.
3. 소성한계는 유리판 위에서 국수 가닥처럼 살살 문질러 직경 3.2mm(1/8″)에서 부스스 부서질 때의 함수비이다.

학습 POINT

● 수축한계의 이해

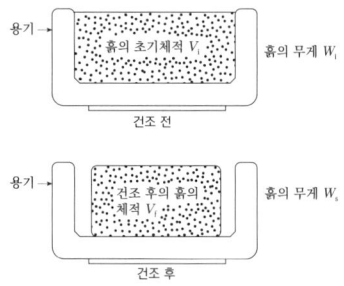

(2)-3 수축한계(SL: Shrinkage Limit)

함수비가 줄어든다는 것은 흙에 포함된 물이 감소하였다는 의미이므로 흙의 체적은 감소한다. 그러나 일정 함수비에 도달하면 함수비 감소에도 불구하고 체적이 감소하지 않는데 이때의 함수비를 수축한계라 한다.

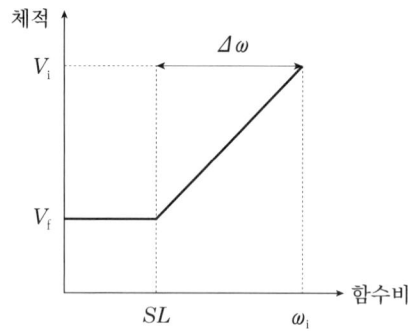

ω_i : 주어진 흙의 초기 함수비
V_i, W_i : 주어진 흙의 초기 부피, 무게
V_f, W_s : 오븐 건조 후 흙의 부피, 무게

초기 함수비는 주어진 흙의 무게와 오븐 건조 후 무게를 이용하여 계산할 수 있다.

$$\omega_i = \frac{W_w}{W_s} = \frac{W_i - W_s}{W_s}$$

물 무게의 변화량은 부피변화에 물의 단위중량을 곱하여 계산할 수 있다.

$$\Delta\omega = \frac{\Delta W_w}{W_s} = \frac{\Delta V_w \gamma_w}{W_s} = \frac{(V_i - V_f)\gamma_w}{W_s}$$

수축한계는 다음과 같다.

$$SL = \omega_i - \Delta\omega$$

▶ 소성한계(PL)와 수축한계(SL)의 이용
① 수축지수(SI : Shrinkage Limit) = $PL - SL$

Quiz. 03

흙의 무게와 부피가 다음과 같을 때 수축한계는?

	무게	부피
건조 전	40g	20cm³
건조 후	25g	14cm³

풀이

$\omega_i = \dfrac{W_w}{W_s} = \dfrac{40-25}{25} = 0.6$

$\Delta\omega = \dfrac{(V_i - V_f)\gamma_w}{W_s}$
$= \dfrac{(20-14\text{cm}^3)(1\text{g/cm}^3)}{25\text{g}}$
$= 0.24$

$SL = \omega_i - \Delta\omega$
$= 0.6 - 0.24$
$= 0.36$

(3) 활성도

점토가 소성상태를 보이는 것은 점토에 부착된 흡착수 때문이다. 점토입자를 구성하는 점토광물(kaolinite, illite, montmorillonite)의 비율이 일정하다면 소성지수는 점토의 함량에 비례할 것이다. 이를 그래프로 표현하면 다음과 같다.

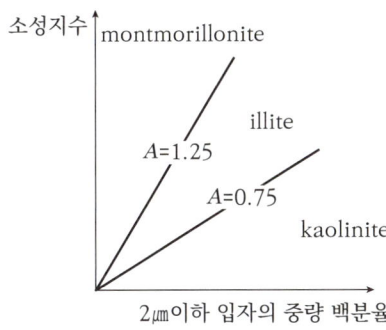

$$A = \frac{PI}{2\mu m \text{ 이하 입자의 중량 백분율}}$$

위 그래프의 기울기를 활성도라 정의하며 특정 활성도 값을 기준으로 하여 흙에 어떤 점토광물이 많이 포함되어 있는지 개략적으로 판단할 수 있다.

montmorillonite : $1.25 < A$

illite : $0.75 < A < 1.25$

kaolinite : $A < 0.75$

학습 POINT

● 소성상태
소성상태는 연경도에서 흙의 상태를 표현하는 말로 외력을 가해 변형시킨 후 외력을 제거하였을 때 변형을 그대로 유지하는 것을 의미한다.

● $2\mu m$ 이하 입자의 중량 백분율
AASHTO 분류법에서 0.002mm 이하 입자를 점토로 분류한다. 0.002mm는 $2\mu m$와 같고 활성도의 분모에 '$2\mu m$ 이하 입자의 중량 백분율'이란 '점토입자 중량백분율'과 동일한 의미로 해석 가능하다. 즉, 점토입자가 차지하는 비율이 많으면 많을수록 소성지수(PI)는 증가한다는 의미이다.

꼭 알아두자!

1. 수축한계란 함수비가 감소함에도 불구하고 체적 변형이 발생하지 않을 때의 함수비이다.
2. 수축한계 계산 방법에 대해 알아두자.
3. 활성도 그래프와 분류 기준을 알아보자.
   montmorillonite : $1.25 < A$
   illite : $0.75 < A < 1.25$
   kaolinite : $A < 0.75$

학습 POINT

○ 단일입자 구조의 이해

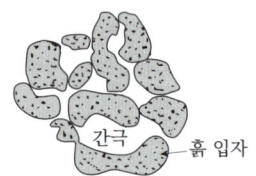

느슨한 상태

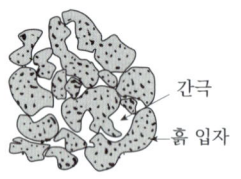

조밀한 상태

○ 반데르발스 힘

반데르발스 힘(Van der Waals force)이란 중성분자간 인력으로 면과 모의 인력과 더불어 점토입자간 인력으로 작용한다. 수험생들은 이름만 알아두자.

2 흙의 구조

(1) 사질토의 입자구조(단일입자구조＝단립구조)

사질토는 흙 입자 알갱이 하나하나가 모여 있는 구조라고 생각하면 된다. 따라서 입자가 촘촘하면 밀하고, 성글면 느슨하다고 표현하며 이를 '단일입자구조'라고 한다.

(2) 점성토의 입자구조(면모구조, 이산구조(분산구조))

점성토는 사질토와 달리 입자에 부착된 흡착수에 의하여 입자구조가 영향을 받게 된다. 점성토 입자에 작용하는 힘은 다음과 같다.

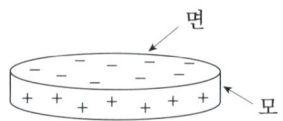

① 인력 : 점토 입자간 면('−')과 모('＋')의 인력＋반데르발스 힘
② 반력 : 점토 입자에 부착된 흡착수간의 반력

인력이 반력보다 강할 경우 '면모구조'를, 반력이 인력보다 강할 경우 '이산구조(분산구조)'를 형성하게 된다. 단 흙에 염분이 포함될 경우 이중층수 두께가 얇아지며, 이는 반력을 약하게 하여 보다 결합력이 강한 '면모구조'가 형성된다.

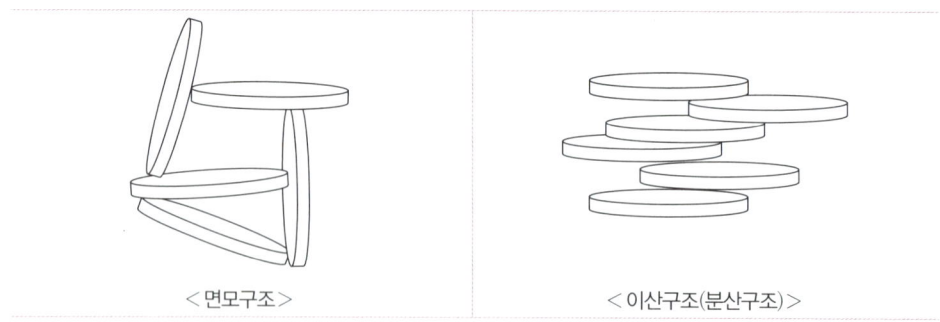

＜면모구조＞ ＜이산구조(분산구조)＞

꼭 알아두자!

1. 사질토는 단일입자구조, 점성토는 면모, 이산구조이다.
2. 점성토에서 인력이 반력보다 강하면 면모구조를, 반력이 인력보다 강하면 이산구조를 형성한다.
   • 인력 : 점토 입자간 면('−')과 모('＋')의 인력＋반데르발스 힘
   • 반력 : 점토 입자에 부착된 흡착수간의 반력

3 흙의 분류

흙을 분류하는 대표적인 방법으로는 통일분류법과 AASHTO 분류법이 있다.

(1) 통일분류법(USCS)

통일분류법은 영문 대문자 두 개로 흙의 종류를 표현하는데 앞 글자는 흙의 입자 크기를, 뒷 글자는 흙의 성질을 표현한다. 흙을 분류하는 방법은 다음과 같다.

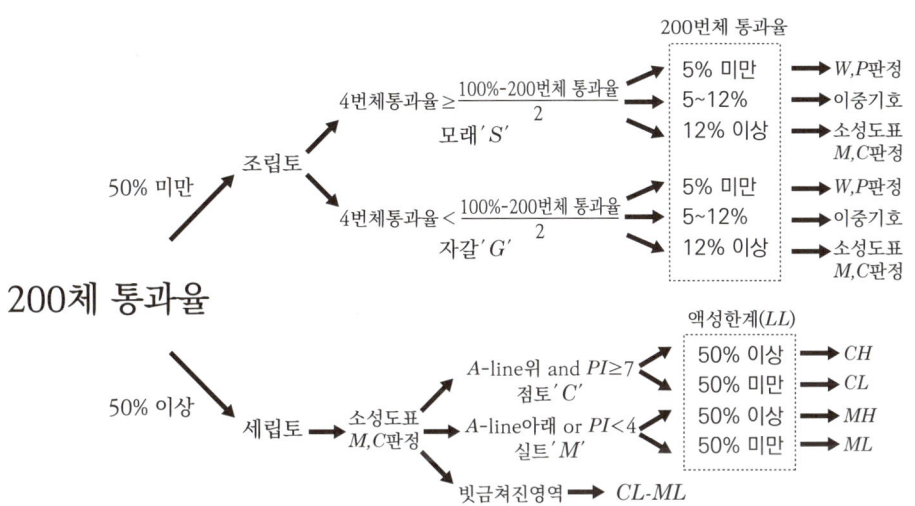

(1)-1 소성도표 M, C 판정

세립토로 분류된 흙과 조립토에서 #200번체 통과율이 12% 이상인 흙은 다음과 같은 소성도표를 이용하여 M, C 판정을 진행한다.

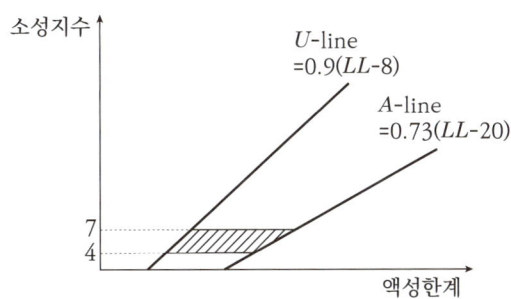

$U-\text{line} < PI$: 존재할 수 없음

$A-\text{line} < PI < U-\text{line}$: 점토 'C'

$PI < A-\text{line}$: 실트 'M'

단, 빗금이 쳐 있는 영역에 포함될 경우 세립토는 이중기호 '$CL-ML$'로 분류된다.

학습 POINT

○ **자갈(G), 모래(S) 판정기준**

일부 전공서적이나 수험서에서 '4번체 통과율 ≥ 50%' 인 경우 모래(S)로 판정하는 경우가 있다. 통일분류법에서 규정한 방법은 아니지만,

$$\frac{100\% - 200번체\ 통과율}{2} = \frac{100-0}{2} = 50\%$$

가 최댓값이므로 신속한 판정 방법이라고 할 수 있다. 그러나 '4번체 통과율 < 50%' 인 경우 자갈(G)이라고 판정할 수는 없다. 판정식 사용에 주의가 필요하다.

○ **액성한계 판정 의미**

L : 압축성 또는 소성이 작은 흙
H : 압축성 또는 소성이 큰 흙

○ **유기질토(O) 판정기준 및 표기**

$\frac{LL_{노건조}}{LL_{비건조}} < 0.75$ ➡ 'O'

$LL \geq 50$ ➡ 'OH', $LL < 50$ ➡ 'OL'

액성한계 시험에서는 체분석 시험 결과 200번체 통과된 흙 즉, 팬에 남은 노건조 시료 흙을 이용한다. 따라서 유기질토 판정을 위해서는 별도로 비건조시료의 액성한계가 별도로 필요하다.

○ **유기질이 많이 함유된 흙**

통일분류법에서 이탄(P_t), 거름 등 유기질이 많이 함유된 흙을 검은색과 썩은 냄새 등으로 분류하기도 한다. 특징은 다음과 같다.

• 압축성이 크다.
• 자연함수비가 크다.
• 2차 압축지수(압밀침하량)가 크다.

학습 POINT

(1)-2 조립토 G, S 판정 후

'**조립토의 #200번체 통과율이 5% 미만일 때**' W(입도분포가 좋은, Well), P(입도분포가 나쁜, Poor) 판정은 다음과 같다.

자갈 : $C_u \geq 4$ and $1 \leq C_c \leq 3$ ⇒ 'W' 이 외는 'P'
모래 : $C_u \geq 6$ and $1 \leq C_c \leq 3$ ⇒ 'W' 이 외는 'P'

'**조립토의 #200번체 통과율이 12% 이상일 때**' 소성도표 M, C 판정은 위에서 설명한 것과 동일하다.

'**조립토의 #200번체 통과율이 5~12%일 때**'는 통과율이 5% 미만일 때와 12% 이상일 때 표기를 동시에 하는 것을 의미한다.
(ex. $SP-SM, GW-GC$)
통일분류법은 직접 흙을 분류 해보는 것이 이해하는 데 도움이 된다.

◉ #200번체 통과율≥5%
흙의 #200번체 통과율이 5% 이상이라면 점토의 성질을 보이기 때문에 연경도를 고려해야 한다.

Quiz.04
다음 흙들을 통일분류법을 이용하여 분류하여라. 단, 균등계수(C_u)와 곡률계수(C_c)는 입도분포 곡선을 그린 결과가 표와 같고 LL, PI도 실내시험 결과 표와 같이 가정한다.

시료	통과 백분율(%)						LL	PI	C_u	C_c
	#4	#10	#40	#60	#100	#200				
A	49	40	35	20	15	3	40	0	14	2.5
B	45	38	35	25	15	4	35	0	5	2.8
C	43	35	30	25	15	7	28	17	5	4
D	99	98	94	89	82	77	24	5	9.2	1.2
E	98	95	90	85	80	65	52	30	8	2.5
F	41	38	30	25	20	16	52	20	8	3
G	99	88	55	35	28	18	50	10	10	4
H	95	90	85	78	65	63	49	8	10	5
I	48	41	35	19	15	8	52	31	5	2

풀이
시료 A
① #200 통과율 < 50% ➡ 조립토
② 4번체 통과율 ≥ $\dfrac{100\% - 200번체 통과율}{2}$ ➡ 'S'
③ #200 통과율 < 5% ➡ W, P 판정
④ $C_u \geq 6$ and $1 \leq C_c \leq 3$ ➡ 'W'
∴ 'SW'

시료 B
① #200 통과율＜50% ➡ 조립토
② 4번체통과율＜$\frac{100\%-200번체 통과율}{2}$ ➡ 'G'
③ #200 통과율＜5% ➡ W, P 판정
④ C_u≥4 and 1≤C_c≤3 ➡ 'W'
∴ 'GW'

시료 C
① #200 통과율＜50% ➡ 조립토
② 4번체 통과율＜$\frac{100\%-200번체 통과율}{2}$ ➡ 'G'
③ 5%≤#200 통과율＜12% ➡ 이중기호
④ 3＜C_c＝4 ➡ 'P'
⑤ 소성도표 판정 M, C 판정
  U−line＝0.9(LL−8)＝0.9(28−8)＝18
  A−line＝0.73(LL−20)＝0.73(28−20)＝5.84
  5.84＜PI(＝17)＜18 ➡ 'C'
∴ 'GP−GC'

시료 D
① #200 통과율≥50% ➡ 세립토
② 소성도표 판정 M, C 판정
  U−line＝0.9(LL−8)＝0.9(24−8)＝14.4
  A−line＝0.73(LL−20)＝0.73(24−20)＝2.92
  2.92＜PI(＝5)＜14.4
③ 단, 흙이 소성도표 A−line 위에 있고 4＜PI(＝5)＜7이다.
  ∴ 'CL−ML'

시료 E
① #200 통과율≥50% ➡ 세립토
② 소성도표 판정 M, C 판정
  U−line＝0.9(LL−8)＝0.9(52−8)＝39.6
  A−line＝0.73(LL−20)＝0.73(52−20)＝23.36
  23.36＜PI(＝30)＜39.6 ➡ 'C'
③ 50＜LL(＝52) ➡ 'H'
  ∴ 'CH'

시료 F
① #200 통과율＜50% ➡ 조립토
② 4번체 통과율＜$\frac{100\%-200번체 통과율}{2}$ ➡ 'G'
③ 12%≤#200 통과율 ➡ 소성도표 판정 M, C 판정
④ 소성도표 판정 M, C 판정
  U−line＝0.9(LL−8)＝0.9(52−8)＝39.6
  A−line＝0.73(LL−20)＝0.73(52−20)＝23.36
  PI(＝20)＜23.36 ➡ 'M'
  ∴ 'GM'

학습 POINT

시료 G
① #200 통과율 < 50% ➡ 조립토
② 4번체 통과율 ≥ $\frac{100\% - 200번체 통과율}{2}$ ➡ 'S'
③ 12% ≤ #200 통과율 ➡ 소성도표 판정 M, C 판정
④ 소성도표 판정 M, C 판정
  $U-\text{line} = 0.9(LL-8) = 0.9(50-8) = 37.8$
  $A-\text{line} = 0.73(LL-20) = 0.73(50-20) = 21.9$
  $PI(=10) < 21.9$ ➡ 'M'
  ∴ 'SM'

시료 H
① #200 통과율 ≥ 50% ➡ 세립토
② 소성도표 판정 M, C 판정
  $U-\text{line} = 0.9(LL-8) = 0.9(49-8) = 36.9$
  $A-\text{line} = 0.73(LL-20) = 0.73(49-20) = 21.17$
  $PI(=8) < 21.17$ ➡ 'M'
③ $LL(=49) < 50$ ➡ 'L'
  ∴ 'ML'

시료 I
① #200 통과율 < 50% ➡ 조립토
② 4번체 통과율 ≥ $\frac{100\% - 200번체 통과율}{2}$ ➡ 'S'
③ 5% ≤ #200 통과율 < 12% ➡ 이중기호
④ $C_u = 5 < 6$ ➡ 'P'
⑤ 소성도표 판정 M, C 판정
  $U-\text{line} = 0.9(LL-8) = 0.9(52-8) = 39.6$
  $A-\text{line} = 0.73(LL-20) = 0.73(52-20) = 23.36$
  $23.36 < PI(=31) < 39.6$ ➡ 'C'
  ∴ 'SP-SC'

(2) AASHTO 분류법

AASHTO 분류법이란 **흙의 입도분포, 애터버그 한계, 군지수**를 이용하여 흙을 분류하는 방법이다. 통일분류법에서는 #200번체 통과량 50% 이상을 세립토, 50% 미만을 조립토로 분류하나 AASHTO 분류법에서는 #200체 통과량 35% 초과를 세립토, 35% 이하를 조립토로 분류한다는 사실을 알아두자.

AASHTO 분류법에서는 군지수라는 개념을 도입하는데, 군지수(GI : Group Index) 계산에는 **#200번체 통과율, 액성한계(LL), 소성지수(PI)**가 이용된다.

$$GI = 0.2a + 0.005ac + 0.01bd$$

a : #200번체 통과율 -35, $0 \sim 40$ 사이의 정수
b : #200번체 통과율 -15, $0 \sim 40$ 사이의 정수
c : $LL - 40$, $0 \sim 20$ 사이의 정수
d : $PI - 10$, $0 \sim 20$ 사이의 정수

군지수는 다음과 같은 특징이 있다.
① 군지수는 작을수록 양질의 토사이다.
② 군지수는 '0' 이상이며 반올림하여 정수로 표현한다.

학습 POINT

○ **AASHTO 분류법**
AASHTO 분류법은 조립토를 A-1~A-3, 세립토를 A-4~A-7로 분류한다. AASHTO 분류법에도 통일분류법과 같이 소분류용 소성도표가 있다는 사실만 알아두자.
또한 AASHTO 분류법에서는 유기질토의 분류기준이 없다.

○ **군지수(GI) 최대값**
군지수의 최댓값은 별도로 없으나 공식으로 계산되는 최댓값은 20이다.
$GI = 0.2a + 0.005ac + 0.01bd$
$\quad = 0.2(40) + 0.005(40)(20) + 0.01(40)(20)$
$\quad = 20$

꼭 알아두자!

1. 통일분류법 과정을 백지에 그릴 수 있을 정도로 완전히 숙지하여야 한다.
2. U-line 위에는 어떠한 흙도 존재할 수 없다.
3. 통일분류법은 #200 통과율 50%를, AASHTO 분류법은 #200 통과율 35%를 기준으로 조립토와 세립토를 분류한다.
4. AASHTO 분류법은 입도분포, 애터버그 한계, 군지수를 이용하여 흙을 분류한다.
5. 군지수는 작을수록 양호하며, 반올림하여 '0' 이상의 정수로 표현한다.
6. 군지수 계산에는 #200번체 통과량, 액성한계, 소성지수가 이용된다.

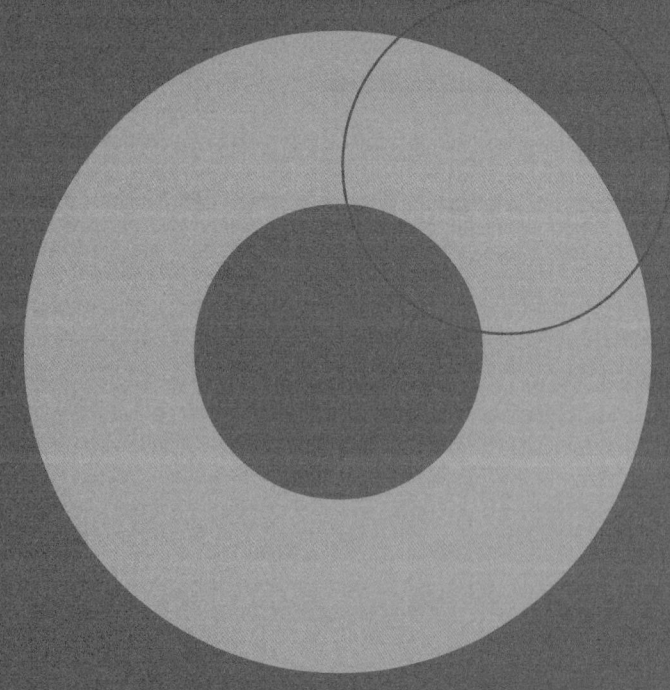

4 0 8 0
진 승 현
토 질 역 학

DAY 03 흙의 다짐 / 지중응력

학습 POINT

● 표준다짐시험의 이해

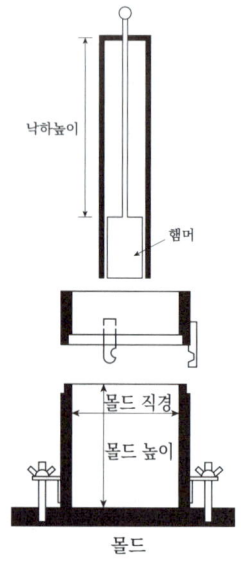

Quiz. 01

다음 다짐 시험에서 단위체적당 다짐에너지를 계산하시오. (단, $\pi=3$)

| 햄머의 중량 = 2.5kg |
| 햄머 낙하 높이 = 30cm |
| 각 층 다짐 횟수 = 25회 |
| 다짐 층수 = 3층 |
| 몰드 직경 = 10cm |
| 몰드 높이 = 10cm |

풀이

$$E = \frac{W \times H \times n_b \times n_l}{V}$$
$$= \frac{(2.5\text{kg})(30\text{cm})(25)(3)}{\frac{(10\text{cm})^2(3)}{4} \times (10\text{cm})}$$
$$= 7.5\text{kg} \cdot \text{cm/cm}^3$$

1 흙의 다짐

다짐이란 '에너지를 사용하여 흙의 간극비(e)를 줄이고 건조 단위중량(γ_d)을 증가시키는 행위'라고 정의할 수 있다.

(1) 다짐효과

다짐의 효과는 다음과 같다. 수험생들이 처음부터 모두 이해할 수는 없고, 토질역학을 전반적으로 학습해야 이해할 수 있으므로 차근차근 학습해보자.

① 다짐이란 에너지를 사용하여 흙의 간극비(e)를 줄이고 건조단위중량(γ_d)을 증가시키는 행위이다.
 ⇒ 간극비(e) 감소, 건조단위중량(γ_d) 증가
② 투수계수(K)($\approx$투수성) 감소
③ 압축성($\approx$침하성) 및 흡수성 감소
④ 내부마찰각(ϕ) 증가, 전단강도(τ_f) 증가, 부착력 증가
⑤ 지지력, 안정성 증가

(2) 실내다짐시험

(2)-1 실내다짐시험의 방법 및 종류

흙의 다짐 시 물은 윤활유와 같은 역할을 하므로 적당한 물($\approx$함수비)은 흙의 건조단위중량을 증가시키지만 너무 많은 물($\approx$함수비)은 흙이 차지하여야 할 부피를 차지하므로 오히려 건조단위중량이 감소하게 된다.

실내다짐시험이란 주어진 흙에서 함수비와 건조단위중량의 관계를 파악하여 현장다짐에서 시방을 제시하기 위한 시험이다. **표준다짐시험**이란 몰드에 물을 넣어 섞은 흙을 3층으로 나누어 넣고 각 층마다 햄머를 일정한 높이에서 낙하(25회)시키며 다진다.

그러나 현장 다짐장비의 발전으로 현장의 다짐에너지가 증가하였기 때문에 이를 모사하기 위해 더 큰 에너지로 실내다짐시험을 하게 되었는데 이를 **수정다짐시험**이라 한다. 수정다짐시험은 표준다짐시험과 시험 방법은 유사하나 3층으로 나누어 넣던 흙을 5층으로 나누어 넣거나, 햄머 무게, 햄머 낙하 높이, 햄머 낙하 횟수 등을 늘려 다짐에너지를 증가시킨 시험방법을 의미한다. 단위체적당 다짐에너지(E)는 다음과 같이 표현할 수 있다.

$$E = \frac{W \times H \times n_b \times n_l}{V}$$

W : 햄머의 중량, H : 햄머의 낙하 높이
n_b : 각 층의 다짐 횟수, n_l : 다짐 층수, V : 몰드의 부피

꼭 알아두자!

1. 다짐이란 에너지를 사용하여 흙의 간극비를 줄이고 건조단위중량을 증가시키는 행위이다.
2. 실내다짐험의 목적은 함수비와 건조단위중량의 관계를 파악하여 현장 다짐의 시방을 제시하기 위함이다.
3. 수정다짐시험이 표준다짐시험보다 다짐에너지가 크다.
4. 다짐에너지에 영향을 주는 요소를 파악하자.

(2)-2 다짐곡선

다짐곡선이란 실내다짐시험 결과를 이용하여 함수비와 건조단위중량의 관계를 파악하기 위해 그린 그래프이다. 다짐 곡선을 그리기 위해 다음과 같은 방법으로 흙의 습윤단위중량(γ_t), 함수비(ω)를 계산한다.

$$\gamma_t = \frac{W_1}{V},\ \omega = \frac{W_w}{W_s} = \frac{W_2 - W_s}{W_s}$$

V : 몰드의 부피
W_1 : 몰드에 담긴 흙의 무게
W_2 : 몰드 중심부에서 추출한 흙 무게
W_s : 몰드 중심부에서 추출한 흙의 건조 무게

몰드에 담긴 흙은 양이 많기 때문에 W_1을 건조시키지 않고, 중심부에서 흙을 소량 퍼서 이를 건조시켜 함수비를 계산한다. 계산된 함수비를 이용하여 흙의 건조단위중량(γ_d)을 계산한다. 이해가 되지 않는다면 흙의 삼상관계 파트를 참조하자.

$$\gamma_d = \frac{\gamma_t}{1 + \omega}$$

실험을 여러 번 반복하고 위의 계산 과정을 진행한다. 가로축에 함수비, 세로축에 건조단위중량으로 하여 그래프를 그리면 위로 볼록한 종 모양의 개형을 보이게 된다.

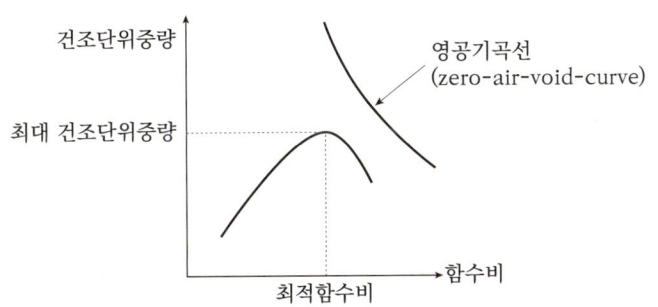

학습 POINT

Quiz.02
다음 실내 다짐시험 결과를 이용하여 건조단위중량을 계산하시오.

몰드에 담긴 흙 무게	1.5kg
몰드 부피	750cm³
중심부에서 추출한 흙 무게	210g
중심부에서 추출한 흙의 건조 무게	175g

풀이

$\gamma_t = \dfrac{W_1}{V} = \dfrac{1.5\text{kg}}{750\text{cm}^3}$
$\quad = 2\text{t/m}^3$

$\omega = \dfrac{W_w}{W_s} = \dfrac{W_2 - W_s}{W_s}$
$\quad = \dfrac{210\text{g} - 175\text{g}}{175\text{g}} = 0.2$

$\gamma_d = \dfrac{\gamma_t}{1 + \omega} = \dfrac{2\text{t/m}^3}{1 + 0.2}$
$\quad = \dfrac{5}{3}\text{t/m}^3$

● **최적함수비에서 포화도**
수험생들이 자주 혼동하기 때문에 다시 한 번 강조하지만 영공기 곡선이 이론상 완전히 포화($S=100\%$)된 상태이다. 최적함수비에서 흙은 완전 포화상태가 아니다.

● **다짐 시 습윤과정의 순서**
다짐시 습윤과정의 순서는 수화 → 윤활 → 팽창 → 포화 단계 순이며 최적함수비는 윤활 단계에서 나타난다.

학습 POINT

Quiz. 03
흙 시료의 간극비는 1, 함수비는 0.2, 비중은 2.5일 때 공기함유량은?

풀이
$V_s=1$법을 이용한다.
$$A=\frac{V_a}{V}=\frac{e-\omega G_s}{1+e}$$
$$=\frac{1-(0.2)(2.5)}{1+1}$$
$$=0.25$$

Quiz. 04
비중이 2.5인 흙을 함수비 0.2로 다졌을 때 공기함유량이 0.25였다. 이 흙의 건조단위중량은?

풀이
$$\gamma_d=\frac{G_s\gamma_w(1-A)}{1+\omega G_s}$$
$$=\frac{(2.5)(10\text{kN/m}^3)(1-0.25)}{1+(0.2)(2.5)}$$
$$=12.5\text{kN/m}^3$$

Quiz. 03에서 주어진 조건을 이용하여 건조단위중량을 계산하면 다음과 같다.
$$\gamma_d=\frac{G_s\gamma_w}{1+e}$$
$$=\frac{(2.5)(10\text{kN/m}^3)}{1+1}$$
$$=12.5\text{kN/m}^3$$

결과는 **Quiz. 04**와 동일하다. 이처럼 공기함유량을 이용하면 흙의 간극비 없이 건조단위중량을 계산할 수 있다.

최대 건조단위중량을 얻게 되는 함수비를 최적함수비라 한다. 이론상으로 최대 건조단위중량은 흙 속에 공기가 없는 완전 포화상태지만 이는 현실적으로 존재할 수 없다.

이처럼 이론상 최대 건조단위중량을 구하기 위해 완전 포화($S=1$)를 가정하여 얻어지는 곡선을 영공기곡선(γ_{zav})이라 한다.

$$\gamma_d=\frac{G_s\gamma_w}{1+e} \Rightarrow \gamma_{zav}=\frac{G_s\gamma_w}{1+\omega G_s} \;(\because Se=\omega G_s \text{에서 } S=1)$$

영공기곡선은 다음과 같은 특징을 지닌다.

① 다짐곡선의 우-상향에 위치한다.
② 다짐곡선과 절대 교차하지 않는다.
③ 영공기곡선은 포화도가 100%이다.

또한 흙 부피(V)와 공기 부피(V_a)의 비율인 공기함유량(A)에 대하여 건조단위중량을 표현하는 방법도 알아두자. 유도하는 방법은 중요하지 않다.

$$A=\frac{V_a}{V}=\frac{e-\omega G_s}{1+e} \;(\because V_s=1\text{법})$$
$$\gamma_d=\frac{G_s\gamma_w(1-A)}{1+\omega G_s}$$

꼭 알아두자!

1. 몰드의 부피, 몰드에 담긴 흙의 무게, 건조 무게를 이용하여 함수비와 건조단위중량을 계산하는 방법을 숙지한다.
2. 다짐곡선은 최적함수비에서 최대 건조단위중량을 갖는다. 그러나 최적함수비에서 흙의 포화도가 '1'인 것은 아니다.
3. 포화도가 '1'인 이상적인 다짐 곡선을 영공기곡선이라 한다.
$$\gamma_d=\frac{G_s\gamma_w}{1+e} \Rightarrow \gamma_{zav}=\frac{G_s\gamma_w}{1+\omega G_s}$$
4. 영공기곡선의 특징을 알아두자.
   ① 다짐곡선의 우-상향에 위치한다.
   ② 다짐곡선과 절대 교차하지 않는다.
   ③ 영공기곡선은 포화도가 100%이다.
5. 공기함유량을 이용하여 건조단위중량을 표현할 수 있다.
$$\gamma_d=\frac{G_s\gamma_w(1-A)}{1+\omega G_s}$$

(3) 다짐에 영향을 주는 요소

다짐에 영향을 주는 요소로는 흙의 종류와 다짐에너지가 있다.
다짐곡선은 다음과 같은 상황에서 좌—상향으로 이동한다.

① 입도분포가 양호할 경우
② 조립분이 증가할 경우(일반적으로)
③ 다짐에너지가 증가할 경우

그러나 ② 조립분이 증가할 경우 좌—상향으로 이동한다는 표현은 주의가 필요하다. 왜냐하면 입도분포가 나쁜 모래의 경우에는 아래 그림과 같이 세립분을 함유한 흙보다도 우—하향에 위치하기도 한다. 따라서 조립분이 증가할 경우 '일반적으로' 다짐곡선은 좌—상향으로 이동한다는 표현이 적절하다.

입도분포가 매우 좋지 않은 모래의 경우에는 일반적인 흙들의 다짐곡선 개형과 달리 낮은 함수비에서 함수비 증가에 따라 오히려 건조단위중량이 감소하는 양상을 보이게 되는데 이를 체적팽창현상(Bulking)이라 한다. 이는 입자 주변의 물에서 표면장력에 의해 벌집구조(봉소구조)가 생성되면서 체적이 증가하기 때문이다.

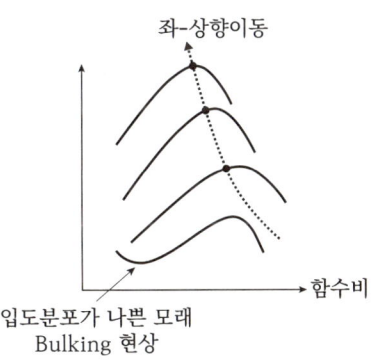

입도분포가 나쁜 모래
Bulking 현상

> **학습 POINT**
>
> ● **다짐곡선의 구배(기울기)**
> 모래질 흙(조립분)이 많아질수록 흙의 다짐곡선 구배는 급해진다.
>
> ● **과다짐 현상**
> 다짐에너지가 지나치게 증가하는 경우, 함수비가 큰 흙에서 흙 입자가 파괴되어, 다짐에너지가 증가하더라도 흙의 건조단위중량과 강도가 증가하지 않고 오히려 저하되는 현상
>
> ● **봉소구조**
> 입도분포가 매우 나쁜 모래는 낮은 함수비에서 물의 표면장력에 의해 '벌집구조'가 형성되며 이를 '봉소구조'라고도 한다.
> 앞서 사질토의 입자 구조는 '단일입자구조', 점성토의 입자 구조는 '면모구조', '이산구조'라고 하였는데, 추가적으로 입도 분포가 좋지 않은 사질토의 낮은 함수비에서 '벌집구조 or 봉소구조'가 생성됨을 알아두자.
>
>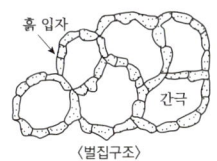
> 〈벌집구조〉

꼭 알아두자!

1. 다짐곡선은 다음과 같은 상황에서 좌—상향으로 이동한다.
   ① 입도분포가 양호할 경우
   ② 조립분이 증가할 경우
   ③ 다짐에너지가 증가할 경우
2. 입도 분포가 좋지 않은 모래는 낮은 함수비에서 함수비가 증가할 때 입자 주변의 표면장력으로 건조 단위중량이 감소하게 되는데, 이를 체적 팽창 현상 'Bulking'이라 한다.

> 학습 POINT

○ **해양점토**
염분을 포함한 해양점토는 이중층수의 두께가 얇아진다.
해양점토 → 이중층수 두께⇩ → 반력⇩ → 면모화

○ **건조측, 습윤측 다짐**
건조측 다짐이라는 말은 면모구조와 동일한 의미이며, 습윤측 다짐이란 말은 이산구조와 동일한 의미이다.
최적함수비에서 다짐이란 면모구조에서 이산구조로 넘어가는 순간에서의 다짐이다.

(4) 점성토의 다짐구조

(4)-1 점성토의 다짐구조

앞서 설명한 바와 같이 점토입자에 작용하는 힘은 다음과 같다.

① 인력 : 점토 입자간 면('-')과 모('+')의 인력
② 반력 : 점토 입자에 부착된 흡착수간의 반력

점성토의 다짐구조는 최적함수비보다 작은 함수비(건조측)에서는 물의 양이 부족하여 이중층수가 잘 형성되지 않으므로 인력이 반력보다 강해 면모구조가 생성되며, 최적함수비보다 큰 함수비(습윤측)에서는 물의 양이 충분하여 이중층수가 잘 형성되므로 반력이 인력보다 강해 이산(분산)구조가 생성된다.

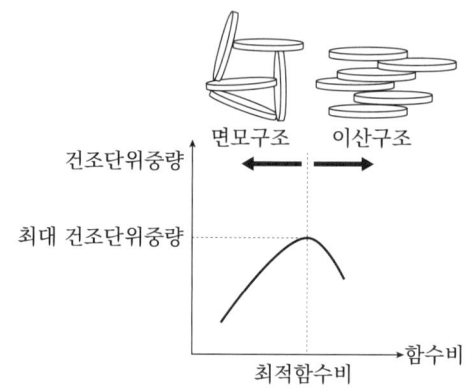

(4)-2 점성토의 다짐 구조에 대한 특성

① 투수계수

○ **최저투수계수**
점성토의 다짐 구조는 최적함수비보다 조금 더 큰 함수비에서 최저 투수계수를 갖게 된다.

면모구조(건조측)는 입자 배열이 불규칙적이고, 이산구조(습윤측)는 입자 배열이 규칙적이므로 배열이 불규칙적인 건조측이 물이 통과할 수 있는 구멍이 많아 투수계수가 크다. 따라서 건조측에서 함수비가 증가하여 이산화 됨에 따라 투수계수가 감소하게 되며, 최적함수비보다 조금 더 큰 함수비에서 최저 투수계수를 갖게 된다. 그러나 오히려 너무 큰 함수비에서는 물길이 형성되게 되므로 투수계수가 커지게 된다.

② 압축성

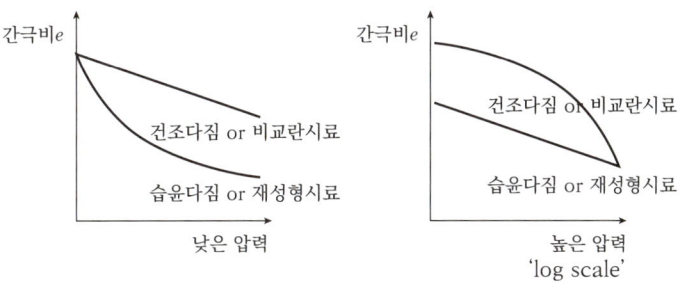

> **○ 비교란시료, 교란시료(재성형시료)**
> 시료가 교란될 경우 면모구조의 입자가 결합을 끊어 이산화될 수 있다. 따라서 아래와 같은 동일한 표현을 이해해야 한다.
>
> 건조측다짐＝면모구조＝비교란시료
> 습윤측다짐＝이산구조＝교란시료(재성형시료)

비교적 낮은 압력에서는 면모구조의 결합력을 파괴할 정도의 압력이 아니므로 면모구조(건조측)가 이산구조(습윤측)보다 압축성이 작다. 그러나 비교적 높은 압력에서는 면모구조의 결합력을 파괴할 정도 압력이 작용하게 되어 면모구조(건조측)가 이산구조(습윤측)보다 압축성이 크다.

③ 강도
면모구조(건조측)이 이산구조(습윤측)보다 입자간 결합력이 크므로 강도가 크다.

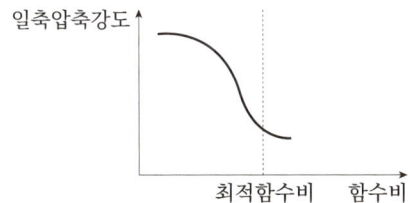

꼭 알아두자!

1. 점성토 구조는 면과 모의 인력과 이중층수의 반력에 의하여 구조가 형성된다.
   인력 > 반력 : 면모구조, 인력 < 반력 : 이산구조
2. 투수계수는 면모구조가 이산구조보다 크며, 최적함수비보다 조금 큰 함수비에서 최소이다.
3. 비교적 낮은 압력에서는 이산구조의 압축성이 면모구조보다 크고, 비교적 높은 압력에서는 면모구조의 압축성이 이산구조보다 크다.
4. 투수계수, 압축성에 대한 그래프를 암기한다.
5. 면모구조가 이산구조보다 강도가 크다.

학습 POINT

○ 가장 적합한 다짐 장비

시험에 자주 출제되는 유형이므로 암기하는 것이 좋다.
- 점성토 : 탬핑롤러(Tamping roller)
  ex) 양족롤러(Sheeps foot roller),
  그리드롤러(Grid roller),
  테이퍼풋롤러(Taper foot roller)
- 사질토 : 진동롤러(Vibrating roller)

Quiz.05

들밀도시험을 실시하여 다음과 같은 결과를 얻었다. 현장의 건조단위중량은?

표준사 단위중량	1.8t/m³
콘을 채우기 위한 표준사중량	0.4kg
시험공을 채우기 전의 중량	6.2kg
시험공을 채운 후의 중량	2.2kg
파낸 흙의 중량	3.6kg
파낸 흙의 함수비	0.2

풀이

시험공을 채운 흙의 중량
$= 6.2kg - 2.2kg - 0.4kg$
$= 3.6kg$

시험공의 부피
$= \dfrac{표준사\ 중량}{표준사\ 건조단위중량}$
$= \dfrac{3.6kg}{1.8t/m^3} = 2 \times 10^{-3} m^3$

파낸 흙의 γ_t
$= \dfrac{3.6kg}{2 \times 10^{-3} m^3} = 1.8t/m^3$

파낸 흙의 γ_d
$= \dfrac{\gamma_t}{1+\omega} = \dfrac{1.8t/m^3}{1+0.2}$
$= 1.5t/m^3$

(5) 현장다짐

실내 다짐시험을 이용하여 함수비와 건조단위중량의 관계를 파악하면 이를 이용하여 현장 다짐의 시방을 제공한다. 최적함수비(w_{omc})에서 최대 건조단위중량(γ_{d-max})을 갖게 되나 현장에서 이러한 최적의 다짐을 매번 수행할 수 없기 때문에 최대 건조단위중량의 90~95%를 기준으로 현장다짐시방을 적용한다.

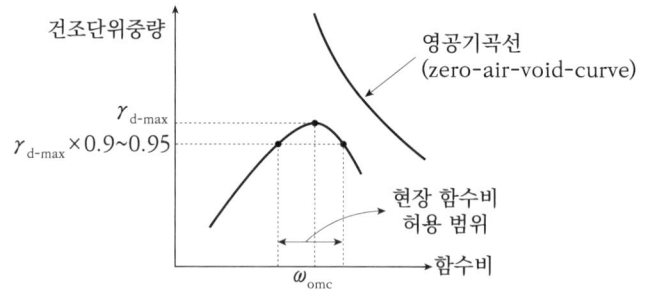

(5)-1 현장다짐에 영향을 주는 요소

현장다짐에 영향을 주는 요소는 다음과 같다.
① 다짐장비: 사질토의 경우 입자가 맞물림에 의해 물리적으로 평형이 유지되므로 진동다짐(진동롤러, Vibrating roller)이 적합하나, 점성토의 경우 입자간 전기적 평형이 유지되므로 짓이김다짐(탬핑롤러, Tamping roller)이 적합하다.
② 다짐횟수: 다짐 횟수가 증가하면 현장의 건조단위중량이 증가한다.(일정횟수 이상 의미 ×)
③ 다짐두께: 다짐 두께가 감소하면 현장의 건조단위중량이 증가한다.(일정두께 이하 의미 ×)

(5)-2 들밀도시험(모래치환법)

현장 다짐된 흙의 건조단위중량을 계산하기 위해 들밀도시험을 실시한다. 들밀도시험에 이용되는 기구는 용기, 콘으로 구성되며 용기 안에 표준사를 채워 이용한다. 표준사란 건조단위중량을 이미 알고 있는 흙을 의미한다.(ex. 주문진사, Ottawa Sand)

① 현장지반의 흙을 파내고 중량(W)을 측정한다.
② 파낸 흙의 중심부 흙을 조금 떼어내어 중량($W_①$)을 측정한 뒤 이를 건조($W_②$)시켜 현장의 함수비를 계산한다.

$$\omega = \dfrac{W_w}{W_②} = \dfrac{W_① - W_②}{W_②}$$

③ 시험공에 건조단위중량을 알고 있는 표준사를 붓는다. 시험공을 채운 흙의 무게는 다음과 같이 계산한다.

W_1 = 시험공을 채우기 전의 중량(용기+콘+모래)
W_2 = 시험공을 채운 후의 중량(용기+콘+모래)
W_3 = 콘을 채우기 위한 표준사의 중량

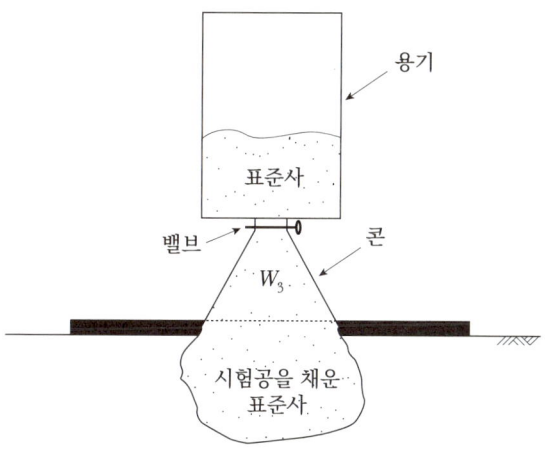

시험공을 채운 표준사 중량(W_4) = $W_1 - W_2 - W_3$

④ 시험공을 채운 표준사 중량(W_4)을 미리 알고 있는 표준사의 건조단위중량으로 나누어 시험공의 부피(V)를 계산한다.

$$V = \frac{\text{시험공을 채운 표준사 중량}(W_4)}{\text{표준사 건조단위중량}}$$

⑤ 상기 값들을 이용하여 현장 지반의 건조단위중량($\gamma_{d(\text{field})}$)을 계산한다.

$$\gamma_t = \frac{W}{V},\ \gamma_{d(\text{field})} = \frac{\gamma_t}{1+\omega}$$

(5)-3 상대 다짐도

상대 다짐도(R)란 실내 다짐시험의 최대 건조단위중량과 들밀도시험을 통해 계산된 현장 건조단위 중량의 비를 의미한다.

$$R = \frac{\gamma_{d(\text{field})}}{\gamma_{d-\max(\text{lab})}} \times 100\%$$

$\gamma_{d(\text{field})}$: 현장의 건조단위중량
$\gamma_{d-\max(\text{lab})}$: 실내 다짐시험의 최대 건조단위중량

학습 POINT

○ 시험공의 부피
결국 들밀도시험의 포인트는 시험공의 부피를 측정하는 것이다.
- 모래를 이용하는 방법 : 모래치환법(샌드콘방법)
- 물을 이용하는 방법 : 고무막법
- 강관을 이용하는 방법 : 코어절삭법
- 방사선을 이용하는 방법

꼭 알아두자!

1. 실내 다짐시험의 목적은 현장 다짐의 시방을 제고하기 위함이다.
2. 현장다짐에 영향을 주는 요소는 다음과 같다.
   ① 다짐 장비
   ② 다짐 횟수
   ③ 다짐 두께
3. 들밀도시험 해석 방법을 완벽하게 숙지하자.
4. 상대다짐도 공식을 암기한다.

$$R = \frac{\gamma_{d(\text{field})}}{\gamma_{d-\max(\text{lab})}}$$

$\gamma_{d(\text{field})}$: 현장의 건조단위중량
$\gamma_{d-\max(\text{lab})}$: 실내 다짐시험의 최대 건조단위중량

○ 실내 다짐시험의 최대 건조단위중량
최대 건조단위중량은 몰드에 흙을 넣고 8분간 진동시켜 계산된 값이다. 상대밀도 파트를 참고하자.

2 지중응력

$$\sigma_v = \sigma_v' + u \qquad \sigma_h = \sigma_h' + u$$

지중응력이란 땅 속의 응력을 의미한다. 흙은 흙 입자와 물, 공기로 구성되므로 지중응력은 흙 입자(σ')와 물(u)이 부담하게 된다. 지중응력은 수직방향 응력인 연직응력(σ_v)과 수평방향 응력인 수평응력(σ_h)으로 구분된다. 연직응력은 구하고자 하는 지점 위에 쌓인 흙 입자와 물의 무게를 고려하여 계산할 수 있으나 수평응력은 쉽게 계산할 수 없어 연직응력에 토압계수를 곱해 계산한다.

(1) 상재압력(초기응력)

상재압력이란 초기응력이라고도 하며 지중에 흙이 자연 상태에서 자중에 의해 받는 응력을 의미한다.

(1)-1 연직응력(σ_v, σ_v')

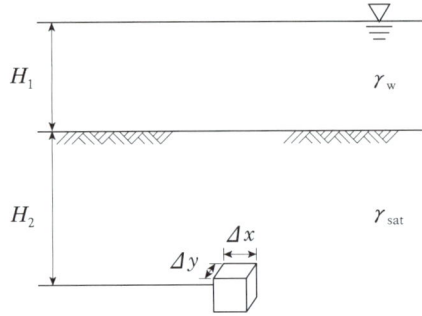

학습 POINT

Quiz. 06

A점의 연직 전응력, 연직 유효응력, 수평 전응력, 수평 유효응력을 구하시오.(단, 정지토압계수는 0.5이다.)

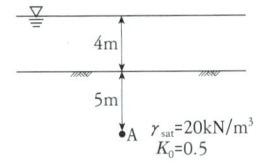

풀이

$\sigma_v = (\gamma_w \times 4m) + (\gamma_{sat} \times 5m)$
$= (10kN/m^3)(4m) + (20kN/m^3)(5m)$
$= 140kN/m^2$

$u = (\gamma_w \times 9m)$
$= (10kN/m^3 \times 9m)$
$= 90kN/m^2$

$\sigma_v' = \sigma_v - u$
$= 140kN/m^2 - 90kN/m^2$
$= 50kN/m^2$

$\sigma_h' = K_0 \sigma_v' = (0.5)(50kN/m^2)$
$= 25kN/m^2$

$u = 90kN/m^2$

$\sigma_h = \sigma_h' + u = 25kN/m^2 + 90kN/m^2$
$= 115kN/m^2$

① 전응력(σ_v)

전응력이란 미소요소 위에 존재하는 무게가 발생시키는 응력을 의미한다.

$$\sigma_v = \frac{(\Delta x \times \Delta y)(H_1)(\gamma_w) + (\Delta x \times \Delta y)(H_2)(\gamma_{sat})}{(\Delta x \times \Delta y)}$$
$$= H_1 \gamma_w + H_2 \gamma_{sat}$$

② 유효응력(σ_v')

유효응력은 응력 시그마(σ)에 첨자를 붙여 표기한다. 유효응력이란 미소요소가 받는 전응력에서 물이 부담하는 수압을 제외하고 흙 입자가 받아내야 하는 응력을 의미한다.

$$\sigma_v' = \sigma_v - u = (H_1 \gamma_w + H_2 \gamma_{sat}) - (H_1 + H_2)\gamma_w$$
$$= (\gamma_{sat} - \gamma_w)H_2 = \gamma' H_2$$

여기서 중요한 개념은 정수압일 때, 수중 침수된 흙 요소의 유효응력은 물의 높이(H_1)를 무시하고 흙의 침수단위중량을 이용하여 흙의 두께 H_2에 대해 $\sigma' = \gamma' H_2$로 계산할 수 있다는 점이다. (지표면 위에서 지하수위의 변동은 지중의 연직 유효응력에 변화를 주지 않는다.) 그러나 물이 흐를 경우 수압이 변화하므로 유효응력이 변하게 되는데 이는 추후에 '투수' 파트에서 다시 언급하기로 한다.

(1)-2 수평응력(σ_h, σ_h')

수평응력을 계산하는 것은 매우 어렵기 때문에 연직응력과 수평응력의 비를 토압계수(K)라고 하여 수평응력을 계산한다. 단, 토압계수는 추후에 '토압론' 파트에서 다시 언급하기로 하며, 자연지반상태에서 토압계수는 정지토압계수 K_0라고 한다는 사실만 알아두자. 또한 여기서 주의하여야 하는 점은 연직 전응력(σ_v)과 수평 전응력(σ_h)의 비가 아니라 연직 유효응력(σ_v')과 수평 유효응력(σ_h')의 비라는 점이다.

$$K = \frac{\sigma_h'}{\sigma_v'}$$

따라서 수평 전응력(σ_h)을 계산하기 위해서는 수평 유효응력(σ_h')에 수압(u)을 더하는 방법으로 계산이 가능하여 다음과 같은 흐름을 따라 계산한다. 문제를 한번 풀어보면 이해하기 쉽다.

$$\begin{array}{cc} \sigma_v & \sigma_h \\ -u & +u \\ \sigma_v' & \sigma_h' \\ & \times K_0 \end{array}$$

(2) 응력의 증가량($\Delta\sigma_v$, $\Delta\sigma_h$, $\Delta\tau_{hv}$)

$$\sigma_v + \Delta\sigma_v = \sigma_v' + u, \quad \sigma_h + \Delta\sigma_h = \sigma_h' + u$$

지표에 하중이 가해진다면 지중응력은 증가할 것이다. 따라서 초기응력(σ_v, σ_h)에 응력의 증가량($\Delta\sigma$)이 더해질 것이고 이는 역시 물이 수압(u)이나 흙이 유효응력(σ')으로 부담할 것이다. 수압과 유효응력이 얼마만큼 부담할 것인가는 추후에 논의하기로 하고, 이번 장에서는 외부 하중 형태에 따른 지중응력 증가($\Delta\sigma$)의 크기를 계산해 보자.

학습 POINT

Quiz.07

수위가 2m 상승하였을 때 위 Quiz.06의 문제를 다시 풀이하시오.

풀이

$\sigma_v = (\gamma_w \times 6m) + (\gamma_{sat} \times 5m)$
$\quad = (10kN/m^3)(6m) + (20kN/m^3)(5m)$
$\quad = 160kN/m^2$

$u = (\gamma_w \times 11m)$
$\quad = (10kN/m^3 \times 11m)$
$\quad = 110kN/m^2$

$\sigma_v' = \sigma_v - u$
$\quad = 160kN/m^2 - 110kN/m^2$
$\quad = 50kN/m^2$

$\sigma_h' = K_0 \sigma_v' = (0.5)(50kN/m^2)$
$\quad = 25kN/m^2$

$u = 110kN/m^2$

$\sigma_h = \sigma_h' + u = 25kN/m^2 + 110kN/m^2$
$\quad\quad\quad = 135kN/m^2$

★ $\sigma_h \neq K_0 \sigma_v$

★ Quiz.05, Quiz.06에서 유효 연직응력 $\sigma_v' = 50kN/m^2$으로 동일하다. 즉, 지표면 위에서 지하수위 변동은 지중의 연직 유효응력에 변화를 주지 않는다.

꼭 알아두자!

1. 연직 전 응력은 입자 위의 흙, 물의 무게를 이용하여 계산하고, 여기서 수압을 차감하여 연직 유효응력을 계산할 수 있다.

2. 유효 수평응력은 유효 연직응력에 토압계수를 곱하여 계산하고, 여기에 수압을 더해 수평 전응력을 계산할 수 있다.

3. 물이 흐르지 않을 때 연직 유효응력은 지반 위의 물 깊이와 무관하게 다음과 같이 계산이 가능하다.

$$\sigma' = \gamma' H_2$$

(단, H_2: 흙 두께)

학습 POINT

(2)-1 Boussinesq 탄성론에 입각한 지중응력 증가량

Boussinesq 이론에 의한 지중응력($\Delta\sigma_v$, $\Delta\sigma_h$, $\Delta\tau_{hv}$) 계산식에서 다음과 같은 특징을 알아두어야 한다.

- 탄성론에 입각하였다.
- 탄성계수(E)와 무관하다.
- $\Delta\sigma_h$ 계산 시에만 포아송 비를 고려한다.

① 집중하중에 의한 지중응력 증가

집중하중 작용점으로부터 깊이 z에 위치한 입자의 연직응력 증가($\Delta\sigma_v$)는 다음과 같이 계산할 수 있다. $\Delta\sigma_h$, $\Delta\tau_{hv}$는 식이 너무 복잡하여 시험에 출제될 수 없다.

$$\Delta\sigma_v = \Delta\sigma_z = \frac{3Pz^3}{2\pi R^5}$$

P : 집중하중 크기
$R = \sqrt{x^2 + y^2 + z^2}$: 집중하중 작용점과 입자의 거리

② 원형하중, 직사각형 분포 하중에 의한 지중응력 증가

집중하중에 의한 지중응력 증가식을 면적에 대하여 적분하여 계산할 수 있으나 계산양이 많아 시험에 출제될 수 없다. 단, 직사각형 분포 하중에 의한 지중응력 증가량을 영향계수(I_3)를 이용하여 계산하는 방법이 출제된다.

$$I_3 = f(m, n)$$
$$m = \frac{B}{z}, \ n = \frac{L}{z}$$

I_3 : 영향계수
B, L : 직사각형 분포 하중의 폭($B < L$)

m, n을 계산하면 표를 이용하여 영향계수 I_3를 구할 수 있다. 지중응력 증가는 영향계수에 등분포 하중의 크기(q)를 곱해 계산할 수 있다. 단, 직사각형 모서리 하부에서만 응력 증가량을 계산할 수 있다. 이는 문제에서 확인하도록 하자.

$$\Delta\sigma_v = \Delta\sigma_z = qI_3$$

③ 선하중에 의한 지중응력 증가

선하중에 의한 지중응력 증가량은 다음과 같다. 아직 출제되지 않았으나 충분히 출제 가능하므로 수험생들은 식을 눈에 익혀두기만 하고 다른 과정을 모두 학습한 후 암기하자.

Quiz. 08

다음과 같이 직사각형 기초 형상에 $100kN/m^2$의 등분포 하중이 작용할 때 A점에서 깊이 4m 지점의 연직응력 증가를 계산하시오.(단, 영향계수는 아래의 표를 이용한다.)

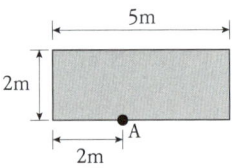

$m = B/Z$	$n = L/Z$	I
0.5	0.5	0.08
0.5	0.75	0.11
0.75	0.75	0.14

풀이

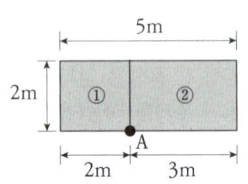

① 영역 고려
$m = B/Z = 2/4 = 0.5$
$n = L/Z = 2/4 = 0.5$
➡ $I = 0.08$

② 영역 고려
$m = B/Z = 2/4 = 0.5$
$n = L/Z = 3/4 = 0.75$
➡ $I = 0.11$

$\Delta\sigma_v = I\Delta q$
$= (0.08 + 0.11)(100kN/m^2)$
$= 19kN/m^2$

$$\Delta\sigma_v = \Delta\sigma_z = \frac{2pz^3}{\pi(x^2+z^2)^2}$$

$$\Delta\sigma_h = \Delta\sigma_x = \frac{2px^2z}{\pi(x^2+z^2)^2}$$

$$\Delta\tau_{hv} = \Delta\tau_{xy} = \frac{2pxz^2}{\pi(x^2+z^2)^2}$$

p : 선하중 크기

④ 임의 형태 분포 하중에 의한 지중응력 증가(Newmark 영향원법)

임의 형태 등분포 하중의 크기(q)에 의한 지중 깊이 z의 연직응력 증가($\Delta\sigma_v$)를 계산하고 싶다면 지중 깊이 z가 Newmark 도표의 축척선 길이와 일치하도록 등분포하중 면적의 축척을 조정하고, 응력을 구하고자 하는 지점이 Newmark 도표의 중앙과 일치하도록 그린다. 이때 등분포 하중의 면적이 Newmark 도표 위에서 차지하는 요소의 개수(N)을 이용하여 응력 증가량을 계산할 수 있다.

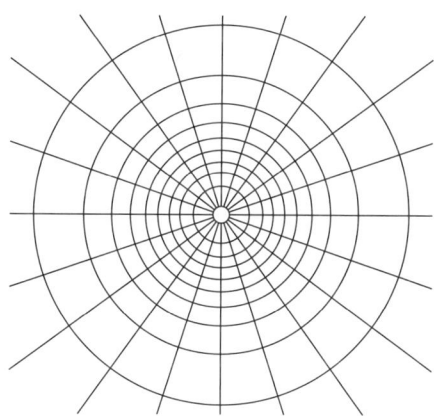

영향값=0.005 A ├─────┤ B
　　　　　　　　축척선

$$\Delta\sigma_v = q \times \frac{N}{200}$$

학습 POINT

(2)-2 간략법(2 : 1법)

2 : 1법이란 지표에 가해진 응력이 지중에 2 : 1로 퍼진다고 간주하여 해석하는 것을 의미한다. 따라서 깊이 z지점에서 폭이 z만큼 넓어졌다고 해석할 수 있다. 임의 깊이에서 작용하는 연직응력 증가량을 모두 더하면 지표면에 작용하는 대상 하중 크기와 같을 것이다. 따라서 직사각형 하중에 의한 지중응력 증가를 2 : 1법을 이용하여 계산하면 다음과 같다. 문제를 통해 확인하도록 하자.

Quiz. 09

지표에 폭 2m, 길이 3m인 직사각형 분포 하중이 $q=14\text{kN/m}^2$로 작용할 경우 지표로부터 4m 지점의 응력 증가량을 계산하시오. (단, 2:1법을 이용한다.)

풀이

$$\Delta q = \frac{q \times (B \times L)}{(B+Z)(L+Z)}$$
$$= \frac{(14\text{kN/m}^2)(2\text{m} \times 3\text{m})}{(2\text{m}+4\text{m})(3\text{m}+4\text{m})}$$
$$= 2\text{kN/m}^2$$

● **원형기초의 간략법(2:1법)**

$$\Delta q = \frac{q\left(\frac{\pi d^2}{4}\right)}{\left(\frac{\pi (d+z)^2}{4}\right)} = \frac{q(d^2)}{(d+z)^2}$$

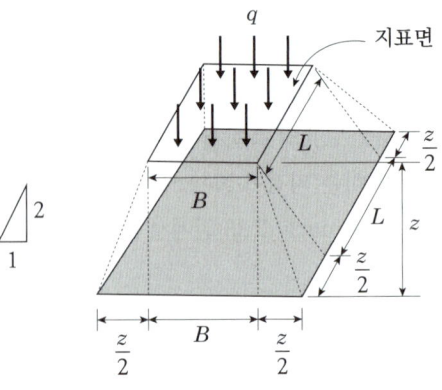

$$\Delta \sigma_v = \Delta \sigma_z = \frac{q(B \times L)}{(B+z)(L+z)}$$

(2)-3 보상기초

기초가 전면기초 형태일 경우 터를 파는 과정에서 파낸 흙의 무게만큼 하중이 제거되므로, 흙의 자중을 뺀 순하중(q_{net})으로 고려한다.

$q_{\text{net}} = q$ $q_{\text{net}} = q - \gamma D_f$

$$q_{\text{net}} = q - \gamma D_f = \frac{Q}{A} - \gamma D_f = \frac{Q-W}{A}$$

q_{net} : 순하중, γ : 흙의 단위중량, D_f : 기초의 근입깊이
Q : 하중, W : 흙의 무게

기초의 근입깊이(D_f)가 깊은 경우 순하중(q_{net})이 '0'이 되는데 이를 '완전보상기초'라 한다.

꼭 알아두자!

1. Boussinesq 탄성론은 다음과 같은 특징이 있다.
   - 탄성론에 입각하였다.
   - 탄성계수와 무관하다.
   - $\Delta \sigma_h$ 계산 시에만 포아송 비를 고려한다.

2. 집중하중에 의한 지중응력 증가 공식은 다음과 같다.
   $$\Delta \sigma_v = \Delta \sigma_z = \frac{3Pz^3}{2\pi R^5}$$

3. 직사각형 분포 하중은 영향계수 또는 2 : 1법을 이용하여 지중응력 증가량을 계산할 수 있다. 단, 영향계수를 이용할 경우 직사각형 모서리에서만 계산 가능하다.

(3) 미소요소 해석(평면응력 해석)

상기 방법들로 초기응력과 응력 증가량($\Delta \sigma$)의 합을 계산하면 다음과 같을 것이다.
(단, $\Delta \sigma_h$, $\Delta \tau_{hv}$는 계산할 수 없어 주어질 것이다.)

$$\sigma_v = \sigma_{v0} + \Delta \sigma_v$$
$$\sigma_h = \sigma_{h0} + \Delta \sigma_h$$
$$\tau_{hv} = \tau_{h0} + \Delta \tau_{hv}$$

토질역학에서는 응용역학과 수직응력의 부호가 달라서 압축응력을 (+)로 표현한다.(전단응력의 부호는 같다) 그러나 이를 고려하지 않고 응용역학 부호와 평면응력 공식을 이용하여 값을 계산한 뒤 결과 값만 토질역학 부호로 표현하면 미소요소를 쉽게 해석할 수 있다.

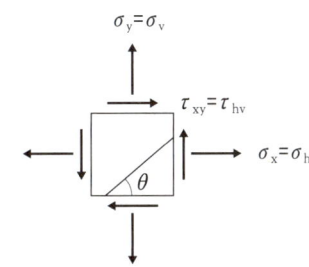

$$\sigma_\theta = \frac{\sigma_x + \sigma_y}{2} + \frac{\sigma_x - \sigma_y}{2}\cos 2\theta + \tau_{xy}\sin 2\theta$$

$$\tau_\theta = -\frac{\sigma_x - \sigma_y}{2}\sin 2\theta + \tau_{xy}\cos 2\theta$$

$$\sigma_{1,2} = \frac{\sigma_x + \sigma_y}{2} \pm \sqrt{\left(\frac{\sigma_x - \sigma_y}{2}\right)^2 + (\tau_{xy})^2}$$

계산된 σ_θ의 부호에 '−'를 붙여서 표현해야 토질역학 부호와 같다.

꼭 알아두자!

1. 토질역학에서 평면응력 해석은 응용역학 공식을 그대로 이용한다. 단, 토질역학과 응용역학은 수직응력의 부호가 다르므로, 계산된 값에 '−'를 붙여서 표현하여야 한다.
2. 미소요소 공식을 암기하여야 한다. (응용역학과 동일)

학습 POINT

Quiz. 10

지중의 입자에 작용하는 응력이 다음과 같을 때 $\theta = 30°$면에 작용하는 수직, 전단응력은?
(단, $\sin 120° = 0.9$라고 간주한다.)

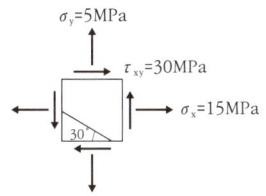

풀이

응용역학 부호기준을 이용하여 응력을 표현한다. 단, $\theta = 60°$임에 주의하자.
$\sigma_x = 15\text{MPa}$
$\sigma_y = 5\text{MPa}$
$\tau_{xy} = 30\text{MPa}$

$\sigma_\theta = \dfrac{\sigma_x + \sigma_y}{2} + \dfrac{\sigma_x - \sigma_y}{2}\cos 2\theta + \tau_{xy}\sin 2\theta$

$= \dfrac{15+5}{2} + \dfrac{15-5}{2}\cos(120°) + 30\sin(120°)$

$= 34.5\text{MPa}$

$\tau_\theta = -\dfrac{\sigma_x - \sigma_y}{2}\sin 2\theta + \tau_{xy}\cos 2\theta$

$= -\dfrac{15-5}{2}\sin(120°) + 30\cos(120°)$

$= -19.5\text{MPa}$

★ 응용역학과 토질역학은 수직응력의 부호가 다르므로 답은 다음과 같다.
$\sigma_\theta = -34.5\text{MPa}$
$\tau_\theta = -19.5\text{MPa}$

○ Pole 방법

Pole 방법이란 입자의 면에 작용하는 응력을 Mohr 원상에 표시하고, 그 점에서 그 면에 해당하는 각도로 선을 그어 만나는 점을 Pole(평면기점)이라 하는데, Pole에서 구하고자 하는 면의 각도로 선을 그어 Mohr원과 만나는 점이 해당면의 응력 상태라는 작도법을 의미한다.

학습 POINT

Quiz. 11

흙 입자의 초기응력과 응력 증가량이 다음과 같을 때 p_0, q_0, p, q를 구하시오.

〈초기응력〉

$\sigma_h = 0\text{MPa}$
$\sigma_v = 10\text{MPa}$
$\tau_{hv} = 0\text{MPa}$

〈응력 증가량〉

$\Delta\sigma_h = 90\text{MPa}$
$\Delta\sigma_v = 20\text{MPa}$
$\Delta\tau_{hv} = 40\text{MPa}$

풀이

〈초기응력〉

전단응력이 '0'이므로 현재 상태가 주응력 상태이다.

$p_0 = \dfrac{\sigma_1 + \sigma_2}{2} = \dfrac{10+0}{2} = 5$

$q_0 = \dfrac{\sigma_1 - \sigma_2}{2} = \dfrac{10-0}{2} = 5$

〈하중 재하 후〉

$\sigma_h = 0\text{MPa} + 90\text{MPa} = 90\text{MPa}$
$\sigma_v = 10\text{MPa} + 20\text{MPa} = 30\text{MPa}$
$\tau_{hv} = 0\text{MPa} + 40\text{MPa} = 40\text{MPa}$

$\sigma_{1,2} = \dfrac{\sigma_h + \sigma_v}{2} \pm \sqrt{\left(\dfrac{\sigma_h - \sigma_v}{2}\right)^2 + (\tau_{hv})^2}$

$= 110\text{MPa}, 10\text{MPa}$

σ_h가 σ_1에 더 가까우므로 q를 '−'로 표현한다.

$p = \dfrac{\sigma_1 + \sigma_2}{2} = \dfrac{110+10}{2} = 60$

$q = \dfrac{\sigma_1 - \sigma_2}{2} = -\dfrac{110-10}{2} = -50$

(4) 응력 경로

(4)-1 p, q

지반에 하중 재하 전 지중응력은 다음과 같을 것이다.

$\sigma_{v0}, \sigma_{h0}, \tau_{h0}$ ➡ $\sigma_{1_0}, \sigma_{2_0}$ ⋯ ①

〈주응력〉

지반에 하중 재하 후 지중응력은 다음과 같을 것이다.

$\sigma_v = \sigma_{v0} + \Delta\sigma_v$
$\sigma_h = \sigma_{h0} + \Delta\sigma_h$ ➡ σ_1, σ_2 ⋯ ②
$\tau_{hv} = \tau_{hv0} + \Delta\tau_{hv}$

〈주응력〉

응력에 변화가 생기기 때문에 모어원이 변화할 것이다. 그러나 지중응력이 변화할 때마다 이를 모어원으로 표현하는 것은 매우 번거로운 작업이고 연속적인 응력변화를 표현할 경우 모어원이 무수히 겹치게 될 것이므로 부적절하다. 따라서 모어원을 꼭짓점 (p, q)만 표현하여 이은 것을 응력경로라 한다.

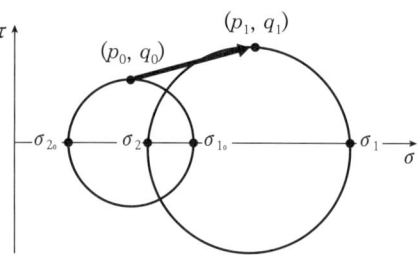

$p_0 = \dfrac{\sigma_{1_0} + \sigma_{2_0}}{2}, \quad q_0 = \dfrac{\sigma_{1_0} - \sigma_{2_0}}{2}$

$p = \dfrac{\sigma_1 + \sigma_2}{2}, \quad q = \dfrac{\sigma_1 - \sigma_2}{2}$

그러나 q가 항상 '+'인 것은 아니고 응력 σ_v가 σ_h보다 최대 주응력 σ_1에 가까울 때 q가 '+'이고 σ_h가 σ_v보다 최대 주응력 σ_1에 가까울 때는 q가 '−'이다.

(4)-2 토압계수와 기울기와의 관계

추후에 '토압론' 파트에서 토압계수에 대해 언급하겠지만 지반의 횡 변위가 없을 때 토압계수를 정지토압계수 K_0라 한다. 이때 응력경로가 갖는 기울기(β)를 표현해 보면 다음과 같다.

$$\sigma_v, \ \sigma_h = K_0 \sigma_v$$

$$p = \frac{\sigma_v + \sigma_h}{2} = \frac{\sigma_v + K_0 \sigma_v}{2} = \frac{\sigma_v(1+K_0)}{2}$$

$$q = \frac{\sigma_v - \sigma_h}{2} = \frac{\sigma_v - K_0 \sigma_v}{2} = \frac{\sigma_v(1-K_0)}{2}$$

이처럼 횡 변위가 없을 때 연직, 수평토압의 응력경로를 그리면 아래와 같이 'K_0-선'을 그릴 수 있다.

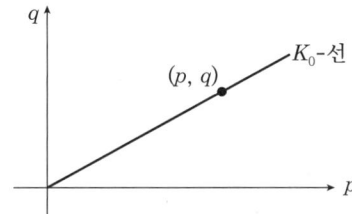

'K_0-선'의 기울기 β는 다음과 같다.

$$\beta = \frac{q}{p} = \frac{\left(\dfrac{\sigma_v(1-K_0)}{2}\right)}{\left(\dfrac{\sigma_v(1+K_0)}{2}\right)} = \frac{1-K_0}{1+K_0}$$

꼭 알아두자!

1. 응력경로는 모어원의 대푯값(p, q)을 연결한 것을 의미한다.
$$p = \frac{\sigma_1 + \sigma_2}{2}, \ q = \frac{\sigma_1 - \sigma_2}{2}$$

2. q가 항상 '+'인 것은 아니고 응력 σ_v가 σ_h보다 최대 주응력 σ_1에 가까울 때 q가 '+'이고, σ_h가 σ_v보다 최대 주응력 σ_1에 가까울 때는 q가 '−'이다

3. 연직, 수평토압이 정지토압계수의 관계에 있을 때 응력 경로를 'K_0-선'이라 하며 기울기는 다음과 같다.
$$\beta = \frac{1-K_0}{1+K_0}$$

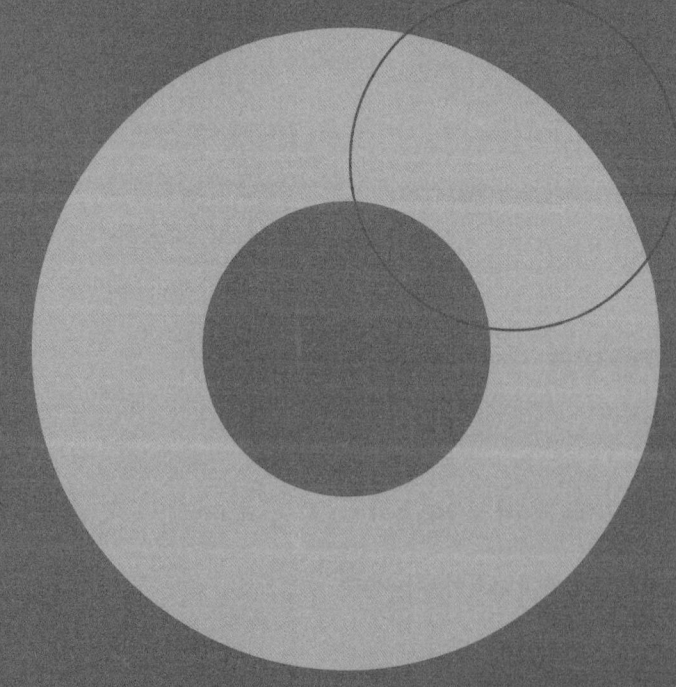

4080
진 승 현
토 질 역 학

DAY 04

흙 속의 물의 흐름(투수)과 응력

DAY 04 흙 속의 물의 흐름(투수)과 응력

학습 POINT

○ **물이 흐를 때 수압**
이전까지는 물이 흐르지 않는 상태를 고려하여 물의 수압은 물의 높이에 물의 단위중량을 곱하여 간단하게 계산($u=\gamma_w z$)하였으나 물이 흐르게 되면 수압이 달라진다.

1 흙의 성질을 나타내는 요소

앞서 전응력(σ)은 물의 수압(u)과 흙 입자의 유효응력(σ')이 부담한다고 하였다.

$$\sigma = u + \sigma'$$

그러나 물이 흐르면 수압이 변화하게 되는데, 전응력은 물과 흙의 무게에 의한 응력이므로 수압이 변화해도 일정하다. 따라서 일정한 전응력(σ) 하에서 수압(u)이 증가하게 되면 유효응력(σ')은 감소하고, 수압(u)이 감소하게 되면 유효응력(σ')은 증가할 것이다. 이번 장의 목적은 다음과 같다.
① 흙 속에서 물이 흐를 때 수압을 계산하고 전응력에서 수압을 차감하는 방식으로 흙의 **유효응력**을 산정한다.
② 흙 속에서 흐르는 물의 **유량**을 계산한다.

○ **피에조메타**
피에조메타란 물의 수압, 속도를 물의 높이인 수두로 표현하는 기구이다. 속도수두는 무시하므로 피에조메타 높이는 압력수두를 의미한다. 기준면에서 피에조메타의 높이는 전수두를 의미한다.

Quiz. 01

다음 그림에서 흙의 동수경사는?

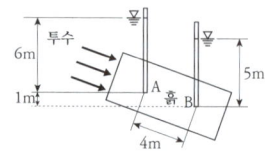

풀이
기준면이 설정되지 않으므로 기준면을 임의로 설정해야 한다. 항상 하류 자유수면을 기준으로 하는 것이 유용하다. 하류 자유수면을 기준면으로 잡게 되면 상류 자유수면과의 높이 차가 전수두 차이와 같으므로 A, B점의 전수두 차는
$\Delta h = (6m+1m) - 5m = 2m$이다.
$\therefore i = \dfrac{\Delta h}{L} = \dfrac{2m}{4m} = 0.5$

2 달시의 법칙

(1) 동수경사와 달시의 법칙(유출속도)

전수두라는 것은 위치수두(h_e), 압력수두(h_p), 속도수두(h_v)의 합을 의미한다.

$$h = h_e + h_p + h_v$$

여기서 위치수두란 임의로 설정한 기준면에 대한 높이 값을 의미하며, 압력수두와 속도수두는 물의 압력과 속도에 대응되는 피에조메타 높이 값을 의미한다. 그러나 흙 속에서 물의 속도는 비교적 느리기 때문에 토질역학에서 속도수두는 무시하므로 전수두는 다음과 같이 표현된다.

$$h = h_e + h_p$$

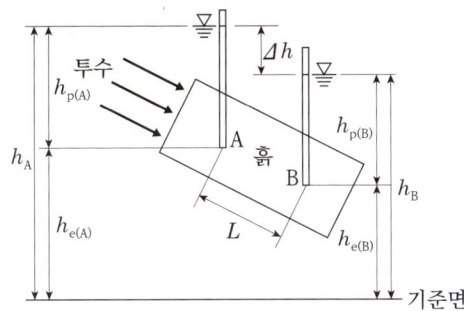

따라서 A점과 B점의 전수두는 다음과 같다.

$$h_A = h_{e(A)} + h_{p(A)}$$
$$h_B = h_{e(B)} + h_{p(B)}$$

토질역학에서는 흙 속의 물의 흐름을 이해하기 위해서 동수경사라는 개념을 이용한다. 동수경사란 흙 속에서 물이 흐른 길이로 전수두 차이(전수두 손실)를 나눈 것을 의미한다. 단, 동수경사는 항상 양수로 표현한다.

$$i = \frac{\Delta h}{L} = \frac{h_B - h_A}{L}$$

그림을 보면 동수경사가 크다는 것은 A점과 B점의 경사가 더 급해진다는 것을 의미하고, 동수경사가 클수록 물이 더 빠르게 흐른다는 것은 자명하다. 따라서 흙 속의 물의 속도와 동수경사가 비례 관계에 있을 것임을 추측할 수 있다. 이러한 관계를 표현한 식이 **달시의 법칙**이다.

$$v = Ki$$

식에서 k는 투수계수로, 흙 속의 물의 속도와 동수경사의 비례상수 정도로 이해하면 좋다. 투수계수는 흙의 종류와 상태에 따라 다르며 추후에 다시 설명하기로 하자.

(2) 유출속도와 투수속도

앞에서 계산된 속도는 유출속도(v)라고 하며, 흙의 전체 단면적에 대하여 계산된 평균 속도 정도로 이해할 수 있다. 그러나 흙에서 흙 입자가 차지하는 부피로는 물이 흐를 수 없기 때문에 위에서 계산된 유출속도는 실제 물이 흙 속에서 흐르는 속도와 다르다.

실제로 물이 흙 속에서 흐르는 속도는 투수속도(v_s)라고 하며, 간극률(n)을 이용하여 다음과 같이 계산할 수 있다.

$$v_s = \frac{v}{n}$$

학습 POINT

Quiz. 02

흙의 비중이 2.5, 건조단위중량이 20kN/m^3, 투수계수가 0.5cm/s, 동수경사가 1.5일 때 흙의 투수속도는?

풀이

$v = ki = (0.5\text{cm/s})(1.5)$
$\quad = 0.75\text{cm/s}$

$e = \frac{G_s \gamma_w}{\gamma_d} - 1$
$\quad = \frac{(2.5)(10\text{kN/m}^3)}{20\text{kN/m}^3} - 1 = 0.25$

$n = \frac{e}{1+e} = \frac{0.25}{1+0.25} = 0.2$

$v_s = \frac{v}{n}$
$\quad = \frac{0.75\text{cm/s}}{0.2} = 3.75\text{cm/s}$

● **달시의 법칙**

달시의 법칙은 층류일 때만 성립한다. 층류란 물의 흐름이 한 방향으로 일정한 흐름이고, 난류란 물의 흐름이 3차원 적으로 불규칙적인 흐름을 의미한다. 흙 속의 물의 흐름은 매우 느려서 층류이고, 따라서 달시의 법칙($v=Ki$)을 이용할 수 있다.

꼭 알아두자!

1. 전수두는 위치수두와 압력수두의 합이며, 위치수두를 표현하기 위해서는 기준면을 설정하여야 한다.

2. 동수경사는 전수두 손실을 물이 흐른 길이로 나눈 값이다.

3. 달시의 법칙을 이용하여 유출속도를 계산할 수 있다.
$$v = Ki$$

4. 실제 흙 속에서 물이 흐르는 속도는 투수속도이다.
$$v_s = \frac{v}{n}$$

학습 POINT

Quiz. 03

흙 중심부 E점에서의 압력수두는?

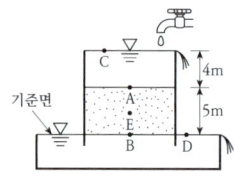

풀이

C점 전수두 = 위치수두 + 압력수두
= (4m+5m)+0
= A점 전수두

D점 전수두 = 위치수두 + 압력수두
= 0m+0m
= B점 전수두

E점 전수두 = $\frac{9m-0m}{2}$ = 4.5m

	전수두 (m)	위치수두 (m)	압력수두 (m)
C	9	9	0
A	9	5	4
E	4.5	2.5	2
B	0	0	0
D	0	0	0

3 1차원 흐름 해석 방법

물의 1차원 흐름이란 물이 일방향으로 흐를 때를 의미한다. 흙 속의 물을 해석할 때는 다음과 같은 사실에 유념하여야 한다.

① 물은 전수두가 높은 곳에서 낮은 곳으로 흐른다.
② 전수두 손실은 흙 속에서만 선형적으로 발생하며, 물 속에서는 발생하지 않는다.
③ 압력수두는 바로 계산할 수 없고 항상 전수두에서 위치수두를 차감하는 방식으로 계산할 수 있다.

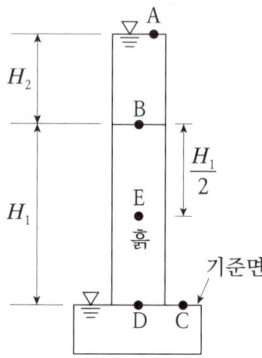

물 속에서 전수두 손실은 발생하지 않으므로 A와 B 그리고 C와 D의 전수두는 같다. 전수두는 임의로 설정한 기준면을 기준으로 하나, 낮은 자유수면을 기준면으로 설정할 경우 높은 자유수면과의 높이차가 전수두 차이가 되므로 해석에 용이하다.

A점 전수두 = 위치수두 + 압력수두
= $(H_1+H_2)+0$ (∵ 자유수면 압력수두=0)
= B점 전수두 (∵ 물 속에서 전수두 손실 'x')

C점 전수두 = 위치수두 + 압력수두
= 0+0 (∵ 자유수면 압력수두=0)
= D점 전수두 (∵ 물 속에서 전수두 손실 'x')

E점 전수두 = $\frac{(H_1+H_2)-0}{2} = \frac{H_1+H_2}{2}$ (∵ 전수두 손실 선형적으로 발생)

	전수두	위치수두	압력수두
A	H_1+H_2	H_1+H_2	0
B	H_1+H_2	H_1	H_2
E	$\dfrac{H_1+H_2}{2}$	$\dfrac{H_1}{2}$	$\dfrac{H_2}{2}$
D	0	0	0
C	0	0	0

흙에서 동수 경사는 다음과 같이 계산할 수 있다.

$$i = \frac{\Delta h}{L} = \frac{\text{B점 전수두} - \text{D점 전수두}}{\text{물이 흐른 길이}} = \frac{(H_1+H_2)-0}{H_1} = \frac{H_1+H_2}{H_1}$$

유량계산은 다음과 같은 공식을 사용한다.

단위 시간당 유량: $q = vA = KiA \ [m^3/s]$

총 유량: $Q = q \times t \ [m^3]$

1차원 흐름 해석 방법에서는 단위 시간당 유량이 같다는 '연속성의 법칙(질량보존의 법칙)'이 종종 이용된다. 일단 암기해 두자.

> **학습 POINT**
>
> **꼭 알아두자!**
>
> 1. 물은 전수두가 높은 곳에서 낮은 곳으로 흐른다.
> 2. 전수두 손실은 흙 속에서만 발생하며, 물 속에서는 발생하지 않는다.
> 3. 압력수두는 바로 계산할 수 없고, 항상 전수두에서 위치수두를 차감하는 방식으로 계산할 수 있다.
> 4. 1차원 흐름에서 흙 속의 전수두 손실은 선형적으로 감소한다.

학습 POINT

● 정수위 시험
물 속에서 전수두 손실은 발생하지 않으므로 B와 C의 전수두 차이는 A와 D의 전수두 차이와 같아서 B와 C의 전수두 차이를 h라고 할 수 있다.

Quiz. 04
오른쪽 그림과 같이 정수위 시험을 실시하였다. $h=4$m, $L=3$m이고 흙의 직경은 1m이다. 600초 동안 흐른 물의 양이 0.6m³일 때 이 흙의 투수계수는?
(단, $\pi=3$)

풀이
$K = \dfrac{QL}{Ath}$
$= \dfrac{(0.6\text{m}^3)(3\text{m})}{\left(\dfrac{(1\text{m})^2(3)}{4}\right)(600\text{sec})(4\text{m})}$
$= 1 \times 10^{-3}$ m/sec

4 투수계수

앞에서 투수계수란 유출속도와 동수경사 관계의 비례상수라고 표현하였다. 투수계수는 흙 속의 물의 흐름을 해석하는 데 중요한 값으로 흙의 종류와 상태에 따라 다르다. 투수계수는 실내시험, 현장시험, 경험공식 등을 이용하여 계산한다.

(1) 투수계수 산정을 위한 실내시험

(1)-1 정수위 시험

정수위 시험이란 시험 시 수위가 유지되므로 붙여진 명칭이다. 정수위 시험은 비교적 투수계수가 큰 사질토에 적합한 시험이다.

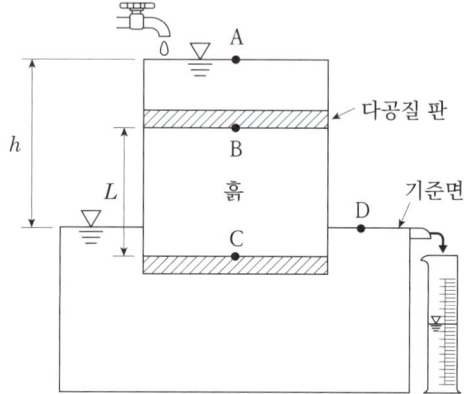

정수위 시험은 위쪽 자유 수면에 물을 지속적으로 공급해서 수위를 유지하면서 아래쪽 자유 수면에서 배출되는 물의 양(Q)과 시간(t)을 측정하여 투수계수를 계산한다. 정수위 시험에서 투수계수 공식은 다음과 같다. A는 흙의 면적이다.

$$K = \dfrac{QL}{Ath}$$

Q : 아래쪽 자유 수면에서 배출되는 물의 양,
L : 흙 시료의 두께, A : 흙 시료의 면적, t : 투수 시간,
h : 아래쪽 자유수면과 위쪽 자유수면의 높이 차

(1)-2 변수위 시험

변수위 시험이란 시험 시 수위가 변화하므로 붙여진 명칭이다. 변수위 시험은 비교적 투수계수가 작은 점성토에 적합한 시험이다. 점성토는 투수계수가 너무 작기 때문에 정수위 시험처럼 유량(Q)을 측정하여 투수계수를 계산할 수 없다. 따라서 흙 시료에 얇은 관을 꽂아 수위 변화를 이용하여 투수계수를 계산하는 방법이다.

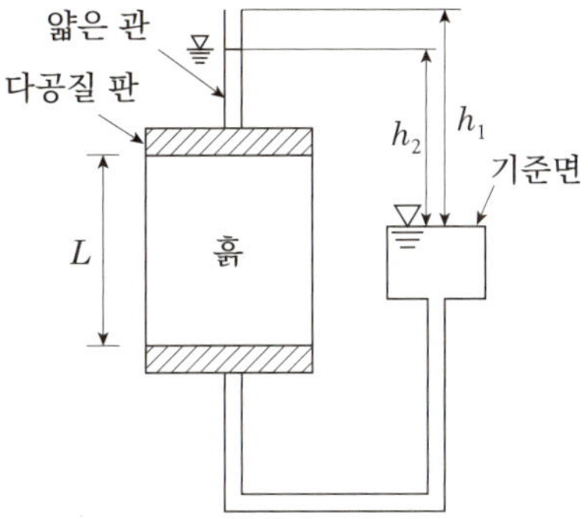

흙 시료의 면적(A)보다 얇은 관의 면적(a)이 작아서 수위 차를 눈으로 쉽게 확인할 수 있다. 변수위 시험에서 투수계수는 다음과 같이 계산할 수 있다.

$$K = \frac{aL}{At} \ln \frac{h_1}{h_2}$$

A : 흙 시료의 면적, a : 얇은 관의 면적
L : 흙 시료의 두께, t : 투수 시간
h_1 : 아래쪽 자유 수면에서 측정한 처음 수두 높이
h_2 : 아래쪽 자유 수면에서 측정한 나중 수두 높이

학습 POINT

Quiz. 05

왼쪽 그림과 같이 변수위 시험을 실시하였다. 흙의 직경은 1m, 얇은관의 직경은 1cm, 흙의 두께는 $L=3$m이다. 700초 간 시험을 실시한 결과는 다음과 같다. $h_1=200$cm, $h_2=100$cm이 흙의 투수계수는? (단, $\pi=3$, $\ln 2=0.7$로 한다.)

풀이

$$K = \frac{aL}{At} \ln \frac{h_1}{h_2}$$

$$= \frac{\left(\frac{(1\text{cm})^2(3)}{4}\right)(3\text{m})}{\left(\frac{(1\text{m})^2(3)}{4}\right)(700\text{sec})} \ln \frac{200\text{cm}}{100\text{cm}}$$

$$= 3 \times 10^{-7} \text{m/sec}$$

꼭 알아두자!

1. 투수계수 산정을 위한 실내 시험에는 정수위 시험과 변수위 시험이 있다.
2. 정수위 시험은 투수계수가 큰 사질토에 적합하고, 변수위 시험은 투수계수가 작은 점성토에 적합하다.
3. 정수위 시험, 변수위 시험의 투수계수 공식을 암기한다.

(2) 투수계수 산정을 위한 현장시험

(2)-1 자유수 양정시험

자유수 양정시험이란 시료채취 및 지반평가를 위해 미리 천공된 보링 구멍을 이용하여 현장에서 투수계수를 산정하는 방법이다. 시험정에서 자유수를 양정하면 흙에서 투수가 일어나 지하수가 시험정으로 흘러 들어올 것이다. 일정한 양의 물(q)을 양정하게 되면 시험정의 수위가 일정하게 유지되는데 이 양정량이 흙에서 투수되는 양과 같으므로 이를 이용하여 투수계수를 산정한다.

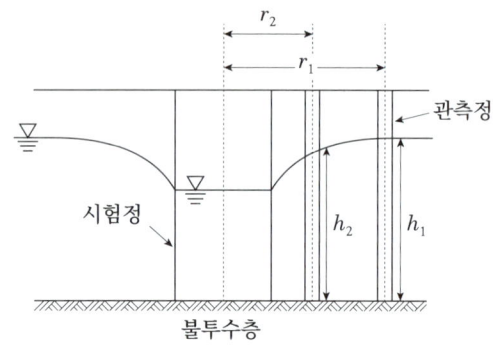

$$K = \frac{q \ln\left(\frac{r_1}{r_2}\right)}{\pi(h_1^2 - h_2^2)}$$

(2)-2 피압수 양정시험

피압수란 지중의 불투수층 사이에서 수압을 갖고 흐르는 지하수를 의미한다. 실험 방법은 자유수 양정시험과 같다.

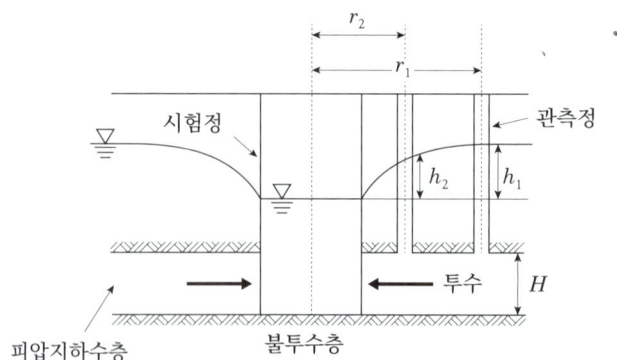

$$K = \frac{q \ln\left(\frac{r_1}{r_2}\right)}{2\pi H(h_1 - h_2)}$$

꼭 알아두자!

1. 투수계수 산정을 위한 현장 시험에는 자유수 양정시험과 피압수 양정시험이 있다.
2. 현장시험은 흙의 투수계수를 가장 정확하게 측정하는 방법이나 비용이 많이 든다.
3. 아직 한 번도 출제된 적은 없으나 충분히 출제 가능하므로 공식의 암기와 그림에서 어떤 값들이 들어가는지 파악해 두어야 한다.

(3) 투수계수 경험공식

(3)-1 테일러 식

투수계수 경험공식은 다음과 같은 테일러 식이 가장 일반적이다. 테일러 식을 이용하여 투수계수 값을 계산하라는 문제는 출제되지 않으며 단지 흙 입자 크기, 간극비, 점성 계수가 투수계수에 어떠한 영향을 주는지 판정하는 정도로 출제된다.

$$K = cD_{10}^2 \times \frac{e^3}{1+e} \times \frac{\gamma_w}{\eta}$$

c : 형상계수(입자 모양, 배열)
D_{10} : 입도분포곡선 통과백분율 10%일 때 흙의 직경
e : 간극비, η : 물의 점성계수

(3)-2 Hazen 식

Hazen 식은 다음과 같다.

$$K = cD_{10}^2$$

단위에 주의가 필요하다. c는 문제에서 주어진다.

	c	D_{10}
K(cm/sec)일 때	1~1.5	mm 단위
K(m/sec)일 때	100~150	cm 단위

(3)-3 Kozeny, Carmen 식

Kozeny, Carmen 식은 다음과 같다. Kozeny, Carmen 식을 이용하여 투수계수 값을 계산하라는 문제는 출제되지 않으며, 간극비가 다른 두 흙의 투수계수 비를 구하는 방식으로 출제된다.

사질토 : $K \propto \dfrac{e^3}{1+e}$

점성토 : $K \propto \dfrac{e^n}{1+e}$

> **꼭 알아두자!**
> 1. 테일러 식을 이용하면 여러 요소가 투구계수에 미치는 영향을 파악할 수 있고 식의 암기가 필요하다.
> 2. 문제를 통해 경험공식이 어떤 방식으로 출제되는지 알아두자.

학습 POINT

○ 포화도(S)와 투수계수(K)
포화도(S)가 크면 흙 속에 물길이 형성되므로 투수계수(K)는 커진다.

Quiz. 06

투수계수에 대한 설명으로 옳지 않은 것은?

① 흙의 간극비가 증가하면 투수계수는 증가한다.
② 온도가 상승하면 투수계수는 작아진다.
③ 흙 입자가 클수록 투수계수는 증가한다.
④ 점토는 건조 측 다짐이 습윤 측 다짐보다 투수계수가 크다.

풀이

①, ③ 테일러 식에서 확인할 수 있다.
② 온도가 상승하면 물의 점성계수가 작아져서 투수계수는 증가한다.
④ 점토를 건조 측 다짐할 경우 면모구조가 형성되며 습윤 측 다짐할 경우 이산구조가 형성된다. 투수계수는 면모구조가 이산구조보다 크다.

Quiz. 07

어떤 사질토의 간극비가 0.2일 때 투수계수가 0.1cm/s였다. 동일한 사질토의 간극비가 1이라면 투수계수는?

풀이

$0.1\text{cm/s} \propto \dfrac{0.2^3}{1+0.2} = \dfrac{1}{150}$

$K \propto \dfrac{1^3}{1+1} = \dfrac{1}{2}$

$K = \dfrac{\left(\dfrac{1}{2}\right)}{\left(\dfrac{1}{150}\right)}(0.1\text{cm/s})$

$= 7.5\text{cm/s}$

학습 POINT

○ 등가 투수계수

K_1	H_1
K_2	H_2
K_3	H_3

기존에 책들이 등가 투수계수 산정시 그림과 같은 지층에 대해서만 고려하여 수직, 수평 투수계수로 명칭한 이유는 자연지반이 퇴적에 의하여 생성되기 때문이다. 흙 입자가 중력에 의하여 퇴적될 때 입자의 평평한 면이 수평하게 배열될 것이므로 자연지반은 그림과 같이 수평 층으로 비균질한 것이 일반적이다. 이러한 이유로 자연지반에서 수평방향 투수계수(K_h)가 수직방향 투수계수(K_v)보다 크다.

(4) 등가 투수계수

등가 투수계수란 여러 흙의 투수계수를 하나의 투수계수로 고려하는 것을 의미한다. 기존의 책들에서 등가 투수계수 산정을 수직, 수평방향 등가 투수계수로 명칭하는데 이는 좋지 않은 표현이다. 따라서 여기에서는 다음과 같이 등가 투수계수를 분류하겠다.

(4)-1 여러 층으로 나뉘는 흐름

여러 층으로 나뉘는 흐름이란 물이 투수계수가 다른 지층들에 나뉘어 흐르는 것을 의미한다. 이는 수직, 수평방향과 무관하므로 기존에 이를 수평방향 투수계수로 분류한 것은 좋은 표현이 아니라고 생각한다.

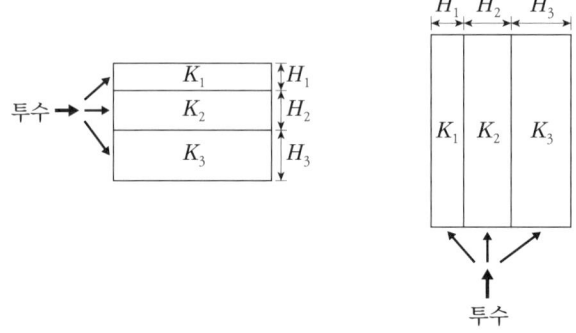

$$K_e = \frac{1}{H}(K_1 H_1 + K_2 H_2 + K_3 H_3)$$

(4)-2 여러 층을 관통하는 흐름

여러 층을 관통하는 흐름이란 물이 투수계수가 다른 지층들을 관통하여 흐르는 것을 의미한다. 역시 이것 또한 수직, 수평방향과 무관하므로 기존에 이를 수직방향 투수계수로 분류한 것은 좋지 않다.

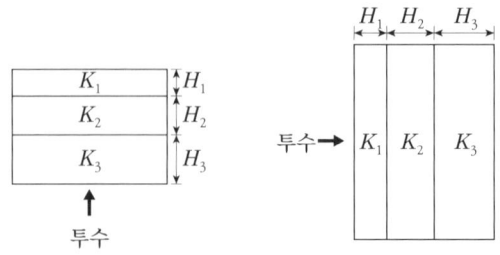

$$K_e = \frac{H}{\left(\dfrac{H_1}{K_1}\right) + \left(\dfrac{H_2}{K_2}\right) + \left(\dfrac{H_3}{K_3}\right)}$$

꼭 알아두자!

1. 물이 여러 층으로 나뉘는 흐름과 여러 층을 관통하는 흐름을 구분하고 등가 투수계수 공식을 암기하자.

5 2차원 흐름 해석 방법

(1) 균질, 등방 지반에서 유선망
(1)-1 유선망이란

물의 흐름이 1차원 흐름이 아닌 2차원, 3차원 흐름이 된다면 흙 속의 물의 흐름을 해석하는 것은 쉽지 않다. 그러나 전수두만 알 수 있다면 다음과 같은 문제를 해결할 수 있다.

① 위치수두는 임의로 설정한 기준면에 대하여 구할 수 있으므로 전수두에서 위치수두를 차감하는 방식으로 압력수두(수압)를 계산할 수 있다. ➡ **유효응력**
② 전수두 차이를 알게 되므로 동수경사를 구할 수 있고 **유량**을 계산할 수 있다.

그러나 전수두를 산정하는 것은 쉽지 않은 문제이다. 전수두를 계산하기 위해서는 다음과 같은 두 가지 원리를 이용하여야 한다.

① 달시의 법칙 : $v=Ki$
② 연속성의 법칙(질량보존의 법칙) : 유입된 물의 양과 유출된 물의 양은 같다.

두 원리를 이용하여 다음과 같은 라플라스 방정식을 유도할 수 있다. 단, 해당 라플라스 방정식은 등방성 지반에 대하여 유도된 것이며, h는 전수두를 의미한다.

$$\frac{\partial^2 h}{\partial x^2}+\frac{\partial^2 h}{\partial y^2}=0$$

위의 라플라스 방정식을 풀게 되면 유선망을 작도할 수 있다. 유선망은 등수두선과 유선으로 구성되는데 유선망은 아래와 같은 조건을 유념하면서 작도하여야 한다. 유선망의 특징은 다음과 같다.

① 등수두선과 유선은 직교한다.
② 등수두선과 유선으로 둘러싸인 유선망의 각 요소는 정사각형이다.

○ 유선, 등수두선의 특징
① 유선이란 물이 흐르는 경로를 의미하고, 인접한 두 유선 사이로 흐르는 물의 양은 동일하다.
② 등수두선이란 전수두가 동일한 점들을 이은 선을 의미하고, 인접한 두 전수두선 사이의 전수두 손실은 동일하다.

학습 POINT

다음과 같은 널말뚝에 대하여 등수두선을 그리는 과정을 간략히 살펴보자.

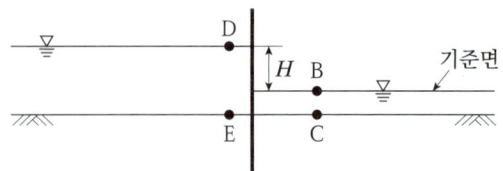

우선 아래 그림과 같이 유선을 작도한다. 주목해야 할 점은 널말뚝 표면을 따라서 하나의 유선이 있고, 불투수층을 따라서 하나의 유선이 있다는 점이다.

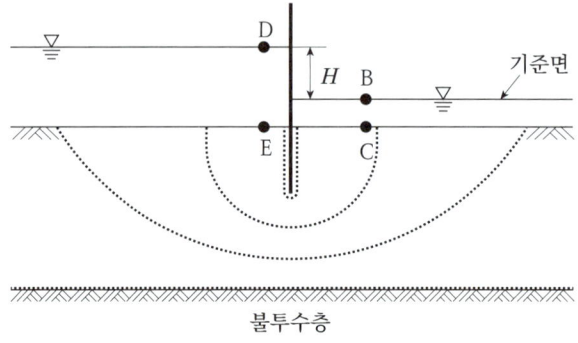

○ **유선망 작도의 이해**
유선망을 작도할 때 유선의 간격을 좁게 그릴 수도 있고 넓게 그릴 수도 있다. 그러나 유선과 등수두선이 이루는 요소가 정사각형을 이뤄야 하므로 유선이 좁아지면(N_f가 증가) 등수두선 간격도 좁아지기(N_d가 증가) 때문에 유선망 해석에서 동일한 결과가 나온다.

이제 위에서 그린 유선에 직교하면서 유선망의 각 요소가 비교적 정사각형을 이루도록 등수두선을 그린다. 주목해야 할 점은 지표면이 등수두선이라는 점이다.

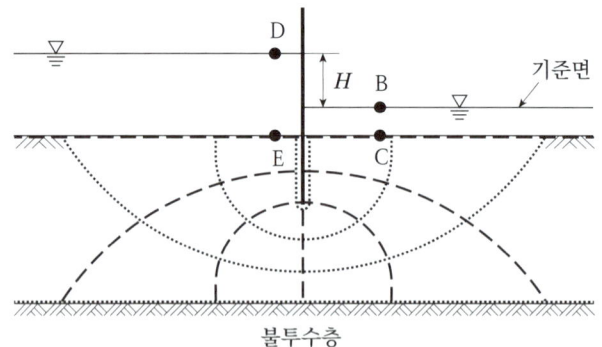

꼭 알아두자!

1. 유선망은 다음과 같은 두 가지 원리로 유도된다.
   ① 달시의 법칙
   ② 연속성의 법칙(질량 보존의 법칙)
2. 유선망은 다음과 같은 두 가지 조건을 만족시키며 작도한다.
   ① 등수두선과 유선은 직교한다.
   ② 등수두선과 유선으로 둘러싸인 유선망의 각 요소는 정사각형이다.
3. 유선망에서 널말뚝 표면과 불투수층은 유선과 일치한다.
4. 유선망에서 지표면은 등수두선과 일치한다.

(1)-2 유선망 해석방법

이제 위에서 작도한 유선망을 이용하여 실제로 2차원 흐름의 유효응력과 유량 계산 방법을 알아보자.

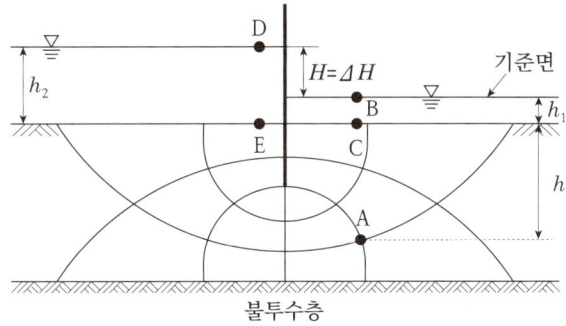

① 우선 가장 먼저 기준면을 설정하고 C, E의 전수두를 계산해야 한다. 널말뚝 해석에서 기준면은 하류 자유수면으로 하는 것이 해석에 용이하다. 왜냐하면 기준면을 하류 자유수면으로 할 경우 B와 C점의 전수두는 '0'이 되고 D와 E점의 전수두는 하류와 상류면의 높이차 'H'와 같아진다. 그 과정은 아래와 같다.

B점 전수두 = 위치수두 + 압력수두 = 0 + 0 = 0 (∵ 자유수면)
C점 전수두 = B점 전수두 = 0 (∵ 물 속에서 전수두 손실은 없다)

D점 전수두 = 위치수두 + 압력수두 = H + 0 = H (∵ 자유수면)
E점 전수두 = D점 전수두 = H (∵ 물 속에서 전수두 손실은 없다)

② 다음 과정은 수두손실 칸 수 N_d와 유선채널 수 N_f를 파악하는 것이다. 상류면에서 하류면으로 물이 흐를 때 등수두선으로 나뉘는 칸수는 총 6개로 N_d=6이다. 또한 유선과 유선으로 이루어지는 유선채널 수는 총 3개로 N_f=3이다.

③ 수두손실 칸 수 N_d를 이용하여 A점의 전수두를 나타내면 다음과 같이 하류면에서부터 또는 상류면에서부터 계산할 수 있다. 당연히 결과는 동일하지만 하류면에서 계산하는 방법이 더 간단하다.

○ **유선망 해석시 기준면**
유선망 해석시 하류 자유수면을 기준면으로 설정하면, 상류 자유수면과 하류 자유수면의 높이 차이(H)는 전수두 차이(ΔH)가 되므로 해석이 용이하다.

학습 POINT

○ 널말뚝의 융기영역

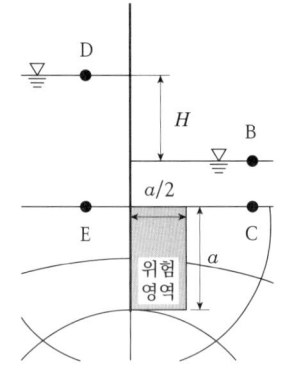

널말뚝 해석 시 Terzaghi 이론에 따라 물이 위로 흐르는 하류면에서 널말뚝 관입 깊이의 절반 영역만큼을 융기영역으로 고려하여 안전율 계산에 이용한다는 사실을 알아두자.

$$\text{A점 전수두} = \text{C점 전수두} + \left(\frac{\Delta H}{N_d} \times \text{A점까지 수두손실 칸 수}\right)$$
$$= 0 + \left(\frac{H}{6} \times 2\right) = \frac{H}{3}$$

$$\text{A점 전수두} = \text{E점 전수두} - \left(\frac{\Delta H}{N_d} \times \text{A점까지 수두손실 칸 수}\right)$$
$$= H - \left(\frac{H}{6} \times 4\right) = \frac{H}{3}$$

④ 계산된 전수두에서 위치수두를 차감하는 방식으로 압력수두를 계산한다.

$$\text{A점 전수두} = \frac{H}{3}$$

$$\text{A점 위치수두} = -(h_1 + h)$$

$$\text{A점 압력수두} = \text{전수두} - \text{위치수두} = \frac{H}{3} + (h_1 + h)$$

⑤ 따라서 A점의 유효응력은 다음과 같이 계산할 수 있다.

$$\text{A점 전응력} = \gamma_w h_1 + \gamma_{sat} h$$

$$\text{A점 수압} = \text{압력수두} \times \gamma_w = \left(\frac{H}{3} + h_1 + h\right) \gamma_w$$

$$\text{A점 유효응력} = \text{전응력} - \text{수압}$$
$$= (\gamma_w h_1 + \gamma_{sat} h) - \left(\frac{H}{3} + h_1 + h\right) \gamma_w$$
$$= \gamma' h - \frac{H}{3} \gamma_w$$

○ 유선망의 유량 단위

단위 시간당 유량(q)을 계산하면 [m²/s]의 단위가 계산되나, 유량이라는 것은 부피의 관점이므로 단위폭 해석을 고려하여 단위 폭, 시간당 유량의 단위 [m³/s/m] 로 표현할 수 있다. (1m를 곱하고 1m로 나눈 것)
마찬가지로 총 유량(Q)를 계산하면 [m²]의 단위가 계산되나, 유량이라는 것은 부피의 관점이므로 단위폭 해석을 고려하여 단위 폭당 총 유량의 단위 [m³/m] 로 표현할 수 있다. (1m를 곱하고 1m로 나눈 것)

⑥ 유선망에서 유량계산은 다음과 같은 공식을 이용한다.

$$\text{단위 시간당 유량} : q = K \frac{\Delta H}{N_d} N_f \ [m^3/s/m]$$

$$\text{총 유량} : Q = q \times t \ [m^3/m]$$

💡 꼭 알아두자!

1. 기준면은 하류 자유수면으로 하는 것이 해석에 용이하며, 하류, 상류의 수위차가 전수두 차이와 동일하다.
2. 유선망을 이용하여 원하는 지점의 전수두 계산 방법을 알아두자.
3. 유선망에서 단위 폭당 유량공식은 다음과 같다.

$$q = K \frac{H}{N_d} N_f$$

(2) 비균질 지반

비균질 지반이란 널말뚝 하부 지반이 투수계수가 다른 여러 층으로 나뉘어 있다고 이해하면 된다. 비균질 지반은 객관식 문제로 출제하기가 어려워 단 한 번도 출제된 적이 없고 중요도가 낮다. 이 부분은 모든 과정을 공부한 후에 심화과정으로 공부하도록 하자.

(3) 이방성 지반

이방성 지반이란 x 방향 투수계수와 z 방향 투수계수가 다른 지반으로 이해하면 된다. 문제에서 이방성 지반이 출제될 경우 유량계산을 요구한다. 이때 유선망 유량 공식의 투수계수는 다음과 같이 계산하여 이용한다.

$$K_e = \sqrt{K_x K_z}$$

> **학습 POINT**
>
> **Quiz. 08**
>
> 다음 그림과 같은 널말뚝에서 단위폭당 유량은? (단, 상류와 하류의 수위차는 5m이다.)
>
>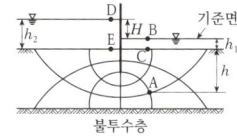
>
> $K_x = 2 \times 10^{-3}$cm/sec
> $K_z = 8 \times 10^{-3}$cm/sec
>
> **풀이**
>
> $N_d = 6$, $N_f = 3$
> $K_e = \sqrt{K_x K_z}$
> $\quad = 4 \times 10^{-3}$cm/sec
>
> $q = K_e \dfrac{H}{N_d} N_f$
> $\quad = (4 \times 10^{-3}\text{cm/sec})\left(\dfrac{5\text{m}}{6}\right)(3)$
> $\quad = 1 \times 10^{-4} \text{m}^2/\text{sec}$
> $\quad = 1 \times 10^{-4} \text{m}^3/\text{sec/m}$

6 흙댐 해석 방법

흙댐에서 침투가 발생할 경우 그림의 CD와 같이 유선이 형성되며, 이를 침윤선(phreatic surface line)이라 한다. 침윤선은 자유수면이므로 압력수두가 없기 때문에 전수두는 위치수두와 같고, 동일한 간격(Δz)으로 나누면 등수두선 시작점들($C_1, C_2, C_3...$)을 구할 수 있다. 그 후에 유선, 등수두선의 특징을 적용하면 유선망을 작도할 수 있으나, 문제는 침윤선을 어떻게 그리느냐 하는 것이다. 침윤선을 그리는 방법은 침윤선의 형상을 포물선으로 가정하는 작도법이 있으나 중요하지 않으므로 생략한다. (최근에는 컴퓨터 프로그램 해석)

> **흙댐의 등수두선, 유선**
> 흙댐 해석에서는 등수두선과 유선을 파악하는 것이 중요하다.
>
> (1) 등수두선
> - EC면 : 전수두=H
> - BC면 : 전수두=H
> - $B_1 C_1$ 면 : 전수두=$H - \Delta z$
> - $B_2 C_2$ 면 : 전수두=$H - 2\Delta z$
> - $B_3 C_3$ 면 : 전수두=$H - 3\Delta z$
> - AD 면 : 전수두=0
>
> (2) 유선
> - CD 면 : 침윤선
> - BA 면

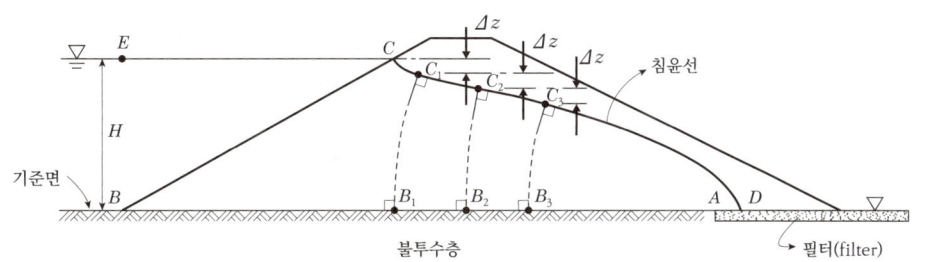

학습 POINT

7 침투수력과 한계동수경사

(1) 침투수력

전응력은 물과 흙 입자의 무게에 의한 응력이므로 수압이 변화해도 일정하다. 따라서 일정한 전응력 하에서 수압이 증가하게 되면 유효응력은 감소하고, 수압이 감소하게 되면 유효응력은 증가할 것이다. 이처럼 물이 흐르게 되면 물이 흐르는 방향으로 힘이 작용하여 흙의 유효응력이 변화하게 되는데 물이 흐르는 방향으로 흙 입자에 추가적으로 발생한 힘을 '침투수력' 이라 한다. 침투수력은 단위체적당 침투수력에 흙의 체적을 곱해 계산할 수 있다. 단위체적당 침투수력 공식은 다음과 같다.

$$단위체적당\ 침투수력 = i\gamma_w$$
$$침투수력 = i\gamma_w \times 흙의\ 부피$$

○ **침투수력의 직관적 이해**
상방향 침투 → 수압⇑ → 유효응력⇓
하방향 침투 → 수압⇓ → 유효응력⇑

(2) 한계동수경사

앞에서 설명한 침투수력은 물이 흐르는 방향으로 발생한다. 따라서 물이 상방향으로 흐르게 되면 상방향으로 침투수력이 발생하고, 침투수력의 크기만큼 흙의 유효응력은 감소하게 된다.

$$\sigma' = \gamma'z - \frac{침투수력}{A} = \gamma'z - \frac{i\gamma_w V}{A} = \gamma'z - \frac{i\gamma_w(Az)}{A}$$
$$= \gamma'z - i\gamma_w z$$

그런데 위 식에서 동수경사 i가 일정 값이 되면 흙의 유효응력(σ')이 '0'이 되는데 이러한 동수경사를 한계동수경사(i_{cr})라 한다. 흙의 유효응력이 '0'이 되면 마치 물과 같이 거동을 하게 되며 지반은 불안정해진다. 이는 추후에 전단강도 파트에서 다시 언급하기로 하자.

○ **액상화, 분사, 히빙**
★ 해당 내용은 전단강도에 대한 공부가 선행되어야 완전히 이해할 수 있습니다. 간단히 읽고 지나가세요.

전단강도 공식은 다음과 같다.

$$\tau_f = \sigma'\tan\phi' + c'$$

'사질토'는 점착력이 '0'이기 때문에 물의 상향 침투수력으로 흙의 유효응력이 '0'이 되면 전단강도를 상실하게 된다.

$$\tau_f = 0$$

따라서 흙이 물처럼 거동하게 되고 흙 입자가 물과 같이 지표로 뿜어져 나오는 현상을 '분사 현상'이라 한다.
'액상화 현상'이란 분사 현상과 원리는 동일하나 분사 현상이 물의 상향침투로 인해 발생하는 것과 달리 지진과 같은 동적 하중에 의하여 발생한다.
'점성토'는 점착력이 있어 흙이 유효응력을 상실해도 전단강도가 있다.

$$\tau_f = c$$

따라서 분사, 액상화 정도로 물과 같이 거동하지는 않고 지표면이 부풀어 오르는 정도의 현상을 '히빙'이라 한다.

$$\sigma' = \gamma'z - i\gamma_w z = 0$$
$$\Rightarrow i_{cr} = \frac{\gamma'}{\gamma_w} = \frac{\left(\frac{G_s-1}{1+e}\right)\gamma_w}{\gamma_w} = \frac{G_s-1}{1+e}$$

8 필터

앞에서 흙의 유효응력이 '0'이 되면 마치 물과 같이 거동을 하게 되며 지반은 불안정해진다고 하였다. 따라서 지반의 안정성을 증진시키기 위해 하류면에 필터를 설치하여 흙을 눌러주어야 한다. 단 필터는 물이 잘 통과할 정도(간극수압이 발생하지 않을 정도)로 입경이 커야 하나 흙 입자가 유실되지 않을 정도로 입경이 작아야 한다. 필터재 입도 분포 D_{15}, D_{50}, D_{85}를 이용하여 표현한다는 사실을 알아두자.

$$\frac{(D_{15})_f}{(D_{85})_s} < 5 : 흙의\ 유실방지\ 조건$$

$$4 < \frac{(D_{15})_f}{(D_{15})_s} < 20 : 흙의\ 유실방지,\ 간극수압\ 발생방지\ 조건$$

$$\frac{(D_{50})_f}{(D_{50})_s} < 25 : 흙의\ 유실방지\ 조건$$

꼭 알아두자!

1. 침투수력의 방향은 물이 흐르는 방향과 같다.

$$단위체적당\ 침투수력 = i\gamma_w$$

$$침투수력 = i\gamma_w \times 흙의\ 부피$$

2. 흙의 유효응력이 '0'이 될 때 동수경사를 한계동수경사라고 하며 두 가지 방법으로 계산 가능하다.

$$i_{cr} = \frac{\gamma'}{\gamma_w} = \frac{G_s - 1}{1 + e}$$

3. 필터는 물이 잘 통과 정도(과잉간극수압이 발생하지 않을 정도로)로 입경이 커야 하며, 흙 입자가 유실되지 않을 정도로 입경이 작아야 한다. 필터재의 조건을 D_{15}, D_{50}, D_{85}를 이용하여 표현한다.

학습 POINT

9 모세관 현상

(1) 이론적인 모세관 현상 이해

흙 입자는 매우 다양하기 때문에 흙 속에서 발생하는 모세관 높이를 계산하는 것은 매우 어렵다. 따라서 아래와 같은 이상적인 모세관에서 계산한 결과를 이용하여 지중의 모세관 높이와 흙 입자 직경과의 관계를 파악한다.

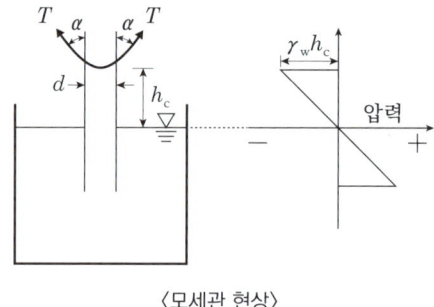

〈모세관 현상〉

표면장력 T와 모세관 높이만큼의 물의 자중이 힘 평형을 이루게 된다.

$$\uparrow + \sum F_y = 0;$$
$$\pi d T \cos\alpha - \left(\frac{\pi d^2}{4} \times h_c\right)\gamma_w = 0$$
$$\Rightarrow h_c = \frac{4T\cos\alpha}{d\gamma_w}$$

모세관의 직경 d가 작을수록 모세관 높이 h_c가 크게 되므로 모세관 높이는 흙의 직경이 작을수록 높을 것임을 추정할 수 있다. 이를 통하여 Hazen은 사질토에서 다음과 같은 실험식을 제시하였다.

$$h_c = \frac{C}{eD_{10}}$$

C : 상수, D_{10} : 흙의 유효입경(mm), e : 간극비

이상적인 모세관 현상 그림을 보면 하류 자유수면과 모세관의 상부수면의 전수두는 같다.(∵물이 흐르지 않는다) 따라서 하류 자유수면을 기준면으로 설정할 경우 모세관 내부에서는 위치수두 만큼의 '−' 간극수압이 생성되게 된다. 또한, $\sigma = \sigma' + u$이므로 '−' 간극수압이 발생하게 되면 그만큼의 유효 응력이 증가하게 된다. (∵ $\sigma' = \sigma - u$)

꼭 알아두자!

1. 흙의 모세관 높이는 다음과 같은 식으로 추정한다.

   $$h_c = \frac{C}{eD_{10}}$$

2. 모세관 내부에서는 위치수두 만큼의 '−' 과잉간극수압이 발생하게 되므로, 흙의 유효응력은 오히려 증가한다.

(2) 지중 모세관 현상 이해

지하수위 위로는 '−' 수압, 지하수위 아래로는 '+' 수압을 갖게 된다. 모관상승고(H_2)이내는 포화($S=1$)될 수도 있고 불포화될 수도 있다. 모관상승고 영역이 불포화일 때 포화일 경우 수압에 포화도(S)를 곱해 수압을 고려할 수 있다.

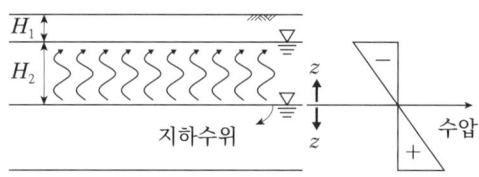

	포화($S=1$)	불포화($S \neq 1$)
지하수위 위	$-\gamma_w z$	$-S\gamma_w z$
지하수위 아래	$+\gamma_w z$	$+S\gamma_w z$ (일반적으로 $S=1$)

(3) 동결피해(동상, 융해)

동결피해는 동상과 융해로 구분된다. 이를 정확하게 이해하기 위해서는 '6Day 전단강도'를 학습해야 한다. 일단 가볍게 학습하고 추후에 다시 꼼꼼하게 학습하자.

'동상'이란 모세관 현상으로 물이 지중의 동결선위로 상승할 경우 구조물 아래에서 커다란 얼음 덩어리(아이스 렌즈)를 형성하게 되고, 얼음의 부피 증가로 구조물에 균열, 파괴를 발생시키는 현상을 의미한다.

'융해'란 얼음 덩어리(아이스 렌즈)가 녹게 될 때 흙의 투수계수가 낮다면 물이 잘 배수되지 않아 과잉 간극수압(Δu)이 발생하게 되고, 이로 인해 흙의 전단강도($\tau_f = (\sigma - u)\tan\phi' + c'$)를 상실하게 된다. 이로 인해 지반이 파괴되면 구조물에 균열, 파괴를 발생시키는 현상을 의미한다.

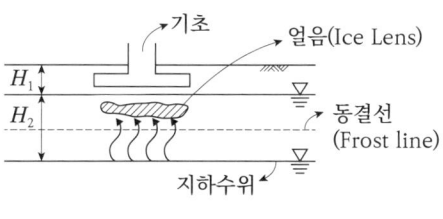

'동상'이 잘 일어나기 위해서는 모관상승고가 동결선 위로 도달해야 하므로 흙 입자의 크기가 작아야 한다. 따라서 실트, 점토질 흙이 위험하겠으나 점토의 경우 투수계수가 너무 작아 이론적인 모관상승고까지 물이 도달하지 못한다. 이러한 이유로 '실트'가 가장 위험하다고 평가된다. '융해'의 경우 물만 공급된다면 투수계수가 작은 실트, 점토질 흙이 위험하겠지만 '동상'과 마찬가지로 점토질 흙에서는 물이 공급되지 않아 '실트'가 가장 위험하다.

학습 POINT

Quiz. 09

지표로부터 4m 지점에 위치하던 지하수위가 모세관 현상이 발생하여 지표면으로부터 1m 지점까지 발생하였다. 이때 a점의 유효응력은?

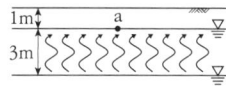

$\gamma_t = 18 kN/m^3$, $\gamma_{sat} = 20 kN/m^3$

풀이

$\sigma_a = (18 kN/m^3)(1m) = 18 kN/m^2$
$u = (10 kN/m^3)(-3m) = -30 kN/m^2$

$\sigma_a' = \sigma_a - u$
$\quad = (18 kN/m^2) - (-30 kN/m^2)$
$\quad = 48 kN/m^2$

● **동결선, 동결심도(Frost line)**

간혹 동결선 밑의 물이 언다고 생각하는 수험생들이 있다. 겨울에는 땅을 파고 들어갈수록 따뜻하기 때문에 동결선 위에서 물이 얼기 시작한다.

● **동상이 발생하기 쉬운 조건**
- 0℃ 이하의 온도가 지속
- 물이 충분히 공급
- 모관상승고가 동결심도 보다 클 때
- 동상이 발생하기 쉬운 흙(실트) 존재

● **동결 방지 대책**
- 지중에 단열재료 매입
- 흙을 화학 처리하여 동결온도 저하
- 배수구 설치로 지하수위 저하
- 지하수위 상부에 조립토층을 설치하여 모세관 차단
- 동결선 상부 흙을 조립토로 치환
- 기초를 동결선보다 깊게 설치

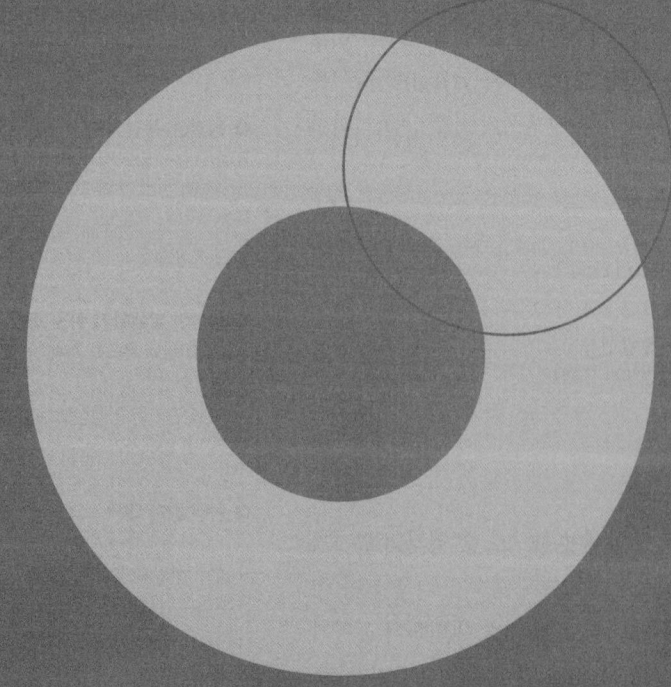

4 0 8 0
진 승 현
토 질 역 학

DAY 05

흙의 변형

DAY 05 흙의 변형

1 개요

앞에서 흙은 흙 입자, 물, 공기로 구성된 삼상재료라 정의하였다. 흙에 포함된 흙 입자와 물은 본질적으로 비압축성이다. 그렇다면 흙의 변형이란 무엇인가? 지반에 하중 재하 시 공극에 포함된 공기의 압축으로 일정량 변형이 발생할 수 있겠지만 그 양은 미미하다. 따라서 흙의 변형이란 흙 속에 포함된 물이 배수됨으로써 발생한다고 이해할 수 있다. 사질토와 점성토는 투수계수 차이에 의하여 물이 배수되는 속도의 차이가 있기 때문에 흙이 변형되는 양상이 다르다. 흙의 변형은 크게 하중 재하와 동시에 발생하는 '즉시 침하'와 장기간에 걸쳐 서서히 발생하는 '압밀 침하'로 분류 가능하다.

침하량 = 즉시(탄성) 침하량 + 압밀 침하량

2 즉시(탄성) 침하

즉시 침하란 지반에 하중이 가해짐과 동시에 발생하는 흙의 변형을 의미한다. 사질토와 점성토는 투수계수 차이에 의해 즉시 침하가 발생하는 양상이 다르다.

(1) 사질토의 즉시 침하

사질토는 비교적 투수계수가 커서 하중 재하와 동시에 물이 빠져나갈 수 있다. 따라서 사질토에서 침하량은 즉시 침하량이 지배적이다.

(2) 점성토의 즉시 침하 ($\nu = 0.5$)

점성토의 즉시 침하는 매우 특이하다. 점성토는 비교적 투수계수가 작아서 하중 재하 직후 물이 배수될 수 없으므로 흙의 체적이 변화할 수 없다. 따라서 점성토의 즉시 침하란 흙 체적의 변형이 없는 상태에서의 연직 변형이라고 할 수 있다. 이는 연직으로 줄어들기 위해 수평으로 팽창하여야 함을 의미한다.

학습 POINT

Quiz. 01

흙의 즉시 침하에 대한 설명으로 옳지 않은 것은?

① 기초의 폭이 증가하면 즉시 침하량은 증가한다.
② 지반의 탄성계수가 클수록 즉시 침하량은 작아진다.
③ 기초의 근입 깊이가 증가하면 즉시 침하량은 증가한다.
④ 흙의 포아송 비가 클수록 즉시 침하량은 작아진다.

풀이
순하중($q_{net} = q - \gamma D_f$)은 근입 깊이(D_f)가 증가하면 감소한다. 따라서 근입 깊이가 증가하면 즉시침하량은 감소한다.
정답 ③

● **흙의 체적 변형**
물이 배수되지 않는다면 흙의 체적은 변화하지 않는다.

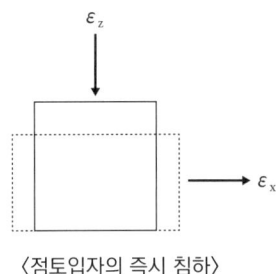

<점토입자의 즉시 침하>

응용역학에서 배운 체적변형율(e)을 이용하여 해석하면 다음과 같다.

$$e = \varepsilon_v = \varepsilon_x + \varepsilon_y + \varepsilon_z = 0$$
($\because$ 투수계수가 작아 하중 재하 직후 체적 변형 '0')
$$\Rightarrow e = \varepsilon_v = 2\varepsilon_x + \varepsilon_z = 2\varepsilon_h + \varepsilon_v = 0$$
($\because$ 2차원 해석 $\varepsilon_y = \varepsilon_x$)
$$\therefore \nu = -\frac{\varepsilon_h}{\varepsilon_v} = 0.5$$

유도 과정이 중요한 것은 아니며, 이해하는 데 도움을 주고자 기술하였다. 중요한 점은 포화 점성토에서 즉시침하가 발생한다면 포아송 비가 '0.5'라는 사실을 기억하는 것이다. 또한 포화 점성토에서 즉시 침하가 발생하기 위해서는 횡 방향으로 팽창이 발생하여야 하는데 무한 등분포 하중에서는 횡 방향 변형이 불가능하므로, 무한 등분포 하중에서는 포화 점성토의 즉시침하가 발생할 수 없다.

(3) 즉시 침하량 계산식

즉시 침하량 계산식은 사질토와 점성토에 대하여 하나의 식만 알아둔다. 즉시 침하량 크기를 계산하라는 문제는 출제되지 않으나 다음과 같은 식을 암기하고 각 변수들이 즉시 침하에 미치는 영향을 파악할 수 있어야 한다.

$$S_i = \frac{q_{net}B}{E_s}(1-\nu^2)I_w = \frac{(q-\gamma D_f)B}{E_s}(1-\nu^2)I_w$$

q_{net} : 순 하중, B : 기초 폭, E_s : 지반의 탄성계수
ν : 포아송 비, I_w : 기초 형상계수
q : 하중, γ : 흙의단위중량, D_f : 근입깊이

(4) 지반, 기초의 조건에 따른 즉시 침하와 접지압

문제를 풀기 위해서는 아래 그림을 암기해야 한다.

학습 POINT

○ **즉시(탄성) 침하량 계산식2**

기초의 즉시침하를 계산하는 공식으로 영향계수를 고려하는 방법이 있다.

$$S_i = C_1 C_2 (q_b - q)\left(\sum_0^z \frac{I_z \times \Delta z}{E_s}\right)$$

C_1 : 영향계수, C_2 : 시간계수
q_b : 얕은기초 저면에 작용하는 상재하중
q : 얕은기초 저면에서의 흙의 단위중량
I_z : 깊이 영향계수(정사각형 기초는 2B, 연속 기초는 4B까지 고려)
Δz : 각 지층의 두께,
E_s : 각 지층의 탄성계수

꼭 알아두자!

1. 즉시 침하량은 하중 재하 즉시 발생하는 흙의 변형을 의미한다.

2. 사질토는 하중 재하와 동시에 물이 배수되며 즉시 침하가 발생하지만, 점성토는 투수계수가 낮아 물이 배수되지 않으므로 즉시 침하가 발생하기 위해서 수평으로 팽창하여야 한다. 이때 포아송 비는 0.5이다.

3. 사질토와 점성토의 즉시 침하량 공식을 알아두자.

$$S_i = \frac{q_{net}B}{E_s}(1-\nu^2)I_w$$

q_{net} : 순 하중
B : 기초 폭
ν : 포아송 비
I_w : 기초 형상계수
E_s : 지반의 탄성계수

학습 POINT

○ 연성기초, 강성기초
다음과 같이 이해하면 그림을 암기하는 데 조금 수월할 수 있다.
- '연성기초'는 변형이 가능하므로 압력이 균등하게 분포된다.
- '강성기초'는 변형이 불가하므로 압력이 불균등하게 분포된다.

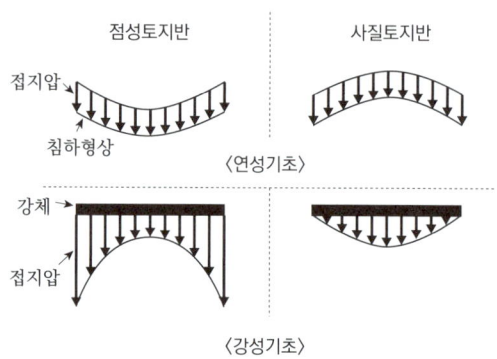

○ 과잉간극수압
과잉간극수압이란 정수압 이외에 추가로 증가한 수압을 의미한다. 정수위(GWT) 위로 상승한 피에조미터의 높이와 같다.

○ 압밀도(U) 1
압밀도란 '한 점'의 압밀이 진행된 정도를 의미한다. 압밀도는 직접 측정할 수는 없고, 과잉간극수압(Δu) 소산정도, 피에조미터의 높이(h) 변화로 파악할 수 있다.

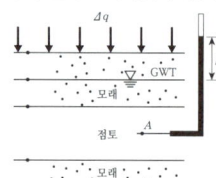

$$U = \frac{\Delta u_0 - \Delta u}{\Delta u_0} = \frac{h_0 - h}{h_0}$$

$\Delta u_0, \Delta u$: 초기, 현재 과잉간극수압
h_0, h : 초기, 현재 피에조미터 높이

압밀도를 이용하여 유효응력 증가량($\Delta \sigma'$), 과잉간극수압(Δu)을 계산할 수 있다.

$$\Delta \sigma' = \Delta \sigma \times U$$
$$\Delta u = \Delta \sigma \times (1-U)$$

○ 압밀도(U) 2
또한 압밀도는 유효응력(σ'), 간극비(e)로 표현할 수 있으나 중요하지 않다.

$$U = \frac{(\sigma_1' - \sigma_0') - (\sigma_1' - \sigma')}{(\sigma_1' - \sigma_0')} = \frac{\sigma' - \sigma_0'}{\sigma_1' - \sigma_0'}$$
$$= \frac{e_0 - e}{e_0 - e_1}$$

$\sigma_0', \sigma', \sigma_1'$: 초기, 현재, 나중 유효응력
e_0, e, e_1 : 초기, 현재, 나중 간극비

3 압밀 침하

(1) 압밀의 기본 원리

앞서 설명한 바와 같이 사질토는 비교적 투수계수가 커서 하중재하와 동시에 배수가 발생할 수 있고 총 침하량이 즉시 침하량에 지배된다고 하였다. 그러나 점성토의 경우에는 사정이 다르다. 점성토는 투수계수가 작기 때문에 하중재하와 동시에 배수가 진행되지 않는다. 이로 인하여 지중응력 증가 시 수압이 상승하게 되는데 이를 과잉간극수압이라 한다. 점성토에서도 시간이 지남에 따라 서서히 배수가 진행되고 과잉간극수압은 점차 감소할 것이다. 그럼 과잉간극수압이 소산된 만큼 흙의 유효응력이 증가하게 되고 이로 인해 발생하는 흙의 변형을 압밀이라 한다. 압밀에 대하여 이해하기 위해 그림과 같은 무한등분포 하중을 받는 지반에서 점토층의 응력양상을 살펴보자.

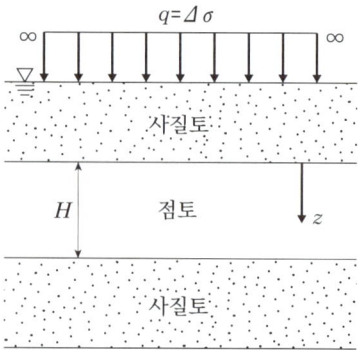

(1)-1 $t=0$(하중 재하 직후)

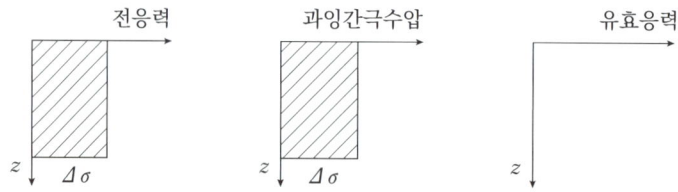

무한등분포 하중을 받는 지반을 생각하면 모든 점에서 무한등분포 하중 $\Delta\sigma$만큼 전응력이 증가하게 된다. 그러나 앞서 설명한 바와 같이 점토 지반은 투수계수가 매우 낮아 이를 물이 과잉간극수압으로 부담하게 된다.

(1)-2 $t=\infty$ (하중 재하 후 시간이 많이 경과)

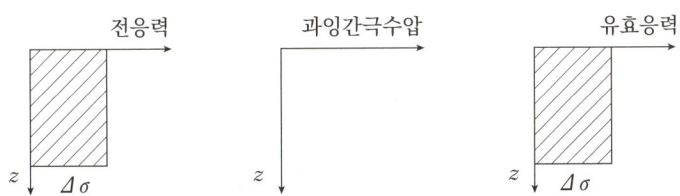

전응력의 증가량은 지반에 가해진 하중에 의한 것으로 투수에 의하여 변하지 않고 지중의 모든 점에서 초기와 같이 $\Delta\sigma$로 일정하다. 그러나 점성토에서도 투수가 아주 느린 속도로 진행되어 시간이 많이 경과하게 되면 초기에 발생하였던 과잉간극수압은 소산되고 모두 흙 입자가 유효응력으로 부담하게 된다.

(1)-3 $0<t<\infty$

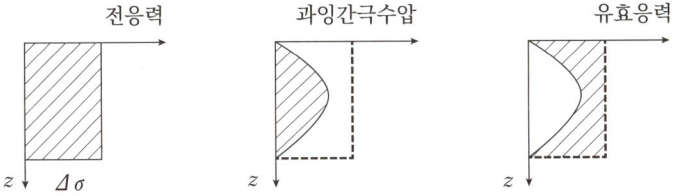

앞에서 투수가 진행됨에 따라 과잉간극수압이 소산되고 과잉간극수압이 소산된 만큼 흙 입자의 유효응력이 증가한다고 설명하였다. 점토지반에서 물이 빠져나가기 가장 쉬운 곳은 사질토와 인접한 점토이므로 점토층 중심부로 들어갈수록 배수는 느리게 발생할 것이다. 따라서 점토층 중앙부가 가장 느리게 과잉간극수압이 소산될 것이다. 흙 입자의 유효응력은 과잉간극수압이 소산된 만큼 발생하므로 그림과 같이 전응력에서 과잉간극수압을 차감한 만큼 발생할 것이다. 흙 입자의 유효응력 증가는 흙에 변형을 발생시킬 것이고, 이를 압밀이라고 하였다. 따라서 점토 지반에서 중심부로 갈수록 압밀이 느리게 발생한다.

위와 같은 결과를 해석했을 때 압밀과 물의 배수의 관계를 개략적으로 파악할 수 있을 것이다. 이처럼 압밀은 시간에 관계되므로 압밀에서 중요한 것은 **압밀 침하량의 크기**와 **압밀에 소요되는 시간**을 계산하는 것이다.

학습 POINT

Quiz. 02
다음 지반에서 압밀도 크기로 옳은 것은?

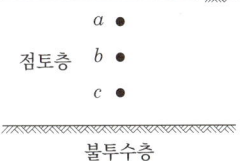

① $U_a < U_b < U_c$
② $U_a > U_b > U_c$
③ $U_a = U_b = U_c$
④ $U_a = U_c < U_b$

풀이
압밀도는 배수 속도와 비례한다. 해당 지반은 불투수층이 있어 아래에서 위로 배수가 발생하므로 a, b, c 순으로 배수 진행도가 크고 동일한 순서로 압밀도가 크다.

정답 ②

꼭 알아두자!

1. 투수계수가 낮은 지반(점토)은 지중응력이 증가하면 물이 과잉간극수압으로 이를 부담하나 시간이 지남에 따라 물이 배수되면 과잉간극수압이 감소하고, 과잉간극수압이 감소한 만큼 흙의 유효응력이 증가하게 되는데 이로 인한 흙의 변형을 '압밀'이라 한다.

2. 지반에서 압밀속도는 배수가 가장 잘되는 지점에서 빠르다.

3. 압밀 침하에서는 압밀 침하량의 크기와 소요되는 시간 계산이 요구된다.

학습 POINT

○ 압밀링과 무한등분포하중
무한 등분포 하중에서는 횡 방향 변위가 제한되므로 점토 지반의 즉시 침하가 발생하지 않는다고 하였다. 이는 압밀링 설치 시 얻어지는 효과와 동일하므로, 압밀링은 무한등분포 하중을 재현했다고 할 수 있다.

○ 압밀 시험의 응력경로
압밀링은 횡 방향 변위가 없으므로 연직 토압과 수평토압의 비가 정지 토압의 관계에 있다. 따라서 압밀 시험의 응력 경로는 K_0-line을 따른다.

Quiz. 03
압밀링의 두께는 25mm이고 압밀 시험 결과 초기 간극비가 1이다. 하중 재하 후 2.5mm의 침하가 발생하였다면 하중 재하 후 간극비는?

풀이
$$e_0 = \frac{V_v}{V_s} = \frac{V-V_s}{V_s} = \frac{H-H_s}{H_s}$$
$$= \frac{25mm - H_s}{H_s} = 1$$
➡ $H_s = 12.5mm$
$$e_1 = e_0 - \frac{\Delta H}{H_s}$$
$$= 1 - \frac{2.5mm}{12.5mm} = 0.8$$

(2) 압밀 시험(양면배수)

압밀 시험의 목적은 실제 지반에서 압밀 침하량과 압밀 침하속도 계산에 필요한 토질정수를 구하는 것이다. 압밀 시험은 횡 방향 변위가 발생하지 않도록 단단한 압밀링에 시료를 채워 넣고 물 속에 포화시켜 진행한다.

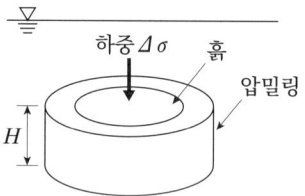

포화 점토에서 즉시 침하가 발생하기 위해서는 수평 방향 팽창이 요구된다고 하였다. 압밀시험은 압밀링을 이용하여 횡 방향변위를 제한하므로 즉시침하가 발생하지 않아 하중과 압밀 침하량의 관계만 파악할 수 있다.

압밀 시험에서 하중 $\Delta\sigma$에 대한 침하량을 측정한다. 단, 하중 $\Delta\sigma$은 매 하중에 대하여 24시간 재하하며, 전 단계 하중의 2배를 가하는 방식으로 진행한다. 압밀 실험의 결과는 다음과 같이 정리한다.

압밀링에 들어 있는 흙에서 흙 입자만의 두께는 다음과 같다.

$$H_s = \frac{W_s}{AG_s\gamma_w}$$

계산된 흙 입자만의 두께를 이용하여 초기 간극비를 계산한다. H는 압밀링의 두께이다.

$$e_0 = \frac{V_v}{V_s} = \frac{V-V_s}{V_s} = \frac{AH - AH_s}{AH_s} = \frac{H-H_s}{H_s}$$

각 하중에서 측정된 침하량 ΔH를 이용하여 각 하중에서의 간극비를 다음과 같이 계산할 수 있다.

$$e_1 = e_0 - \frac{\Delta H_1}{H_s}, \quad e_2 = e_1 - \frac{\Delta H_2}{H_s}, \quad \cdots$$

(2)-1 유효응력 – 간극비 곡선(압밀 침하량 토질 정수 C_c, C_e, σ_m')

① 유효응력 – 간극비 곡선

압밀 시험의 결과를 가로축에 σ', 세로축에 e로 하여 그래프를 그리면 왼쪽 그림과 같은 곡선이 그려진다. 이 그래프를 이용하여 흙의 압밀을 해석하는 것은 어렵기 때문에 가로축을 $\log\sigma'$, 세로축을 e로 하여 해석에 이용한다. $\log\sigma' - e$ 그래프는 그림처럼 두 개의 기울기를 갖는 직선으로 간략화하여 표현하는 것이 일반적이다.

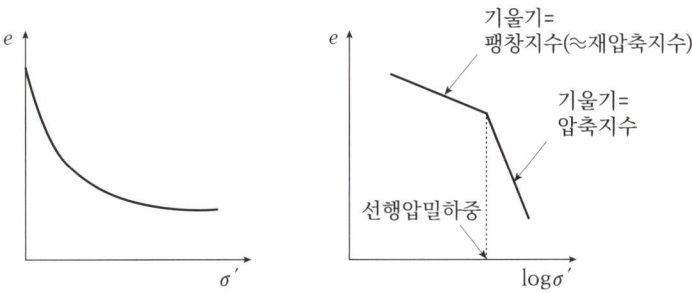

$\log\sigma' - e$ 그래프에서는 초기에는 기울기가 완만하며 일정한 응력이 넘어가게 되면 기울기가 급해진다. 이때 완만한 기울기를 팽창지수(C_e)라 하고 급한 기울기를 압축지수(C_c)라 하며 이들의 경계가 되는 응력을 선행압밀하중(σ_m')이라 한다. 선행압밀하중이란 과거부터 현재까지 받은 유효응력 중 최대 유효응력으로 정의된다.

② 침하량 계산

압밀 시험은 시료를 물에 침수시켜 진행하므로 흙은 포화상태이다. $V_s = 1$법을 이용하여 포화된 흙을 표현하면 다음과 같다.

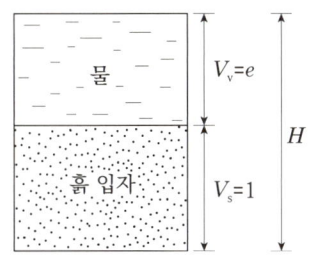

학습 POINT

○ 정규압밀점토(N.C : Normally Consolidated Clay), **과압밀점토**(O.C : Over Consolidated Clay)
정규압밀점토란 현재유효응력(σ_0') 이상의 응력을 받은 적이 없는 점토를 의미하며, 과압밀점토란 현재유효응력(σ_0') 이상의 응력(σ_m')을 받은 적이 있는 점토를 의미한다.

	분류
정규압밀점토	$\sigma_0' = \sigma_m'$
과압밀점토	$\sigma_0' < \sigma_m'$

σ_0' : 현재유효응력, σ_m' : 선행압밀하중

○ 과압밀비(Over Consolidation Ratio)
현재 유효응력과 선행압밀하중의 비를 과압밀비라 한다.

$$OCR = \frac{\sigma_m'}{\sigma_0'}$$

σ_0' : 현재유효응력
σ_m' : 선행압밀하중

OCR < 1 : 압밀진행중
OCR = 1 : 정규압밀점토
OCR > 1 : 과압밀점토

○ 지질학적 과압밀, 겉보기 과압밀
과압밀을 지질학적 과압밀과 겉보기 과압밀로 분류하기도 한다.
(1) 지질학적 과압밀 : 선행압밀 하중(σ_m')에 의한 과압밀 상태
(2) 겉보기 과압밀 : 2차 압밀, 화학적 작용에 의한 과압밀 상태
 겉보기 과압밀 점토를 (NC) aged 점토라고 부르며 지질학적 과압밀 점토와 다르게 정지토압계수(K_o)는 과압밀비(OCR)에 독립적인 특징이 있으며, 원인은 다음과 같다.
• 2차 압밀
• 노화(ageing), 고결(cemetation)
• pH, 염분농도 변화
• 이온 치환

흙 입자의 부피는 변화하지 않으므로 압밀시험에서 체적의 변화란 $V_v = e$에 Δe의 변화가 발생하는 것을 의미한다. 이를 이용하여 전체 체적에서 체적의 변화량을 표현하면 다음과 같다.

$$\frac{\Delta V}{V} = \frac{\Delta e}{1+e} = \frac{\Delta H A}{H A} = \frac{\Delta H}{H} \quad \cdots\cdots \; ㉠$$

따라서 압밀 시험에서 변형량은 $\frac{\Delta H}{H} = \frac{\Delta e}{1+e}$로 표현 가능하다. 이제 다시 유효응력-간극비 곡선을 보자.

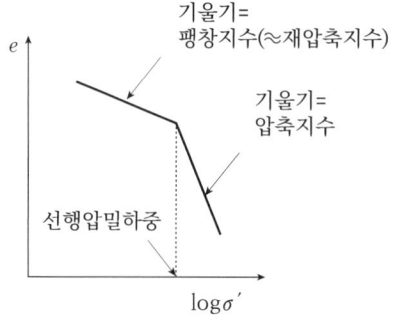

선행압밀 하중보다 클 때 급격한 기울기를 압축지수라고 하였다.

$$C_c = \frac{\Delta e}{\Delta \log \sigma'} \;\Rightarrow\; \Delta e = C_c \Delta \log \sigma' \quad \cdots\cdots \; ㉡$$

㉡을 ㉠에 대입하면 압밀 변형량을 다음과 같이 표현 가능하다.

$$\frac{\Delta H}{H} = \frac{\Delta e}{1+e_0} = \frac{C_c \Delta \log \sigma'}{1+e_0}$$

$$\Rightarrow \Delta H = \frac{C_c}{1+e_0} H \Delta \log \sigma' = \frac{C_c}{1+e_0} H \log \frac{\sigma_1'}{\sigma_0'}$$

C_c : 압축지수, e_0 : 초기 간극비, H : 흙의 두께
σ_1', σ_0' : 나중(하중 재하 후), 초기 유효응력

이와 같은 원리로 유효응력이 선행압밀 하중을 기준으로 작은지 큰지에 따라 다음과 같이 3가지 경우로 나누어 압밀 침하량을 계산할 수 있다.

$$\sigma_0' + \Delta\sigma' < \sigma_m'$$

지중응력이 증가하였음에도 불구하고 여전히 선행압밀하중보다 작은 경우(과압밀점토) ➡ 기울기로 팽창지수만 갖는다.

$$\Delta H = \frac{C_e}{1+e_0} H \log \frac{\sigma_1'}{\sigma_0'} \quad \cdots \text{ⓐ}$$

$$\sigma_0' < \sigma_m' < \sigma_0' + \Delta\sigma'$$

초기응력은 선행압밀하중보다 작으나 지중응력 증가 후 선행압밀하중보다 큰 경우
➡ 기울기로 팽창지수, 압축지수를 갖는다.

$$\Delta H = \frac{C_e}{1+e_0} H \log \frac{\sigma_m'}{\sigma_0'} + \frac{C_c}{1+e_0} H \log \frac{\sigma_1'}{\sigma_m'} \quad \cdots \text{ⓑ}$$

$$\sigma_m' < \sigma_0'$$

초기 응력이 선행압밀하중보다 큰 경우(정규압밀점토)
➡ 기울기로 압축지수를 갖는다.

$$\Delta H = \frac{C_c}{1+e_0} H \log \frac{\sigma_1'}{\sigma_0'} \quad \cdots \text{ⓒ}$$

꼭 알아두자!

1. 압밀 시험은 흙을 포화시켜서 진행하며 각 단계의 하중에 대하여 24시간 진행하고, 하중은 전 단계의 2배로 증가시킨다.
2. 압밀링은 횡 변위가 구속되므로 응력 경로는 K_0-line을 따르고, 무한 등분포 하중과 동일하게 즉시 침하가 발생하지 않는다.
3. 유효응력-간극비 곡선에서는 압밀 침하량 계산을 위한 토질정수(C_c, C_e, σ_m')를 구할 수 있다.
4. 선행압밀하중이란 과거부터 현재까지 받은 유효응력 중 최대 유효응력으로 정의된다.
5. 현재 유효응력과 선행압밀하중의 비를 과압밀비라 한다.

$$\text{OCR} = \frac{\sigma_m'}{\sigma_0'}$$

6. 압밀침하량 공식 ⓐ, ⓑ, ⓒ를 암기한다.

(2)-2 시간 침하량 곡선(압밀 침하속도 토질 정수 C_v)

학습 POINT

Quiz. 04

지중에 3m의 점토층의 조건이 다음과 같을 때 각 조건에서 압밀침하량을 계산하시오. (단, 지반은 50kPa의 무한등분포 하중을 받는다.)

간극비	1
압축지수	0.8
팽창지수	0.1

	σ_0'	σ_m'
①	50	40
②	40	50
③	50	120

풀이

① $\sigma_m' < \sigma_0'$

$$\Delta H = \frac{C_c}{1+e_0} H \log \frac{\sigma_1'}{\sigma_0'}$$
$$= \frac{0.8}{1+1}(3m) \log \frac{50+50}{50}$$
$$= 1.2 \log 2$$

② $\sigma_0' < \sigma_m' < \sigma_0' + \Delta\sigma'$

$$\Delta H = \frac{C_e}{1+e_0} H \log \frac{\sigma_m'}{\sigma_0'}$$
$$\quad + \frac{C_c}{1+e_0} H \log \frac{\sigma_1'}{\sigma_m'}$$
$$= \frac{0.1}{1+1}(3m) \log \frac{50}{40}$$
$$\quad + \frac{0.8}{1+1}(3m) \log \frac{40+50}{50}$$
$$= 0.15 \log \frac{5}{4} + 1.2 \log \frac{9}{5}$$

③ $\sigma_0' + \Delta\sigma' < \sigma_m'$

$$\Delta H = \frac{C_e}{1+e_0} H \log \frac{\sigma_1'}{\sigma_0'}$$
$$= \frac{0.1}{1+1}(3m) \log \frac{50+50}{50}$$
$$= 0.15 \log 2$$

● **평균압밀도(U_{avg})**

평균압밀도는 '지반 전체'의 압밀도를 의미한다.

$$U_{avg} = \frac{\text{시간 경과 침하량}}{\text{총 침하량}} \times 100\%$$

학습 POINT

● 투수계수(K)
투수성이 낮은 점토의 투수계수는 압밀시험을 통해서 구할 수 있다.

① 압밀방정식(Terzaghi 압밀방정식)

압밀의 진행속도는 직접 예측할 수 없다. 압밀이란 외력에 의해 증가한 과잉간극수압이 배수가 진행되면서 감소하게 되고 이로인해 증가한 유효응력에 의해서 발생하게 되므로 과잉간극수압의 소산 정도를 가지고 예측할 수 있을 것이다. 압밀방정식이란 시간에 따른 과잉간극수압의 변화량을 구하는 식을 의미한다. 우선 압밀방정식의 기본 가정은 다음과 같은 Terzaghi 1차원 압밀 이론을 따른다.

다음과 같은 Terzaghi 1차원 압밀이론에 대한 가정들을 알아두어야 한다.
• 흙은 균질하고 균등하다.
• 흙은 완전히 포화되어 있다.
• 흙 입자와 물은 비압축성이다.
• 물은 일방향(연직)으로 흐르며 물이 흐르는 방향으로 압밀이 발생한다.
  (횡방향 변위 구속)
• Darcy의 법칙을 따른다.
• 투수계수, 체적팽창(변형,변화)계수, 압밀계수가 일정하다.
• 유효응력과 간극비는 시간에 관계없이 반비례한다.

압밀 방정식은 위의 가정들과 흐르는 물의 양이 일정하다는 '연속성의 법칙(질량 보존의 법칙)'을 이용하여 유도하며 다음과 같다. (압밀방정식은 과잉간극수압(Δu)을 시간(t)과 깊이(z)에 대한 함수로 표현한다.)

$$\frac{\partial \Delta u}{\partial t} = C_v \frac{\partial^2 \Delta u}{\partial z^2}$$

• 위 식에서 $C_v = \dfrac{K}{m_v \gamma_w}$를 압밀계수라고 한다.

• 압밀계수에서 $m_v = \dfrac{a_v}{1+e_0}$를 체적팽창(변형,변화)계수라고 한다.

• 체적팽창(변형,변화)계수에서 $a_v = \dfrac{\Delta e}{\Delta \sigma'}$를 압축계수라고 한다.

Quiz. 05

다음 압밀시험 결과를 이용하여 투수계수를 구하시오.

$e_0 = 1$
$C_v = 3 \times 10^{-4} \text{cm}^2/\text{sec}$
$a_v = 6 \times 10^{-2} \text{cm}^2/\text{kN}$

풀이

$C_v = \dfrac{K}{m_v \gamma_w}$

$K = C_v m_v \gamma_w = C_v \left(\dfrac{a_v}{1+e_0}\right) \gamma_w$

$= (3 \times 10^{-4} \text{cm}^2/\text{sec})$
$\left(\dfrac{6 \times 10^{-2} \text{cm}^2/\text{kN}}{1+1}\right)(10 \text{kN/m}^3)$
$= 9 \times 10^{-13} \text{m/s}$

압밀방정식에 경계조건을 대입하여 풀이하는 과정에서 무차원의 시간계수가 도출된다.

$$T_v = \frac{C_v t}{H_{dr}^2}$$

위 식에서 H_{dr}은 배수 거리로, 점토층에서 물이 배수되는 거리 중 가장 먼 거리를 의미한다.

● 시간계수와 평균압밀도
시간계수(T_v)와 평균압밀도(U_{avg})는 일대일 대응한다.

$0\% \leq U_{avg} \leq 60\%$: $T_v = \dfrac{\pi}{4}\left(\dfrac{U_{avg}}{100}\right)^2$

$60\% \leq U_{avg} \leq 100\%$:
$T_v = 1.781 - 0.933 \log(100 - U_{avg})$

시간계수는 평균 압밀도와 일대일 대응하며 다음과 같은 수치를 암기하여 이용한다. 이 외의 평균 압밀도에 대응되는 시간계수는 문제에서 주어진다.

- 평균 압밀도 50%일 때 ➡ $T_v = 0.197$
- 평균 압밀도 90%일 때 ➡ $T_v = 0.848$

주의하여야 할 점은 압밀도와 평균 압밀도의 차이를 이해하는 것이다. 시간계수 T_v는 평균 압밀도에 대한 함수이다. 앞서 설명했듯이 압밀의 진행속도는 배수 속도와 연관되므로 점토층 중심부는 바깥 부분보다 압밀도가 낮을 것이다. 따라서 중심부는 평균 압밀도보다 압밀도가 낮고, 바깥부분은 평균 압밀도보다 압밀도가 클 것이다.

② 시간 침하량 곡선(압밀계수 구하기)

압밀시험의 결과를 가로축을 시간, 세로축을 침하량으로 그리면 다음과 같다.

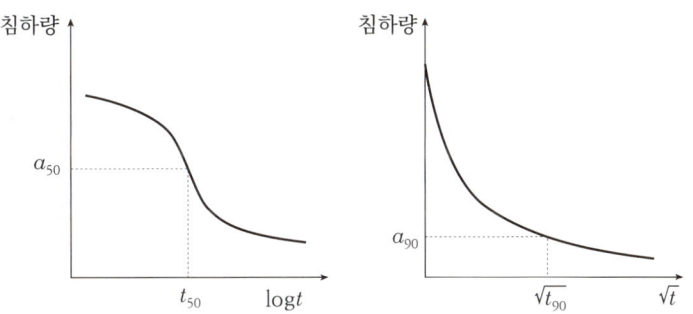

시간 침하량 곡선은 시간을 로그 축에 표현하는지 루트 축에 표현하는지에 따라 그래프 개형이 달라진다. 시간을 로그 축에 표현한 그래프는 50% 압밀에 도달하는 시간인 t_{50}을 구할 수 있고 루트 축에 표현한 그래프는 90% 압밀에 도달하는 시간인 t_{90}을 구할 수 있어 앞서 언급한 시간계수와 압밀도의 관계를 이용하여 압밀계수(C_v)를 계산할 수 있다. 압밀 시험은 양면 배수 조건이므로 배수거리 H_{dr}은 압밀링 높이의 절반을 이용한다. 각 그래프에서 압밀계수를 계산하는 과정은 다음과 같다.

㉠ 시간-$\log t$ 그래프

$$T_v = \frac{C_v t}{H_{dr}^2} \Rightarrow T_v = \frac{C_v t_{50}}{H_{dr}^2} = 0.197 \Rightarrow C_v \text{ 계산 가능}$$

㉡ 시간-t 그래프

$$T_v = \frac{C_v t}{H_{dr}^2} \Rightarrow T_v = \frac{C_v t_{90}}{H_{dr}^2} = 0.848 \Rightarrow C_v \text{ 계산 가능}$$

학습 POINT

Quiz. 06

두께가 20m인 점토층이 사질토 사이에 있고, $C_v = 19.7\text{m}^2/\text{yr}$이다. 1년 경과 후 이 지반의 평균 압밀도는?

풀이

$$T_v = \frac{C_v t}{H_{dr}^2}$$
$$= \frac{(19.7\text{m}^2/\text{yr})(1\text{yr})}{\left(\frac{20\text{m}}{2}\right)^2}$$
$$= 0.197$$

$T_v = 0.197$일 때 평균 압밀도는 50%이다.

○ a_{50}, a_{90} 작도법

a_{50}, a_{90}은 작도법으로 구할 수 있다.

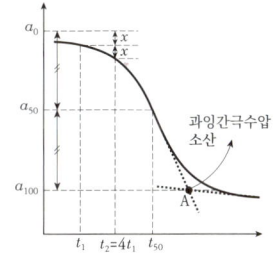

① 임의의 t_1과 $t_2 = 4t_1$의 높이차(x)를 구한다.
② t_1에서 x만큼 위의 수평선과 교차하는 점을 a_0라 한다.
③ a_0와 과잉간극수압이 완전히 소산되는 시점의 수평선 a_{100}의 중간지점은 a_{50}이며 이에 대응되는 시간을 t_{50}으로 한다.

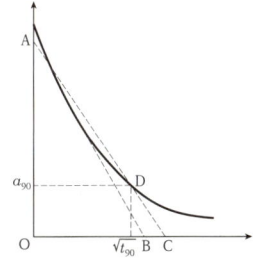

① 초기접선 $\overline{AB}$를 그린다.
② $\overline{AB}$ 기울기의 1.15배가 되는 $\overline{AC}$와 그래프의 접점(D)을 구한다.
($\overline{OC} = 1.15\overline{OB}$)
③ 접점의 수평선과 만나는 점을 a_{90}이라 하고 이에 대응되는 시간을 $\sqrt{t_{90}}$으로 한다.

학습 POINT

○ **시료 교란의 영향 고려하기(작도법)**

우선 작도법을 이용하여 선행압밀하중 (σ_m')을 계산한다.

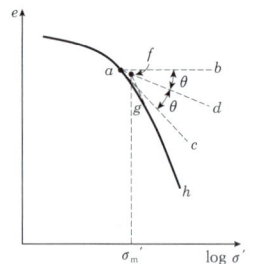

① 곡선상에서 곡률반경이 가장 작은 점 (a)에서 수평선(ab), 접선(ac), 이등분선(ad)을 그린다.
② h의 접선과 이등분선(ad)의 교점 f의 위치를 선행압밀하중으로 한다.

(1) 정규압밀점토 곡선 수정하기

현장에서 측정된 초기응력(σ_0')이 선행압밀하중(σ_m')보다 클 경우 정규압밀점토로 판단한다.

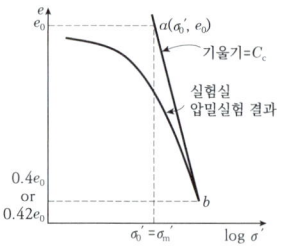

현장 흙의 초기 상태 $a(\sigma_0', e_0)$와 실험실 압밀실험 결과 b를 연결한 선을 수정된 압축지수로 이용한다.

(2) 과압밀점토 곡선 수정하기

현장에서 측정된 초기응력(σ_0')이 선행압밀하중(σ_m')보다 작을 경우 과압밀점토로 판단한다.

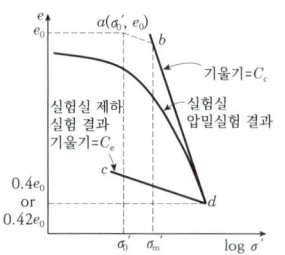

현장 흙의 초기 상태 $a(\sigma_0', e_0)$에서 실험실 제하 실험결과 팽창지수를 기울기로 하여 σ_m'과 만나는 점을 b라 한다. b와 실험실 압밀실험 결과 d를 연결한 선을 수정된 압축지수로 이용한다.

꼭 알아두자!

1. 압밀도는 직접 계산할 수 없어 과잉간극수압의 소산 정도를 이용하여 추정한다.
2. Terzaghi 1차원 압밀 방정식의 가정을 암기하자.
   - 흙은 균질하고 균등하다.
   - 흙은 완전히 포화되어 있다.
   - 흙 입자와 물은 비압축성이다.
   - 물은 일방향(연직)으로 흐르며 물이 흐르는 방향으로 압밀이 발생한다.(횡방향 변위 구속)
   - Darcy의 법칙을 따른다.
   - 투수계수가 일정하다.
   - 유효응력과 간극비는 시간에 관계없이 반비례한다.
3. Terzaghi 1차원 압밀 방정식은 연속성의 법칙을 이용하여 유도된다.
4. 해당 계수들을 암기하자.
   - 압밀계수 : $C_v = \dfrac{K}{m_v \gamma_w}$
   - 체적팽창(변형,변화)계수 : $m_v = \dfrac{a_v}{1+e_0}$
   - 압축계수 : $a_v = \dfrac{\Delta e}{\Delta \sigma'}$
5. 시간계수$\left(T_v = \dfrac{C_v t}{H_{dr}^2}\right)$는 무차원이며 평균 압밀도에 대한 함수이다. 평균 압밀도 50%, 90%일 때 시간계수는 0.197, 0.848이다.
6. 로그 시간-침하량 곡선에서는 t_{50}을, 루트 시간-침하량 곡선에서는 t_{90}을 이용하여 압밀계수를 구할 수 있다.

---

(3) 시료 교란의 영향

① 압밀 시험에 대한 시료 교란의 영향

시료가 교란될 경우 압밀 시험에서 얻어지는 기울기가 작아진다. 이는 압축지수와 팽창지수의 값이 작아지는 것을 의미한다. 작도법을 이용하여 시료 교란에 따른 압축지수, 팽창지수를 계산할 수 있으나 객관식 문제로 만들기에는 어려움이 있어 출제되지 않는다.

② 경험 공식에 대한 시료 교란의 영향 고려하기

액성한계를 이용하여 압축지수, 팽창지수에 대한 시료교란의 영향을 고려한 경험식은 다음과 같다(시료교란시 최소 곡률반경과 선행압밀하중이 명확하게 표현되지 않아 압축지수가 과소평가 된다). 팽창지수는 압축지수의 $\dfrac{1}{10} \sim \dfrac{1}{5}$ 정도이다.

- 불교란 점토인 경우 압축지수 $C_c = 0.009(LL-10)$
- 교란 점토인 경우 압축지수 $C_c = 0.007(LL-10)$
- 팽창지수 $C_e = 0.0463\left(\dfrac{LL}{100}\right)G_s$

해당 식들을 암기할 필요는 없으며 액성한계가 증가할수록 압축지수, 팽창지수가 커진다는 것과 시료 교란으로 압축지수가 작아진다는 것을 기억하자.

(4) 이차압밀 침하

지금까지 압밀이란 지중응력 증가 시 수압이 이를 과잉간극수압으로 부담하다가 배수에 의하여 과잉간극수압이 감소하면 동일한 크기만큼 흙 입자의 유효응력이 증가하여 이로 인해 흙에 발생한 변형이라고 하였다. 그렇다면 과잉간극수압이 완전히 소산되면 흙의 압밀이 완료될 것이나 이후에도 발생하는 흙의 침하를 이차압밀이라고 한다. 이차압밀은 흙 입자의 재배열 때문에 발생한다.(Creep 현상이라고 설명하기도 한다) 이차압밀 침하는 $\log t - e$ 곡선을 이용하여 구할 수 있는 이차압축지수 C_a를 이용하여 계산할 수 있다.

$$C_a = \frac{\Delta e}{\Delta \log t} = \frac{\Delta e}{\Delta \log t_2 - \log t_1} = \frac{\Delta e}{\log \dfrac{t_2}{t_1}}$$

$$S = \frac{C_a}{1+e_p} H \log \frac{t_2}{t_1}$$

(5) 수평 배수재, 연직 배수재

시간계수 $\left(T_v = \dfrac{C_v t}{H_{dr}^2}\right)$를 보면 배수 거리($H_{dr}$)가 짧을수록 시간계수가 급격하게 증가하므로 평균압밀도를 높이는 방법 중 가장 효과적인 방법은 배수 거리를 줄이는 것이다. 따라서 아래 그림과 같이 수평 배수재를 설치하면 압밀이 촉진된다.

$H_{dr} = \dfrac{H}{2} \Rightarrow T_v = \dfrac{C_v t}{\left(\dfrac{H}{2}\right)^2} = \dfrac{4C_v t}{H^2}$ $H_{dr} = \dfrac{(H/2)}{2} = \dfrac{H}{4} \Rightarrow T_v = \dfrac{C_v t}{\left(\dfrac{H}{4}\right)^2} = \dfrac{16 C_v t}{H^2}$

학습 POINT

◎ **시료교란의 영향**
현장에서 시료를 채취하여 운반, 성형 시 필연적으로 교란이 발생하며, 입자의 배열이 흐트러지므로 압밀시험의 기울기가 작아진다(선행압밀하중이 없다고 이해할 수 있음). 그러나 교란으로 초기 간극비가 커지기 때문에 이를 다시 압축할 경우 간극비 변화가 크고 압축성이 커진다. 또 교란시 압축성이 커지고 투수계수가 작아지기 때문에 압밀계수와 압밀속도가 감소한다. 이해가 안된다면 단순 암기하는 것이 좋다.
- 압축지수(C_c) : 교란 점토 < 불교란 점토
- 간극비(e), 압축성 : 불교란 점토 < 교란 점토
- 상대밀도(D_r), 전단강도(τ_f) : 교란 점토 < 불교란 점토
- 투수계수(K), 압밀계수(C_v), 압밀속도 : 교란 점토 < 불교란 점토

◎ **조립토의 이차압밀 침하**
조립토에서 침하량은 즉시 침하량이 지배적이므로, 일반적으로 이차압밀을 무시할 수 있다.

◎ **이차압축지수(C_a)**
자연함수비, 소성성이 큰 흙(≈유기질토)은 이차압축지수(C_a)가 크다는 것을 암기하자.

◎ **배수재와 총 침하량**
배수재를 설치하면 침하속도를 증가시킬 수 있다. 그러나 총 압밀침하량의 크기는 변화가 없다. 즉 총 압밀침하량이 발생되는 시간을 단축할 뿐이다.

◎ **배수재의 재료**
연직배수 공법의 원리는 동일하나 사용하는 재료에 따라 다양하게 분류할 수 있다.
① 모래 : 샌드 드레인(Sand Drain), 팩 드레인(Pack Drain)
② 카드보드(종이) : 페이퍼 드레인(Paper Drain)
③ 플라스틱 : 플라스틱 보드 드레인(Plastic Board Drain)
④ 각종 섬유 : PVD(Prefabricated Vertical Drain, 윅 드레인)
시방서에서는 샌드드레인(모래), 팩드레인(모래망), PVD(각종 토목섬유)으로 분류된다.

학습 POINT

● 연직 배수재 간격, 영향(유효원) 반경
연직 배수재 배치 형상에 따른 간격과, 영향(유효원) 반경의 관계는 다음과 같다.

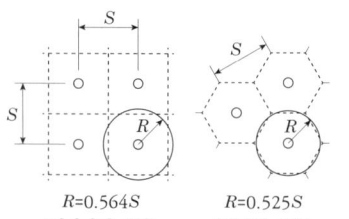

R=0.564S R=0.525S
〈정사각형 배치〉 〈삼각형 배치〉

S : 연직 배수재 간격
R : 연직 배수재 영향(유효원) 반경

● 페이퍼 드레인 등가직경
페이퍼 드레인 둘레 길이를 샌드 드레인 직경으로 환산하는 식은 다음과 같다.

$$D_w = \alpha \times \frac{2(A+B)}{\pi}$$

D_w : 환산원주의 단면 직경
A : 페이퍼 드레인의 폭
B : 페이퍼 드레인의 두께
α : 형상계수(0.75~1), 별도 언급이 없으면 0.75 사용

● 스미어 효과
스미어 효과란 연직배수재를 지반에 관입하는 중에 주변의 점토지반이 교란되어 압밀계수(또는 투수계수)가 저하되는 현상을 말한다.

● 1차 압밀침하량 산정방법
· 간극비(e)를 이용하는 방법
$$\Delta H = \frac{\Delta e}{1+e_0} H$$
· 압축지수(C_c)를 이용하는 방법
ex) $\Delta H = \frac{C_c}{1+e_0} H \log \frac{\sigma_1'}{\sigma_0'}$
· 체적팽창계수(m_v)를 이용하는 방법
$\Delta H = (m_v \Delta \sigma_z) H$

지금까지는 테르작 1차원 압밀 이론을 이용하여 물이 연직으로 배수된다고 간주하였으나, 지반에 연직 배수재를 설치할 경우 물이 방사방향(수평방향)으로 배수가 진행되어 평균 압밀도를 높일 수 있다.

$$T_r = \frac{C_h t}{4R^2}$$

T_r : 수평방향 시간계수
C_h : 수평방향 압밀계수
t : 시간, R : 연직 배수재 영향(유효원) 반경

수직 배수재와 연직 배수재를 동시에 설치시 평균 압밀도는 다음과 같이 계산할 수 있다.

$$(1-U_{avg}) = (1-U_v)(1-U_h)$$

U_{avg} : 평균 압밀도
U_v, U_h : 수직, 수평방향 압밀도

(6) 압밀 침하량의 다른 해

앞서 설명한 체적팽창계수(m_v)는 다음과 같이 표현 가능하다.

$$m_v = \frac{\varepsilon_z}{\Delta \sigma_z}$$

따라서 연직방향 침하량을 다음과 같이 표현할 수도 있다.

$$\Delta H = \varepsilon_z H = (m_v \Delta \sigma_z) H$$

꼭 알아두자!

1. 액성한계가 커지면 압축지수, 팽창지수는 증가하고 시료교란이 발생하면 압축지수는 감소한다.
2. 과잉간극수압 소산완료 이후에도 발생하는 침하를 이차압밀침하라 한다.
3. 이차 압축지수는 로그 시간－침하량 곡선을 이용하여 계산할 수 있다.
4. 연직배수재 설치시 평균압밀도 식을 암기한다.
   $(1-U_{avg}) = (1-U_v)(1-U_h)$
5. 체적 팽창계수를 이용하여 압밀침하량을 계산하는 방법을 알아두자.
   $\Delta H = \varepsilon_z H = (m_v \Delta \sigma_z) H$

MEMO

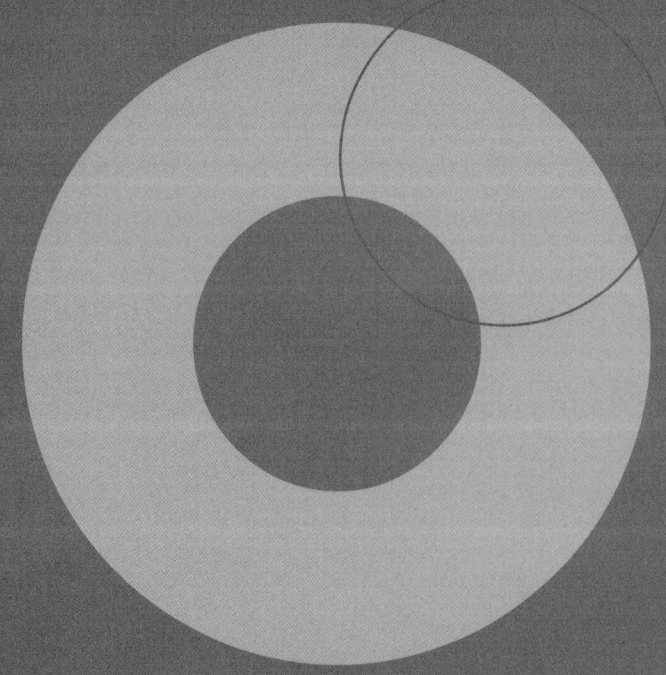

4 0 8 0
진 승 현
토 질 역 학

DAY 06

전단강도

전단강도

1 전단강도의 이해

전단강도를 공부하기에 앞서 전단강도가 무엇인지에 대한 이해가 필요하다. 다음과 같은 사면을 보자.

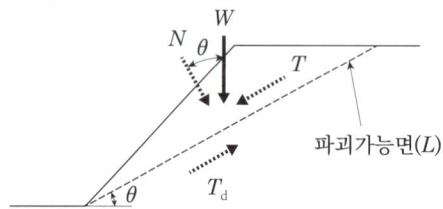

사면의 파괴가 발생할 수 있는 면에서 힘을 표현해 보면 사면의 자중 W의 분력 N, T가 있다. 이때 흙에서는 파괴면을 따라 발생하는 분력 T와 동일한 크기의 저항력 T_d가 발생한다. 이 두 힘을 사면의 길이 L로 나누게 되면 응력으로 표현할 수 있고 각각 전단응력(τ)과 유발전단강도(τ_d)라 한다.

$$\tau = \frac{T}{L}, \; \tau_d = \frac{T_d}{L}$$

사면에 외력이 추가되면 전단응력(τ)은 증가할 것이고, 역시 같은 크기로 유발전단강도(τ_d)가 발생되어 저항할 것이다. 그렇다면 전단응력이 증가함에 따라 유발전단강도 또한 무한히 증가할 것인가? 그렇지 않다. 흙의 유발전단강도는 최댓값이 정해져 있으며 이 값을 '전단강도(τ_f)'라 한다. 따라서 전단강도란 흙의 최대 전단저항력이라고 정의할 수 있다. 다음으로 수직력 N이 전단강도에 미치는 영향을 살펴보자.

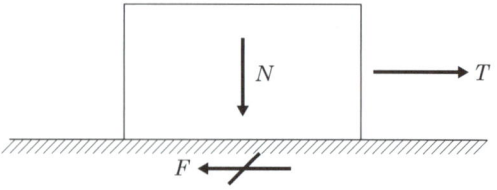

지면에 있는 박스를 외력 T로 잡아 당기면 마찰력 F가 발생할 것이다. 박스를 움직이려면 얼만큼의 힘이 필요할까?

물리 시간에 배운 지식을 이용하면 최대정지 마찰력은 다음과 같이 표현된다. 즉, 수직력이 커지면 커질수록 많은 힘이 필요하다.

$$F_{max} = \mu N$$
μ : 정지마찰계수, N : 수직력

양변을 박스의 길이로 나누어 응력으로 표현하면 다음과 같다.

$$\tau_f = \mu \sigma_n$$

이러한 개념을 이용하여 사면의 전단강도를 고려하면 박스가 움직이는 데 필요한 힘은 사면에 파괴가 발생하기 위해 필요한 힘과 동일하고, 전단강도가 파괴면의 수직응력에 비례함을 알 수 있다. 물은 전단에 저항할 수 없으므로 여기서 σ_n은 엄밀히 흙 입자가 받는 수직응력이므로 유효응력(σ')으로 표현해야 한다.

$$\tau_f = \mu \sigma_n'$$

> **꼭 알아두자!**
> 1. 전단강도란 파괴면에서의 최대 전단저항력이다.
> 2. 전단강도는 항상 일정한 것이 아니고 수직응력에 비례한다.

2 파괴 기준

(1) Mohr-Coulomb 파괴 기준

(1)-1 Mohr-Coulomb 파괴 기준 이해

이제 앞에서 설명한 $\tau_f = \mu \sigma_n'$을 x축을 수직응력, y축을 전단응력으로 하여 그래프로 그려 보자.

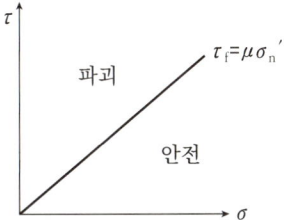

일정한 수직응력에서 전단강도보다 큰 전단응력을 받게 되면 사면에서 파괴가 발생할 것이므로 그래프에서 $\tau_f = \mu \sigma_n'$ 선을 기준으로 파괴와 안전을 구분할 수 있다. 그러나 실제 점성토에서 수직응력과 전단강도의 관계를 그려보면 원점을 지나지 않게 되며 y축 절편을 'c'라 표현하고, 점착력이라 한다.

학습 POINT

○ 내부마찰각(ϕ)에 영향을 주는 요인
토질정수(c, ϕ)는 응력에 따라 변하지 않고, 흙의 종류나 배수 상태에 따라 변한다.
- 상대밀도(D_r), 균등계수(C_u)↑ → 내부마찰각(ϕ)↑
- 입자의 모난 정도↑ → 내부마찰각(ϕ)↑
- 소성지수(PI)↑ → 내부마찰각(ϕ)↓

○ 점착력(c), 내부마찰각(ϕ)
문제를 풀 때 별도의 언급이 없더라도 모래, 정규압밀점토($N.C$)의 점착력은 '0'으로 간주하여 풀이한다. (실제 실험을 진행하면 정규압밀점토의 경우 '0'에 가까운 값이 나와서 '0'으로 간주한다)
문제를 풀 때 별도의 언급이 없더라도 포화된 점성토의 내부마찰각은 '0'으로 간주하여 풀이한다. (포화된 점성토는 거의 비배수 상태이므로 '0'으로 간주한다.)
- 모래, 정규압밀점토($N.C$) ⇒ $c≈0$
- 포화된 점토 ⇒ $\phi≈0$

○ 과압밀점토($O.C$)의 파괴포락선
과압밀점토($O.C$)는 하중이 증가하여 정규압밀 상태가 되었을 때 $c≈0$이 되는 것에 주의하자.

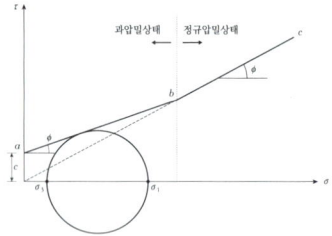

Quiz. 01
내부마찰각이 30°이고 점착력이 $\sqrt{3}$kPa인 흙이 $\sigma_3=10$kPa, $\sigma_1=30$kPa을 받는다. 이때 파괴가 발생하는가?

풀이
$\sigma_3=10$kPa에서 파괴 발생시 최대 주응력을 계산해 보자.

$$\sin\phi = \frac{\left(\frac{\sigma_{1f}-\sigma_3}{2}\right)}{\left(\frac{\sigma_{1f}+\sigma_3}{2}\right)+c\cot\phi}$$

$$\sin 30° = \frac{\left(\frac{\sigma_{1f}-10}{2}\right)}{\left(\frac{\sigma_{1f}+10}{2}\right)+(\sqrt{3})\cot 30°}$$

➡ $\sigma_{1f}=36$kPa

파괴에 필요한 최대 주응력보다 현재 주응력 $\sigma_1=30$kPa이 더 작으므로 파괴는 발생하지 않는다.

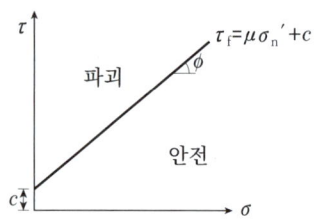

또한 토질역학에서는 위 그래프의 기울기인 마찰계수(μ)를 그대로 표현하지 않고 각도 'ϕ'에 대해 표현하며, 이를 내부마찰각이라 한다. 따라서 전단강도는 다음과 같이 표현되며, 이를 Mohr-Coulomb 파괴기준 또는 파괴포락선이라 한다.

$$\tau_f = \sigma_n' \tan\phi + c$$

여기서 c, ϕ는 각각 점착력과 내부마찰각이라 하였다. 이 값들은 각각의 흙들이 가지고 있는 특성값이라고 이해하면 된다. 즉, 외력과 무관하게 이 값들은 정해져 있다. 그러나 전단강도는 수직응력에 비례하므로 흙의 전단강도는 변화한다.

(1)-2 Mohr-Coulomb 파괴 기준을 이용하여 파괴 평가하기
이제 지중에 다음과 같은 응력을 받는 요소를 Mohr-Coulomb 파괴 기준을 이용하여 평가해 보자.

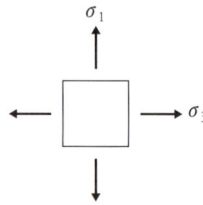

응용역학 지식을 이용하면 요소가 주응력 상태이므로 이를 모어원으로 다음과 같이 표현할 수 있다.

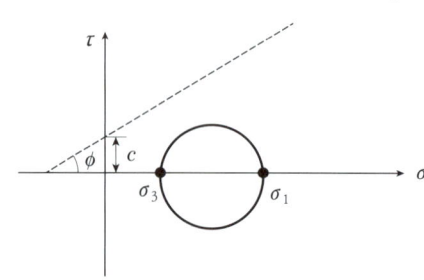

흙에서 파괴가 발생하지 않았다면 모어원은 그림과 같이 파괴포락선 아래에 있을 것이다. 이 상황에서 외력에 의해 σ_1이 점점 커진다면 모어원이 점점 커져 파괴포락선에 접하게 되며, 이 때 파괴가 발생한다. (전단응력이 최대인 면에서 파괴가 발생하지 않는다.)

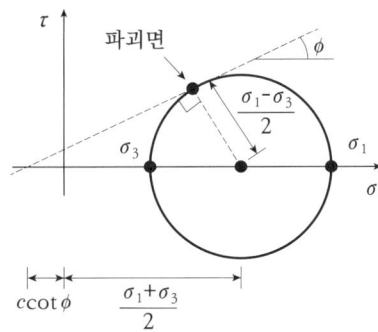

> **학습 POINT**
>
> ◎ **최대 주응력면과 파괴면이 이루는 각도**
>
> 모어원에서는 면의 응력이 한 점으로 표현된다. 따라서 최대 주응력면은 $(\sigma_1, 0)$ 점이며, 파괴면은 파괴포락선과 모어원의 접점이다. 모어원에서 각도는 실제 각도의 2배이므로 실제 각도는 $45° + \dfrac{\phi}{2}$ 이다.
>
>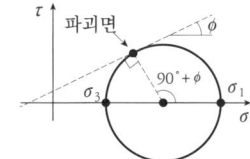
>
> 최대주응력이 작용하는 면은 수평면이다. 따라서 '최대 주응력면과 파괴면이 이루는 각도(θ)'는 '수평면과 파괴면이 이루는 각도(θ)'와 동일한 문장이다. 이와 구분해야 하는 문장으로는 '축차응력과 파괴면이 이루는 각도$\left(90° - \theta = 45° - \dfrac{\phi}{2}\right)$'가 있다.
>
>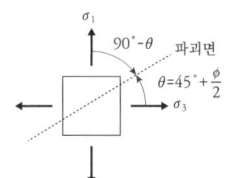

흙에 파괴가 발생될 때 σ_1을 σ_{1f}라 하는데 위 그림에서 이를 $\sin\phi$를 이용하여 계산할 수 있다.

$$\sin\phi = \dfrac{\left(\dfrac{\sigma_{1f} - \sigma_3}{2}\right)}{\left(\dfrac{\sigma_{1f} + \sigma_3}{2}\right) + c\cot\phi} \Longleftrightarrow \sigma_{1f} = \sigma_3 \tan^2\left(45 + \dfrac{\phi}{2}\right) + 2c\tan\left(45 + \dfrac{\phi}{2}\right)$$

외력 σ_1이 σ_{1f}보다 작다면 파괴가 발생하지 않고, 외력 σ_1이 σ_{1f}보다 크다면 파괴가 발생할 것이다.

(1)-3 전응력, 유효응력 Mohr—Coulomb 파괴 기준

동일한 흙에 대해서도 전응력과 유효응력에 대해 2가지 파괴 기준으로 표현할 수 있다. 유효응력$(\sigma' = \sigma - u)$은 전응력에서 간극수압을 차감하는 방식으로 계산할 수 있으므로, 전응력과 유효응력 파괴 기준은 다음과 같은 특징들을 암기하여야 한다.
① 유효응력 Mohr 원은 전응력 Mohr 원을 간극수압 크기만큼 평행이동한 것과 같다.
② 전응력 Mohr 원과 유효응력 Mohr 원의 크기는 같다.

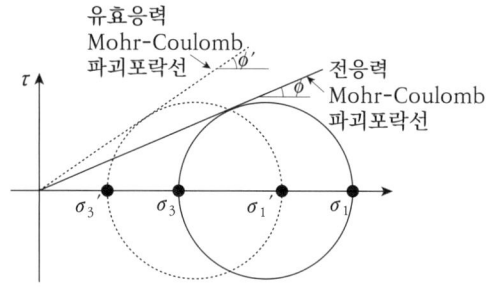

(2) $p-q$ 다이어그램 상의 파괴 기준

Mohr−Coulomb 파괴 기준에 접하는 모어원들의 대푯값들(p, q)을 연결하여 $p-q$ 다이어그램 상의 파괴 기준으로 파괴를 평가할 수 있다. 파괴 기준은 다음과 같이 표현된다.

$$q = p\tan\alpha + a$$

실제 시험 문제는 Mohr−Coulomb 파괴 기준의 c, ϕ 와 $p-q$ 다이아그램상 파괴 기준의 a, α 관계를 물어 보기 때문에 다음과 같은 식의 암기가 필요하다.

$$\tan\alpha = \sin\phi,\ a = c\cos\phi$$

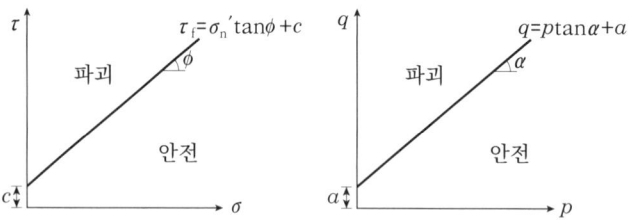

3 전단강도 정수(c, ϕ)를 구하기 위한 시험 – 실내시험

(1) 직접전단시험

(1)-1 직접전단시험 이해

직접전단시험이란 일정한 수직응력에서 전단력을 증가시켜 파괴가 발생될 때 전단강도를 측정하여 전단강도 정수를 결정하는 방법이다. 직접전단시험은 다음과 같은 특징들을 암기하여야 한다.

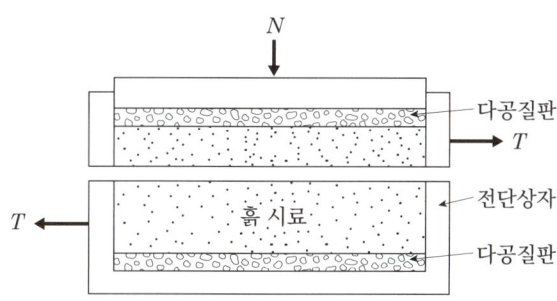

① 전단파괴면이 미리 정해져 있다 = 전단파괴면을 임의로 가정한다.
② 전단파괴면이 미리 정해져 있어 흙에 균열이 있는 경우 균열면이 아닌 가정된 파괴면에서 파괴가 발생되기 때문에 삼축압축시험보다 더 큰 전단강도가 측정된다.(∵ 삼축압축시험은 흙내의 자연스러운 파괴를 유도하기 때문에 균열면을 따라 파괴가 발생한다)
③ 진행성파괴가 발생한다 = 활동파괴가 발생한다.
④ 주응력 회전이 발생한다.
⑤ 배수조절과 간극수압 측정이 어렵다. 사질토의 경우에는 전단을 천천히 발생시켜 간극수압이 발생하지 않도록 하며 시험을 진행할 수 있으나, 점성토의 경우에는 아무리 천천히 진행하여도 과잉간극수압이 발생하여 직접전단시험은 점성토에 적합하지 않다.
⑥ 시험 중 전단면에서 응력이 일정하지 않다.

학습 POINT

Quiz.02

모래에 1kg/cm^2의 수직응력에서 직접전단시험을 실시하였다. 파괴시 전단응력이 1kg/cm^2이라면 흙에서 발생되는 최대 전단응력은?

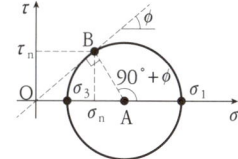

풀이

$\tan\phi = \dfrac{\tau_n}{\sigma_n} = \dfrac{1\text{kg/cm}^2}{1\text{kg/cm}^2}$

➡ $\phi = 45°$

$\overline{OB} = \sqrt{\sigma_n^2 + \tau_n^2}$
$= \sqrt{1^2 + 1^2} = \sqrt{2}\,\text{kg/cm}^2$

$\overline{OA}\cos\phi = \overline{OB}$

$\overline{OA} = \dfrac{\overline{OB}}{\cos 45°} = 2\,\text{kg/cm}^2$

$\tau_{max} = R(\text{반지름})$
$= \overline{OA}\sin\phi$
$= (2\text{kg/cm}^2)\left(\dfrac{\sqrt{2}}{2}\right)$
$= \sqrt{2}\,\text{kg/cm}^2$

● **부착력(c_a), 벽면마찰각(δ)**

직접전단시험으로 흙과 흙 사이의 강도 정수인 점착력(c)과 내부마찰각(ϕ) 뿐만 아니라 흙과 다른 재료와의 강도정수도 계산할 수 있다. 이를 부착력(c_a), 벽면마찰각(δ)이라 한다.

학습 POINT

○ 흙의 역학적 거동
조밀한 모래와 과압밀 점토(O.C), 느슨한 모래와 정규압밀 점토(N.C)는 역학적인 거동이 유사하다.

(1)-2 직접전단시험 결과 해석

직접전단시험의 결과는 다음과 같이 정리할 수 있다.

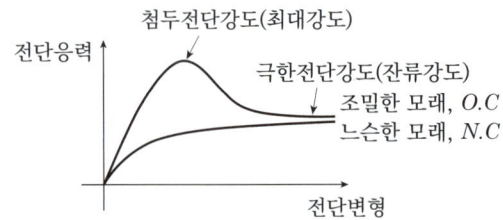

직접전단시험시 조밀한 모래, 과압밀 점토(O.C)는 적은 변형에서 첨두점에 이르고 계속 전단을 가하면 전단응력이 감소하여 극한 전단강도에 수렴하나 느슨한 모래, 정규압밀 점토(N.C)는 첨두점이 없고 극한전단강도에 수렴한다. 비교적 큰 전단변형에서 흙의 밀도에 무관하게 비슷한 크기의 극한 전단강도에 수렴한다는 사실을 알아두어야 한다.

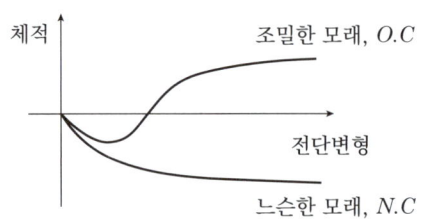

직접전단시험시 느슨한 모래, 정규압밀 점토(N.C)는 입자 사이의 공간이 커서 전단변형 시 입자가 입자 사이로 들어가면서 부피가 감소하며, 조밀한 모래, 과압밀 점토(O.C)는 입자 간격이 좁기 때문에 입자가 다른 입자를 타고 넘어가며 부피가 오히려 증가하게 되는 'dilitancy' 현상이 발생한다.

○ 딜리턴시(dilitancy)에 영향을 주는 요인
• 구속압력↑ → 딜리턴시(dilitancy)↓
• 상대밀도(D_r)↑ → 딜리턴시(dilitancy)↑

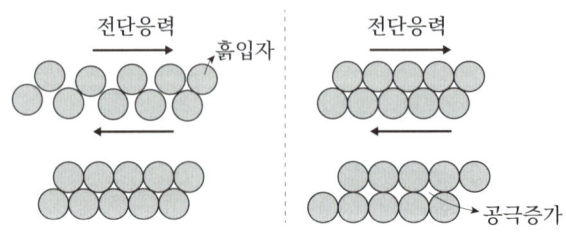

〈느슨한 모래, 정규압밀점토(N.C)〉 〈조밀한 모래, 과압밀점토(O.C)〉

꼭 알아두자!

1. 직접전단시험은 사질토에 적합한 시험이며, 특징들을 암기해야 한다.
2. 직접전단시험에서 전단변형에 대한 전단강도, 체적 그래프를 암기해야한다.
3. 조밀한 모래, 과압밀 점토(O.C)는 전단변형시 오히려 체적이 증가하게 되는데 이를 dilitancy 현상이라 한다.

(2) 삼축압축시험

(2)-1 삼축압축시험의 이해

삼축압축시험이란 x, y, z 3축에 대하여 응력을 가하는 시험을 의미한다. x, y축 응력은 항상 동일하므로 $x-z$ 평면에서 해석한다. 현장 시료를 실험실로 가져와서 완전 포화상태에서 진행하며 삼축압축시험은 다음과 같은 2 단계로 구성된다.

① 1단계 : 구속압력단계(σ_3)

구속압력단계란 모든 방향으로 동일한 구속압력 σ_3를 가하는 단계이다.

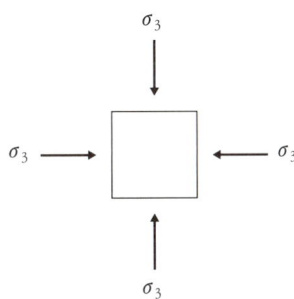

만약 구속압력단계를 비배수 상태에서 진행한다면 과잉간극수압이 발생할 것이다. 구속압력(σ_3)과 구속압력에 의해 발생된 과잉간극수압(Δu_c)의 비를 Skempton 과잉간극수압계수 'B'라 한다.

$$B = \frac{\Delta u_c}{\Delta \sigma_3}$$

과잉간극수압계수 'B'는 포화도 'S'에 대한 함수로 다음과 같다. 그러나 정비례하는 것은 아니다.

포화도 $0\% \Rightarrow B=0$
포화도 $100\% \Rightarrow B=1$

② 2단계 : 축차응력단계($\Delta \sigma_d$)

축차응력단계란 구속압력이 가해진 상황에서 z축 방향으로 축차응력 $\Delta \sigma_d$을 가하는 단계이다. 구속압력과 축차응력의 합을 σ_1으로 표현한다.

$$\sigma_1 = \sigma_3 + \Delta \sigma_d$$

학습 POINT

○ 삼축압축시험

앞서 설명한 직접전단시험은 배수조절이 어려우나 삼축압축시험은 배수조절이 자유롭다. 또한 다양한 응력을 모사할 수 있으므로 현장을 잘 반영하는 시험이라고 할 수 있다.

○ 0단계 : 배압(σ_b)

삼축압축시험이란 현장 지반의 강도정수(c, ϕ)를 계산하는 것이 목적이다. 따라서 현장 지반의 흙 상태를 모사하여야 한다. 현장의 흙은 대부분 지하수위 밑에 존재하여 100% 포화상태이므로 삼축압축시험에서도 흙을 포화상태로 진행해야 한다. 그러나 실제 시료를 채취하게 되면 시료 교란으로 불포화상태가 되므로 이를 포화상태로 만들기 위해 시료 내부에서 가하는 압력을 '배압 back pressure'이라 한다. 배압을 가할 때 주의사항은 다음과 같다.
① 배압을 단계적으로 천천히 증가시킨다.
② 배압과 동시에 구속압력을 가해서 시료 형태를 유지해야 한다. 이때, 배압의 크기는 구속압력과 비슷하거나 조금 작게 가해야 한다.

학습 POINT

Quiz. 03

흙 시료를 비배수 상태에서 등방압력 200kPa을 가했을 때 150kPa의 과잉간극수압이 발생하였고, 여기에 비배수 상태로 축차응력을 400kPa 가했을 때 총 300kPa의 과잉간극수압이 발생하였다. 이때 Skempton 과잉간극수압계수 A와 B는?

풀이

$\sigma_3 = 200\text{kPa}$
$\Delta u_c = 150\text{kPa}$
$\Delta u_d = 300\text{kPa} - 150\text{kPa}$
$\quad\quad = 150\text{kPa}$

$B = \dfrac{\Delta u_c}{\sigma_3} = \dfrac{150\text{kPa}}{200\text{kPa}} = 0.75$

$A = \dfrac{\Delta u_d}{B\Delta\sigma_d}$
$\quad = \dfrac{150\text{kPa}}{(0.75)(400\text{kPa})} = 0.5$

★ 다음과 같이 과잉간극수압을 한번에 고려하여 Skempton A 계수를 계산할 수도 있다.

$\Delta u = B(\Delta\sigma_3 + A\Delta\sigma_d)$;
$300\text{kPa} = (0.75)(200\text{kPa} + A(400\text{kPa}))$
➡ $A = 0.5$

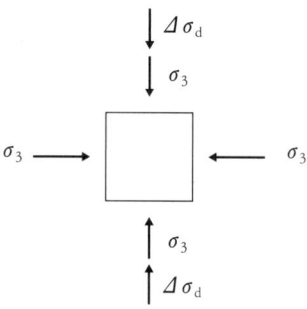

만약 축차응력단계를 비배수 상태에서 진행한다면 과잉간극수압(Δu_d)이 발생할 것이다.

$$\Delta u_d = AB\Delta\sigma_d$$

축차응력($\Delta\sigma_d$)과 축차응력에 의해 발생된 과잉간극수압(Δu_d)의 비를 Skempton 과잉간극수압계수 'A'라 한다.

$$A = \dfrac{\Delta u_d}{B\Delta\sigma_d}$$

Skempton 과잉간극수압계수를 이용하여 과잉간극수압을 쉽게 계산할 수 있다.

$$\begin{aligned}\Delta u &= \Delta u_c + \Delta u_d \\ &= B(\Delta\sigma_3 + A\Delta\sigma_d) \\ &= B(\Delta\sigma_3 + A(\Delta\sigma_1 - \Delta\sigma_3))\end{aligned}$$

B, A : Skempton 과잉간극수압계수
$\Delta\sigma_3$: 구속압력, $\Delta\sigma_d$: 축차응력

삼축압축시험은 구속압력단계와 축차응력단계의 배수여부에 따라 CD, CU, UU 시험으로 분류할 수 있다.

꼭 알아두자!

1. 삼축압축시험은 구속압력단계(σ_3)와 축차응력단계($\Delta\sigma_d$)로 구성된다.
2. 구속압력(σ_3)과 구속압력에 의한 과잉간극수압(Δu_c)의 비를 Skempton 과잉간극수압계수 'B'라 하며 포화도에 대한 함수이다. 단 비례하지는 않는다.
3. 축차응력($\Delta\sigma_d$)과 축차응력에 의한 과잉간극수압(Δu_d)의 비를 Skempton 과잉간극수압계수 'A'라 한다.

(2)-2 압밀 배수시험(CD)

압밀 배수시험이란 1단계에 배수를 진행하며 구속압력을 가해 압밀(Consolidation)이 발생하므로 'C', 2단계에도 배수(Drainage)를 진행하며 축차응력을 가하므로 'D'라고 하여 'CD' 시험이라 한다. 두 단계에서 모두 배수가 진행되므로 과잉간극수압이 발생하지 않아 계산된 토질정수를 유효응력 강도정수라고 하며 c', ϕ'이라 한다.

축차응력단계가 배수로 진행되므로 체적변형이 발생한다.

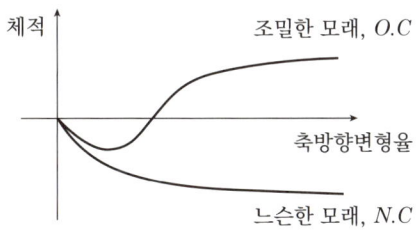

(2)-3 압밀 비배수시험(CU)

압밀 비배수시험이란 1단계에 배수를 진행하며 구속압력을 가해 압밀(Consolidation)이 발생하므로 'C', 2단계에는 비배수(Undrainage)로 축차응력을 가하므로 'U'라고 하여 'CU' 시험이라고 한다.

축차응력단계가 비배수로 진행되므로 체적 변형이 발생하지 않고 과잉간극수압이 발생한다. 따라서 강도정수는 전응력으로 결정(CU)할 수도 있고, 유효응력으로 결정($\overline{CU}$)할 수도 있다.

전응력 강도정수(CU 시험) : c_{cu}, ϕ_{cu}
유효응력 강도정수($\overline{CU}$ 시험) : c', ϕ'

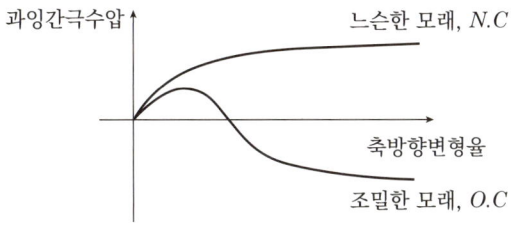

위 그래프에서 주목할 점은 조밀한 모래, 과압밀 점토($O.C$)에서는 '$-$' 과잉간극수압(Δu_d)이 발생한다는 것이다. Skempton 과잉간극수압계수 A는 축차응력($\Delta \sigma_d$)과 축차응력에 대한 과잉간극수압(Δu_d)의 비이므로 조밀한 모래, 과압밀 점토에서는 A가 '$-$'값을 갖을 수 있다.

학습 POINT

○ 배수 삼축압축시험

삼축압축시험중 2단계를 배수 상태로 진행하는 시험은 CD 시험밖에 없다. 따라서 CD 시험을 '배수 삼축압축시험'이라고 명칭하기도 한다.

Quiz.04

모래를 구속압력 10kPa에서 압밀 배수 삼축압축 시험을 실시한 결과 축차응력이 20kPa일 때 파괴가 발생하였다. 이 흙의 내부마찰각은?

풀이

$\sigma_3' = 10\text{kPa}$
$\sigma_{1f}' = \sigma_3' + \Delta \sigma_{df}$
$= 10\text{kPa} + 20\text{KPa} = 30\text{kPa}$

모래는 점착력이 '0'이다. 따라서 파괴시 모어원은 다음과 같다.

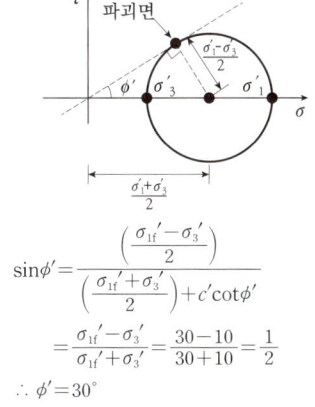

$\sin\phi' = \dfrac{\left(\dfrac{\sigma_{1f}' - \sigma_3'}{2}\right)}{\left(\dfrac{\sigma_{1f}' + \sigma_3'}{2}\right) + c'\cot\phi'}$

$= \dfrac{\sigma_{1f}' - \sigma_3'}{\sigma_{1f}' + \sigma_3'} = \dfrac{30-10}{30+10} = \dfrac{1}{2}$

$\therefore \phi' = 30°$

○ CD 시험의 문제점

CD 시험의 경우 2단계를 배수상태로 진행할 때 과잉간극수압이 소산되기까지 상당한 시간을 기다려야 한다. 이러한 문제점 때문에 CD 시험은 잘 이용하지 않으며, $\overline{CU}$ 시험의 유효응력강도 정수 c', ϕ'를 선호한다.

학습 POINT

Quiz. 05

어떤 점토의 ϕ'이 30°이다. 구속압력 20kPa에서 압밀 비배수 삼축압축 시험을 실시한 결과 축차응력이 26kPa일 때 파괴가 발생하였다. 또한 파괴시 과잉간극수압은 10kPa으로 측정되었다. 이 흙의 점착력은?

풀이

$\sigma_3' = 20\text{kPa} - 10\text{kPa} = 10\text{kPa}$
$\sigma_{1f}' = 20\text{kPa} + 26\text{kPa} - 10\text{kPa}$
$\quad = 36\text{kPa}$

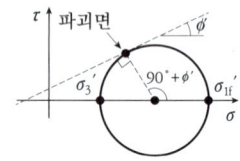

$\sin\phi' = \dfrac{\left(\dfrac{\sigma_{1f}' - \sigma_3'}{2}\right)}{\left(\dfrac{\sigma_{1f}' + \sigma_3'}{2}\right) + c'\cot\phi'}$

$\sin 30° = \dfrac{\left(\dfrac{36-10}{2}\right)}{\left(\dfrac{36+10}{2}\right) + c'\cot 30°}$

➡ $c' = \sqrt{3}\text{kPa}$

● **비압밀 비배수시험**

혹여 기술사, 5급 토목직을 공부하는 수험생이 잔류응력에 대한 언급이 없어 의문을 가질 수 있다. 해당 설명이 UU 시험에 대한 완전한 설명은 아니나 7급 토목직 수험생들에게 UU 시험에 대한 이해를 돕기에 충분한 설명이라고 생각한다.

● **불포화토의 비압밀 비배수시험(UU)**

불포화토는 파괴 시 축차응력($\Delta\sigma_{df}$)은 구속응력(σ_3)에 비례하므로 파괴포락선이 수평선을 이루지 않는다.

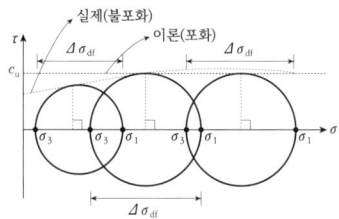

느슨한 모래, $N.C : A = 0.5 \sim 1$
조밀한 모래, $O.C : A = -0.5 \sim 0$

(2)-4 비압밀 비배수시험(UU)

비압밀 비배수시험은 1단계, 2단계 모두 비배수로 진행한다. 구속압력단계를 비배수로 진행하게 되므로 시료가 완전히 포화됐다면 구속압력(σ_3)과 동일한 크기의 과잉간극수압(Δu_c)이 발생할 것이다.($\because B=1$) 따라서 1단계에서 가해진 구속압력(σ_3)의 크기와 무관하게 동일한 크기의 σ_3'을 갖게 된다. 그려진 모어원들에 접하는 선을 긋게 되면 수평선이 그려지므로 $\phi = 0$이고 계산된 점착력은 비배수 전단강도 c_u라고 표현한다.

($\because \phi = 0 \Rightarrow \tan\phi = 0 \Rightarrow \tau_f = \sigma\tan\phi + c = c_u$)

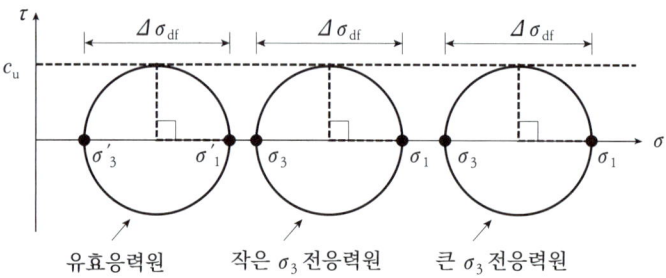

유효응력원   작은 σ_3 전응력원   큰 σ_3 전응력원

비압밀 비배수시험에서는 다음과 같은 특징을 암기해야 한다.
① 구속압력의 크기와 무관하게 하나의 유효응력원을 갖는다.
② 모든 모어원의 크기가 동일하다.
    = 동일한 축차응력($\Delta\sigma_{df}$)에서 파괴가 발생한다.
③ 비배수 전단강도(c_u)는 축차응력($\Delta\sigma_{df}$)의 절반으로 계산가능하다.
    ($\because$ 원의 지름과 반지름의 관계이다.)

💬 꼭 알아두자!

1. 압밀 배수시험(CD)에 따른 체적 변화 그래프를 알아두자.
2. 압밀 비배수시험(CU)에 따른 과잉간극수압 변화 그래프를 알아두자.
3. 비압밀 비배수시험(UU)의 특징을 알아두자.
   ① 구속압력의 크기와 무관하게 하나의 유효응력원을 갖는다.
   ② 모든 모어원의 크기가 동일하다.
       = 동일한 축차응력($\Delta\sigma_{df}$)에서 파괴가 발생한다.
   ③ 비배수 전단강도(c_u)는 축차응력의 절반($\Delta\sigma_{df}$)으로 계산 가능하다.

(2)-5 삼축압축시험의 응력경로

앞서 설명한 $p-q$ 다이아그램을 이용하여 삼축압축시험의 응력경로를 표현해 보자.

$$p=\frac{\sigma_1+\sigma_3}{2},\ q=\frac{\sigma_1-\sigma_3}{2}$$

① 압밀 배수시험(CD)

1단계 구속압력단계에서는 모든 방향에서 동일한 크기의 σ_3이 가해지므로 모어원은 점(σ_3, 0)으로 표현될 것이다. 따라서 응력 경로는 원점에서 오른쪽으로 이동한다.

2단계 축차응력단계에서는 $\sigma_1=\sigma_3+\Delta\sigma_d$이므로 응력 경로는 45°의 각도로 표현될 것이다.

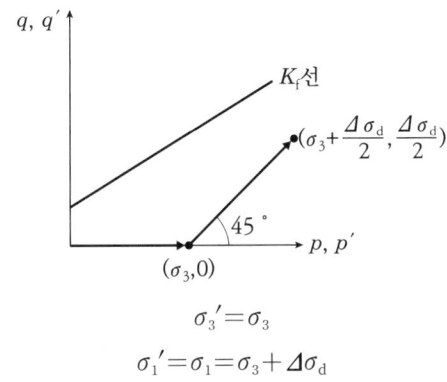

$\sigma_3'=\sigma_3$
$\sigma_1'=\sigma_1=\sigma_3+\Delta\sigma_d$

$$p=\frac{\sigma_1+\sigma_3}{2}=\frac{(\sigma_3+\Delta\sigma_d)+\sigma_3}{2}=\sigma_3+\frac{\Delta\sigma_d}{2}$$

$$q=\frac{\sigma_1-\sigma_3}{2}=\frac{(\sigma_3+\Delta\sigma_d)-\sigma_3}{2}=\frac{\Delta\sigma_d}{2}$$

압밀 배수시험에서는 과잉간극수압이 발생하지 않기 때문에 전응력 경로(TSP; Total Stress Path)와 유효응력 경로(ESP; Effective Stress Path)가 동일하다.

② 압밀 비배수시험(CU)

우선 압밀 비배수시험의 전응력 경로는 압밀 배수시험과 동일하다. 그러나 압밀 비배수시험에서는 축차응력단계에서 과잉간극수압(Δu_d)이 발생하므로 이를 고려하여 유효응력 경로를 그릴 수 있다.

> 학습 POINT

Quiz.06

정규 압밀점토에 압밀 비배수 시험을 실시한 결과 응력경로가 다음과 같았다. A점에서의 축차응력과 과잉간극수압의 크기는?

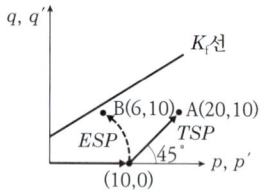

풀이

$q = \dfrac{\Delta\sigma_d}{2}$;

$\Delta\sigma_d = 2q$
$\quad = 2(10) = 20\text{kPa}$

$p' = \sigma_3 + \dfrac{\Delta\sigma_d}{2} - \Delta u_d$
$\quad = p - \Delta u_d$

따라서 p'과 p의 x좌표 차이는 Δu_d와 같다.

$\Delta u_d = p - p'$
$\quad = 20 - 6 = 14\text{kPa}$

$$\sigma_3' = \sigma_3 - \Delta u_d$$
$$\sigma_1' = \sigma_3 + \Delta\sigma_d - \Delta u_d$$

$$p' = \dfrac{\sigma_1' + \sigma_3'}{2} = \dfrac{(\sigma_3 + \Delta\sigma_d - \Delta u_d) + (\sigma_3 - \Delta u_d)}{2} = \sigma_3 + \dfrac{\Delta\sigma_d}{2} - \Delta u_d = p - \Delta u_d$$

$$q' = \dfrac{\sigma_1' - \sigma_3'}{2} = \dfrac{(\sigma_3 + \Delta\sigma_d - \Delta u_d) - (\sigma_3 - \Delta u_d)}{2} = \dfrac{\Delta\sigma_d}{2} = q$$

즉, 응력 경로에서 $q' = q$이므로 변화가 없으나 $p' = p - \Delta u_d$로 과잉간극수압의 크기만큼 x점 좌표가 이동되어 응력 경로가 변화하게 된다. 앞서 언급한 CU 시험의 과잉간극수압 그래프를 살펴보자.

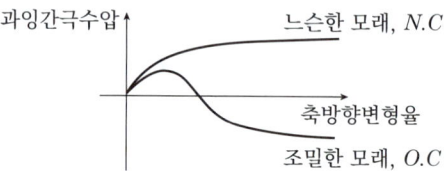

느슨한 모래, 정규압밀점토($N.C$)는 '+' 과잉간극수압이 발생하므로 유효응력 경로가 전응력 경로를 기준으로 좌측으로 이동할 것이다.

조밀한 모래, 과압밀점토($O.C$)는 '−' 과잉간극수압이 발생하므로 유효응력 경로가 전응력 경로를 기준으로 우측으로 이동할 것이다. 단, 처음에는 '+' 과잉간극수압이 발생하다가 '−' 과잉간극수압이 발생하므로, 유효응력 경로는 초기에는 전응력 경로를 기준으로 왼쪽으로 이동하다가 점차 오른쪽으로 이동할 것이다. 이를 그리면 다음과 같다.

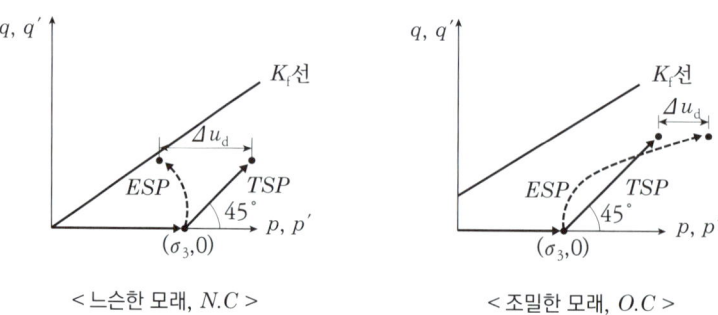

< 느슨한 모래, $N.C$ >   < 조밀한 모래, $O.C$ >

③ UU 시험의 응력경로는 중요하지 않다.

(3) 일축압축시험

일축압축시험은 x, y, z축에 응력을 가하는 삼축압축시험과 달리 z축에 대해서만 응력(q_u)을 가하는 시험을 의미한다. 일축압축시험을 진행하기 위해서는 흙의 자립이 가능해야 하므로 점성토에 대해서 진행되며, 하중이 가해지는 시간이 짧아 비배수 상황으로 해석이 가능하다. 따라서 일축압축은 $\sigma_3=0$인 UU 시험이라고 표현하기도 한다. UU 시험에서는 σ_3의 크기와 무관하게 동일한 크기의 모어원이 그려지며, 단 하나의 유효응력원을 갖게 되므로 $\sigma_3=0$에서의 UU 시험인 일축압축 시험에 대해서도 동일한 결과를 갖게 될 것이다.

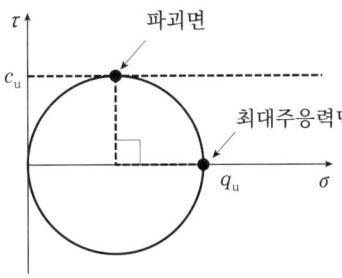

점토를 교란시키면 강도가 감소하기 때문에 불교란 점토가 교란 점토보다 일축압축강도가 크다. 불교란 점토와 교란 점토의 일축압축 강도의 비를 '예민비'라고 표현한다. 예민비 '8' 이상의 점토를 'quick clay'라고 한다.

$$S_t = \frac{q_u(불교란)}{q_u(교란)}$$

그러나 재성형한 점토(교란 점토)는 시간이 경과할수록 점차 강도를 회복하는데, 이러한 성질을 '틱소트로피'라 한다.

학습 POINT

○ $\phi \neq 0$인 경우 일축압축시험

다음과 같은 기하학적 관계식을 증명할 수 있으나 결과만 암기해두자.

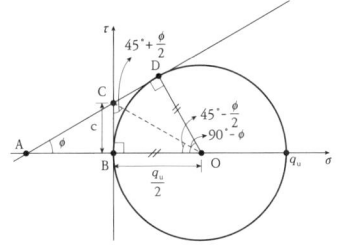

At AOD

∠AOD $= 90° - \phi$ (∵ 삼각형 내각 합 180°)

At OBCD

∠BOC $= \dfrac{\angle\text{AOD}}{2} = 45° - \dfrac{\phi}{2}$

(∵ $\overline{OC}$ 기준 대칭)

At OBC

∠OCB $= 45° + \dfrac{\phi}{2}$ (∵ 삼각형 내각 합 180°)

$\tan\left(45° + \dfrac{\phi}{2}\right) = \dfrac{\overline{OB}}{\overline{BC}} = \dfrac{\left(\dfrac{q_u}{2}\right)}{c}$

∴ $q_u = 2c\tan\left(45° + \dfrac{\phi}{2}\right)$

○ 실내시험에 의한 점토의 강도증가율

$\left(\dfrac{c_u}{\sigma_v'}\right)$

① 소성지수(PI) 방법 : $0.11 + 0.0037 PI$

② 액성한계(LL) 방법 : $0.45 LL$

③ 비배수 전단강도(c_u) 방법 : $\alpha = \dfrac{K}{\sigma'}$

④ 압밀비배수 삼축압축시험(CU) 방법:

$\dfrac{[K + (1-K)A_f]\sin\phi'}{1 + (2A_f - 1)\sin\phi'}$

4 전단강도 정수(c, ϕ)를 구하기 위한 시험 – 현장시험

(1) 베인(Vane) 전단시험

베인 전단시험이란 점성토에 대하여 진행되는 현장시험으로 비배수 전단강도(c_u)를 구하기 위한 시험이다. 일반적으로 계산된 비배수 전단강도($c_{u(vane)}$)는 큰 값을 갖게 되어 보정하여 이용한다.

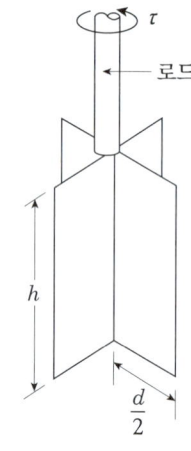

$$c_{u(vane)} = \frac{T}{\pi d^2 \left(\dfrac{h}{2} + \dfrac{d}{6} \right)}$$

$$c_u = \mu \times c_{u(vane)}$$

$$\mu = 1.7 - 0.54 \log(PI)$$

T : 비틀림모멘트(우력), d : 베인의 직경, h : 베인의 높이
$c_{u(vane)}$: 베인전단시험으로 구한 비배수 전단강도
c_u : 수정 비배수 전단강도
μ : 수정계수, PI : 소성지수

5 강도정수의 선택

삼축압축시험은 배수 조건에 따라 CD, CU, UU 시험으로 분류된다. 각각의 시험에서 계산되는 강도 정수는 다음과 같다. 계산된 강도 정수들은 현장 조건에 따라 적절히 이용하여야 한다. (베인전단시험을 통해서는 비배수전단강도(c_u)를 알 수 있다.)

> CD : 유효응력강도 정수 c', ϕ'
> CU : 전응력강도정수 c_{cu}, ϕ_{cu} 유효응력강도 정수 c', ϕ'
> UU, 베인전단시험 : 비배수전단강도 c_{cu}

학습 POINT

○ 강도 정수의 선택
모든 현장을 언급할 수는 없으나 이와 같은 방법으로 접근한다면 어려움 없이 강도 정수를 선택할 수 있다.

강도정수의 선택을 이해하기 위해서 고려해야 할 것은 다음과 같다. 삼축압축시험에서 첫 번째 단계는 현장 초기 응력을 재현하기 위함이고, 두 번째 단계는 외부 하중을 재현하기 위함이다. 몇 가지 대표적인 상황에 대해서 적용해 보자.

① 모래지반 해석

모래지반 해석을 수행할 경우 압밀이 완료된 지반에('C') 하중이 가해지고 모래지반은 물이 쉽게 배수되므로('D') 유효응력 시험인 'CD' 시험이 적합하다.

② 점토지반에 성토를 빠른 속도로 진행할 경우

점토지반에 성토를 빠르게 진행할 경우 비배수 상황으로 해석이 가능하므로 'UU' 시험이 적합하다. 단, 물이 배수되는 시간이 충분하게 주어진다면(장기해석) 'CD' 해석도 가능하다.

③ 하중을 여러 단계로 재하할 경우

다단계 재하 상황이란 전 단계에서 재하한 하중에서 압밀이 진행된 후 추가적으로 재하하는 경우 두 번째 하중에 대한 안정 해석을 비배수 상황으로 해석하는 것을 의미하므로 'CU' 시험이 적합하다.

④ 흙 댐에서 수위 급강하 발생시

흙 댐에서 수위 급강하 이전에 만수위를 장기간 유지하고 있는 상태에서 압밀이 완료되고('C') 그 이후에 급강하가 발생하였을 때의 상황을 의미하는 것으로 만수위에서 압밀로 인한 강도 증진을 고려하고 수위급강하를 비배수('U')로 해석하여야 한다. 따라서 'CU'가 적합하다.

학습 POINT

● **한계간극비, 느슨한 사질토**

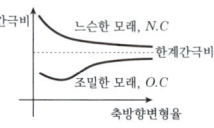

앞서 배운 CD 시험 결과의 세로축을 간극비로 하여 느슨한 모래와 조밀한 모래를 한번에 그리면 그림과 같다. 변형이 커지면 '한계간극비'로 수렴하는 것을 확인할 수 있는데 한계간극비보다 큰 간극비를 갖는 흙을 느슨한 모래라고 정의할 수 있다. 따라서 액상화 현상은 한계간극비보다 클 때 발생한다.

● **파이핑의 이해**

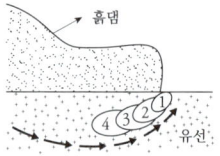

분사, 보일링이 발생하면 1번 흙의 유실이 발생한다. 흙의 유실로 물이 흐르는 길이가 짧아지기 때문에 동수경사가 커지고 2번 흙의 유실이 가속화된다. 3번, 4번 흙의 유실이 연쇄적으로 발생한다. 이처럼 물 길이 파이프처럼 형성되기 때문에 파이핑 현상이라고 한다.

● **히빙 정의**

히빙(heaving)을 <이인모, 토질역학의 원리, 씨아이알, 2015년, 227p>에서는 '만일 원지반이 모래로 이루어져 있다면, 분사현상 또는 보일링 현상이 일어난다고 하였다. 원지반이 점토라면 보일링 현상까지는 일어나지 않고 지표면이 부풀어 오르는 히빙 현상이 일어난다.'고 표현하였다. 보기로 출제되기 매우 좋은 문장으로 기억해 두자.

$$\tau_f = (\sigma - u)\tan\phi + c = c$$

6 액상화, 분사(보일링, 파이핑), 히빙

액상화, 분사현상, 히빙은 결과적으로 흙이 전단강도를 상실했다는 면에서 동일하다.

	흙의 종류	원인	정의
액상화	느슨한 사질토	동적에너지(지진)	'액상화'란 지중에 동적 에너지(지진)가 가해져서 과잉간극수압이 크게 발생하면 흙의 유효응력이 '0'이 되어 전단강도를 상실하게 되고 물과 같이 거동을 하는 현상을 의미한다. $\tau_f = (\sigma - u)\tan\phi + c = 0$ ($c = 0 \because$ 사질토)
분사 (quick sand), 보일링, 파이핑	사질토	물의 상향 침투	'분사'란 물의 상향 침투로 수압이 증가하게 되면 흙의 유효응력이 '0'이 되어 흙이 전단강도를 상실하게 되고 흙 입자가 물과 같이 뿜어져 나오는 현상을 의미한다. $\tau_f = (\sigma - u)\tan\phi + c = 0$ ($c = 0 \because$ 사질토) '보일링'이란 '분사' 현상이 발생할 때 지표에서 흙이 부글부글 끓는 현상을 의미한다. '파이핑'이란 분사와 보일링으로 흙이 유실되어 물이 흐르는 길이(L)가 짧아지면 동수경사($i = \dfrac{h}{L}$)가 커지면서 더욱 더 현상이 가속화되는 것을 의미한다.
히빙 (heaving)	점성토	흙막이벽 내외 흙의 중량 차이	'히빙'이란 굴착 배면토 중량과 재하 하중이 지반의 전단강도보다 크게 되어, 배면토 지반이 침하하고 굴착면이 부풀어 오르는 현상을 의미한다.

히빙의 이해, 안정 검토

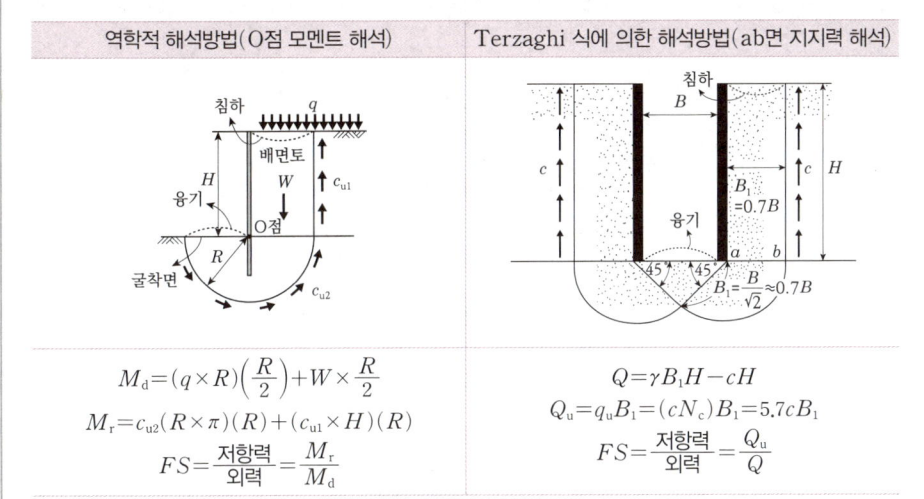

역학적 해석방법(O점 모멘트 해석)	Terzaghi 식에 의한 해석방법(ab면 지지력 해석)
$M_d = (q \times R)\left(\dfrac{R}{2}\right) + W \times \dfrac{R}{2}$ $M_r = c_{u2}(R \times \pi)(R) + (c_{u1} \times H)(R)$ $FS = \dfrac{저항력}{외력} = \dfrac{M_r}{M_d}$	$Q = \gamma B_1 H - cH$ $Q_u = q_u B_1 = (cN_c)B_1 = 5.7cB_1$ $FS = \dfrac{저항력}{외력} = \dfrac{Q_u}{Q}$

학습 POINT

○ Terzaghi 식에 의한 해석방법
Terzaghi 식에 의한 해석방법은 얕은기초의 극한지지력 공식을 이용한 것으로, 'Day 08 얕은기초/깊은기초'를 학습해야 이해할 수 있다. 수험생들은 Day 08 학습 후에 다시 학습해보자.

○ 분사(quick sand), 보일링, 파이핑 방지 대책
- 지하수위 저하
- 흙막이벽의 근입깊이 증가
- 굴착저면 연약지반 개량

○ 히빙 방지 대책
- 지하수위 저하
- 흙막이벽의 근입깊이 증가
- 굴착저면 연약지반 개량
- 굴착면에 하중을 재하
- 표토를 제거하여 하중을 제거
- 굴착 시 전면굴착보다 부분굴착 (ex. 트랜치 컷)을 한다.

크리프 비

크리프비 계산 방법(Lane 경험식)은 다음과 같다. 계산된 크리프비가 안전크리프비보다 크면 안정하다고 판정한다.

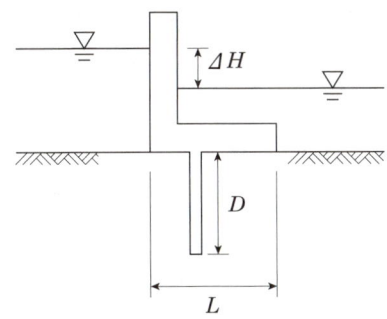

$$C_r = \dfrac{2D + \dfrac{L}{3}}{\Delta H}$$

C_r : 크리프비

D : 시판(시트파일) 수직거리, L : 수평거리, ΔH : 전수두차(자유수면 차)

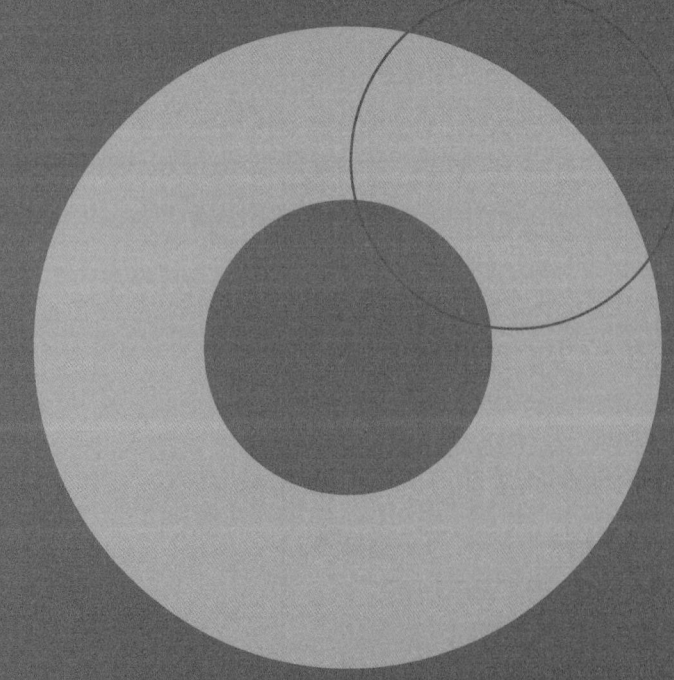

4080
진 승 현
토 질 역 학

DAY 07

토압론

DAY 07 토압론

학습 POINT

Quiz. 01

지하수위가 지표면과 일치할 때 지표면으로부터 6m 지점의 유효수평응력(σ_h')은? (단, 지반의 포아송 비는 0.25이고, 포화단위 중량은 $18kN/m^3$이다.)

풀이

$K_0 = \dfrac{\nu}{1-\nu}$
$\quad = \dfrac{0.25}{1-0.25} = \dfrac{1}{3}$
$\sigma_v' = (18-10kN/m^3)(6m)$
$\quad = 48kN/m^2$
$\sigma_h' = K_0 \sigma_v'$
$\quad = \left(\dfrac{1}{3}\right)(48kN/m^2)$
$\quad = 16kN/m^2$

○ 정지토압을 받는 구조물
- 박스 암거
- 교대 구조물
- 지하 구조물

1 개요

앞서 수평토압은 계산이 어려워 연직토압과 수평토압의 비인 토압계수를 이용하여 표현한다고 하였다. 엄밀히 말해 '유효' 연직응력과 '유효' 수직응력의 비임을 상기하자.

$$\sigma_h' = K\sigma_v'$$

이번 장에서는 토압계수의 종류와 구조물에서 수평토압을 고려하는 방법에 대하여 설명하겠다.

2 토압계수의 종류

토압계수는 지반에 발생하는 횡 변위에 따라 정지토압계수(K_0), 주동토압계수(K_a), 수동토압계수(K_p)로 분류할 수 있다.

(1) 정지토압계수(K_0)

정지토압계수란 횡 변위가 없을 때, 즉 정지되어 있을 때 발생하는 토압계수를 의미한다. Day 3에서 자연지반에서 수평응력(σ_h)은 연직응력(σ_v)에 정지토압계수(K_0)를 곱하여 계산한다고 하였다. 자연 지반은 일반적으로 횡 변위가 없기 때문에 정지토압이 발생한다. 정지토압계수는 '1'보다 작은 것이 일반적이나, 횡 압력을 크게 받아 생성된 변성암에서는 '1'보다 클 수도 있다.

(1)-1 탄성론에 근거한 정지토압계수

응용역학에서 배운 지식을 이용하여 탄성론에 근거한 정지토압계수를 다음과 같이 계산할 수 있다. 유도과정은 중요하지 않다.

$\varepsilon_x = \dfrac{\sigma_x}{E} - \dfrac{\nu}{E}(\sigma_y + \sigma_z)$

➡ $\varepsilon_x = \varepsilon_h = \dfrac{\sigma_h}{E} - \dfrac{\nu}{E}(\sigma_h + \sigma_v) = 0$ ($\because$ 횡 변위 '0')

➡ $\sigma_h = \nu(\sigma_h + \sigma_v) = \nu\sigma_h + \nu\sigma_v$

➡ $\sigma_h = \dfrac{\nu}{1-\nu}\sigma_v$

➡ $\sigma_h = K_0 \sigma_v$

따라서 횡 변위를 '0'이라고 가정했을 때 연직응력과 수직응력의 비가 토압계수가 되므로 정지토압계수는 다음과 같다.

$$K_0 = \frac{\nu}{1-\nu}$$

(1)-2 정지토압 경험공식

① 모래, 정규압밀 점토($N.C$)

모래와 정규압밀 점토의 정지토압계수는 다음과 같이 계산한다.

$$K_0 = 1 - \sin\phi$$

$$K_0 = 0.44 + 0.42 \frac{PI}{100}$$

② 과압밀 점토

과압밀 점토의 정지토압계수는 다음과 같이 계산한다.

$$K_0 = (1-\sin\phi)\sqrt{OCR} \text{ or } K_0 = (1-\sin\phi)OCR^{\sin\phi}$$

$$K_0 = \left(0.44 + 0.42\frac{PI}{100}\right)\sqrt{OCR}$$

그러나 일반적으로 $K_0 = (1-\sin\phi)\sqrt{OCR}$을 이용한다. 위와 같이 과압밀 점토의 정지토압은 몇 개의 경험공식이 있어 실제로 계산하는 문제보다는 과압밀비(OCR)가 커지면 정지토압계수도 커진다는 개념을 묻는 문제가 출제된다.

(2) 주동토압계수(K_a)

주동토압계수란 흙 입자의 횡 구속이 작아지는 방향으로 변위가 발생하여 팽창 파괴 상태에 이를 때 토압계수를 의미한다.

(3) 수동토압계수(K_p)

수동토압계수란 흙 입자의 횡 구속이 커지는 방향으로 변위가 발생하여 수축 파괴 상태에 이를 때 토압계수를 의미한다.

주동토압계수와 수동토압계수를 계산하는 토압이론에는 'Rankine 토압이론'과 'Coulomb 토압이론'이 있다.

학습 POINT

○ **삼축압축시험과 정지토압계수**
실내 삼축압축시험시 축차응력을 가하면서 횡방향 변위가 발생하지 않도록 수평응력을 가하게 되면 이 수평응력이 정지토압이므로 시험을 통해 정지토압계수를 계산할 수 있다.

○ $K_0 = 1 - \sin\phi$
$K_0 = 1 - \sin\phi$식은 Jaky의 경험공식으로 모래와 정규압밀점토에 적용할 수 있으나, 모래지반에서 가장 합리적이다.

꼭 알아두자!

1. 유효 수평응력(σ_h')은 유효 수직응력(σ_v')에 토압계수를 곱하여 계산한다.

2. 토압계수는 지반의 수평 변위 여부에 따라 정지, 주동, 수동 토압계수로 분류된다.

3. 자연지반은 횡변위가 없으므로 정지토압계수(K_0)를 이용한다.

4. 정지토압계수는 '1'보다 작은 것이 일반적이나 일부 변성암에서는 '1'보다 클 수 있다.

5. 탄성론에 근거하여 정지토압계수(K_0)를 계산할 수 있다.
$$K_0 = \frac{\nu}{1-\nu}$$

6. 모래와 정규 압밀점토(N, C)의 정지토압계수는 다음과 같다.
$$K_0 = 1 - \sin\phi$$

7. 과압밀 점토(O, C)의 정지토압계수는 다음과 같다.
$$K_0 = (1-\sin\phi)\sqrt{OCR}$$

학습 POINT

○ Rankine 토압이론 기본 가정
① 옹벽과 흙 사이의 마찰력(벽면마찰각 δ)을 무시한다.
② 흙의 점착력(c)을 무시한다. (단, 계산시 고려 가능)
③ 작은 입자에 작용되는 응력이 전체를 대표한다.
④ 흙은 균질하고 등방하다.
⑤ 흙은 비압축성이다.
⑥ 지표면은 무한히 넓게 존재한다.
⑦ 지표면에 작용하는 하중은 등분포 하중이다.
⑧ 토압은 지표면에 평행하게 작용한다.

3 Rankine 토압이론

(1) 기본 가정

'작은 입자에 작용되는 응력이 전체를 대표한다'는 것은 파괴면 이내 흙의 미소 요소 응력 상태가 어느 지점에서나 동일하다는 것을 의미한다. 이러한 가정을 충족하기 위해서는 파괴면 이내의 흙 입자들이 동시에 파괴가 발생되어야 한다. 이를 위해서는 각 입자들의 수평 변형율이 동일해야 하기 때문에 옹벽이 하단을 중심으로 회전 변위가 발생해야 한다. 이를 주동 상태에서 보면 다음과 같다.

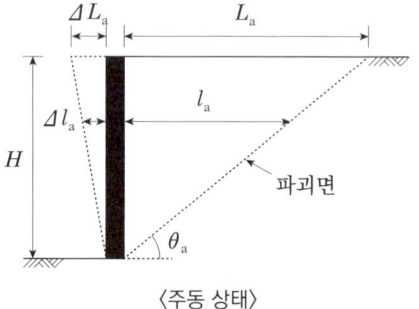

〈주동 상태〉

옹벽 하단을 기준으로 회전변위가 발생한다면 $\dfrac{\Delta L_a}{L_a} = \dfrac{\Delta l_a}{l_a}$로 파괴면 이내의 모든 요소들의 수평 변형율이 같을 것이다. 따라서 동시에 파괴에 이를 수 있게 되므로 작은 입자에 작용되는 응력이 전체를 대표할 수 있다.

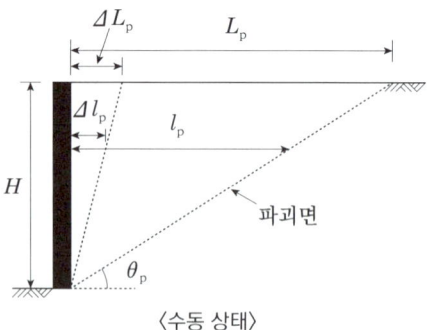

〈수동 상태〉

위에서 설명한 내용은 수동 상태에서도 동일하게 적용되어 옹벽 하단을 기준으로 회전변위가 $\dfrac{\Delta L_p}{L_p} = \dfrac{\Delta l_p}{l_p}$로 발생해야 한다.

그러나 여기서 주목할 점은 주동토압이 발현되기까지 옹벽의 기울기$\left(\dfrac{\Delta L_a}{H}\right)$와 수동토압이 발현되기까지 옹벽의 기울기$\left(\dfrac{\Delta L_p}{H}\right)$가 다르다는 것이다. 이는 다음과 같은 그래프로 빈번하게 출제된다.

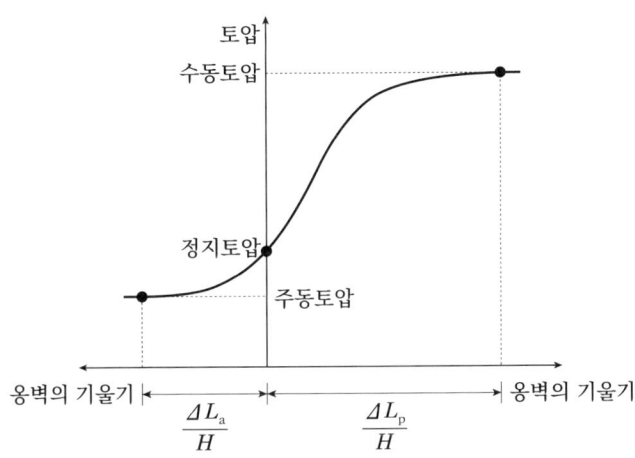

이러한 그래프가 문제에 출제될 경우 수동토압이 발현되기까지 필요한 옹벽의 기울기$\left(\dfrac{\Delta L_p}{H}\right)$가 주동토압이 발현되기까지 필요한 옹벽의 기울기$\left(\dfrac{\Delta L_a}{H}\right)$보다 크다는 사실을 알아야 한다.

꼭 알아두자!

1. Rankine 토압이론의 특징을 암기한다.
   ① 옹벽과 흙 사이의 마찰력을 무시한다.
   ② 작은 입자에 작용되는 응력이 전체를 대표한다.
   ➡ 옹벽 하단을 중심으로 회전 변위가 발생하여야 한다.
2. 수동토압이 발현되기까지 옹벽의 기울기가 주동토압이 발현되기까지 옹벽의 기울기보다 크다.

(2) 주동토압

이제 Rankine 토압이론을 이용하여 주동토압계수를 계산해 보자. 앞서 말한 것과 같이 Rankine 토압이론은 파괴면 이내의 흙입자에서 모어원을 이용하여 토압을 산정한다.

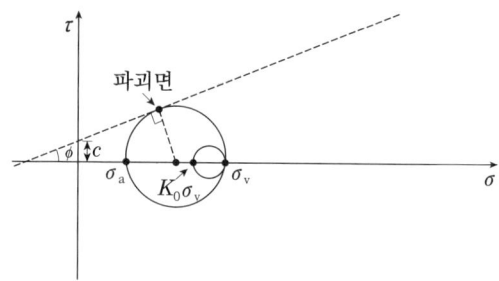

자연 상태에서는 횡 변위가 없으므로 수평응력은 연직응력 σ_v에 정지토압계수를 곱한 $K_0 \sigma_v$일 것이다.

그러나 수평응력 $K_0 \sigma_v$가 감소하는 방향으로 옹벽에 변위가 발생하게 되면 수평응력이 점점 작아지게 되고 모어원은 점점 커지게 될 것이다. 결국 모어원이 Mohr-Coulomb 파괴 포락선에 접하게 될 때 수평응력 σ_a를 주동토압이라 한다.(그림에서 작은 원이 큰 원이 된다.)

주동토압은 Mohr-Coulomb 파괴 포락선에 접한 모어원에서 기하학을 이용하여 계산할 수 있다.

$$\sin\phi = \frac{\left(\dfrac{\sigma_v - \sigma_a}{2}\right)}{\left(\dfrac{\sigma_v + \sigma_a}{2}\right) + c\cot\phi}$$

$$\Rightarrow \sigma_a = \frac{1-\sin\phi}{1+\sin\phi}\sigma_v - 2c\frac{\cos\phi}{1+\sin\phi}$$

$$\Rightarrow \sigma_a = K_a \sigma_v - 2c\sqrt{K_a}$$

여기서 $K_a = \dfrac{1-\sin\phi}{1+\sin\phi}$ 라고 하며 이를 주동토압계수라 한다.

물론 위 식의 σ_v는 유효응력으로 $\gamma' z$로 표현되므로 이를 그리면 아래와 같다.

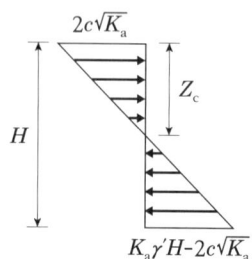

그림을 보면 깊이 Z_c까지 인장을 받게 되는데 흙은 인장에 견딜 수 없으므로 균열이 발생하게 된다. 따라서 $\sigma_a = 0$이 되는 깊이 Z_c를 인장균열 깊이라고 표현한다.

그리고 지반을 지지 없이 연직으로 굴착할 수 있는 깊이를 한계굴착 깊이라 하는데 이는 인장균열 깊이의 2배로 가정한다. (단, 인장균열을 고려하는 경우 한계 굴착깊이는 $\frac{2}{3}$배 감소하는 것으로 가정한다.)

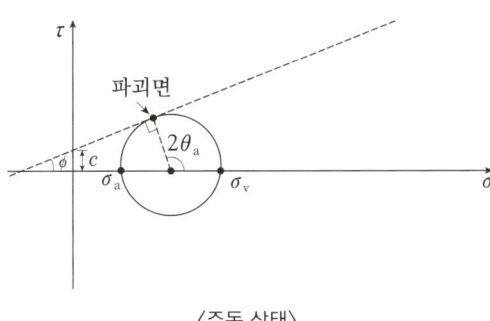

〈주동 상태〉

이제 주동 파괴 시 파괴면의 각도 θ_a를 보자. 주동 파괴 시 모어원에서 수평면과 파괴면이 이루는 각도는 $2\theta_a = 90° + \phi$이므로 $\theta_a = 45° + \frac{\phi}{2}$이다

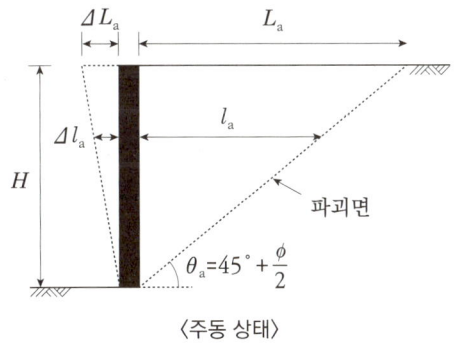

〈주동 상태〉

학습 POINT

○ 인장 균열 깊이
인장 균열 깊이는 주동토압이 '0'이 되는 지점까지 발생하므로 아래 식을 z에 대하여 정리해서 표현할 수 있다.

$$\sigma_a = K_a \sigma_v - 2c\sqrt{K_a}$$
$$= K_a \gamma z - 2c\sqrt{K_a} = 0$$
$$\Rightarrow z_c = \frac{2c}{\gamma\sqrt{K_a}}$$

그러나 상재하중(q)이 있는 경우 위와 같은 공식으로 계산할 수 없고 원론적으로 계산해야 한다.
$$\sigma_a = K_a(\gamma z + q) - 2c\sqrt{K_a} = 0$$

○ 한계굴착 깊이
한계굴착 깊이 = 무지보굴착 깊이
= 한계절토고 = 최대절토고

꼭 알아두자!

1. 주동토압(σ_a)이란 횡방향 구속이 작아지는 방향으로 옹벽에 변형이 발생하여 팽창 파괴될 때 수평토압을 의미한다.

2. 주동토압의 공식을 암기한다.
$$\sigma_a = K_a \sigma_v - 2c\sqrt{K_a}$$
$$= K_a \gamma z - 2c\sqrt{K_a}$$
단, $K_a = \frac{1-\sin\phi}{1+\sin\phi}$

3. 흙은 인장력에 저항할 수 없어 인장력을 받으면 균열이 발생한다. 주동토압이 '0'이 되는 지점까지 균열이 발생하게 되며 이를 인장균열 깊이라 한다.
$$Z_c = \frac{2c}{\gamma\sqrt{K_a}}$$

4. 주동 파괴 시 모어원에서 수평면과 파괴면이 이루는 각도는 $\theta_a = 45° + \frac{\phi}{2}$이다.

(3) 수동토압

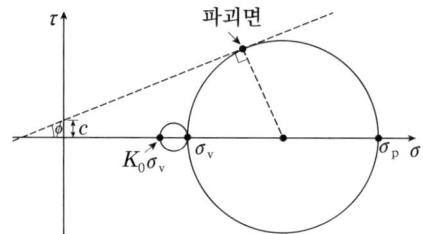

이번에는 수평응력 $K_0\sigma_v$가 증가하는 방향으로 옹벽에 변위가 발생하게 되면 수평응력이 점점 커지게 되고 모어원은 점점 작아질 것이다. 그러다 수평응력이 σ_v를 역전하여 우측으로 이동하게 되면 다시 모어원이 점점 커지게 되고 결국 모어원이 Mohr-Coulomb 파괴 포락선에 접하게 될 때 수평응력 σ_p를 수동토압이라 한다.(그림에서 작은 원이 큰 원이 된다.)
Mohr-Coulomb 파괴 포락선에 접한 모어원에서 수동토압은 기하학을 이용하여 계산할 수 있다.

○ **주동토압계수(K_a), 수동토압계수(K_p)의 표현과 관계**

주동토압계수와 수동토압계수는 'sin 함수'가 아니라 'tan 함수'에 대해서도 표현 가능하다.

$$K_a = \frac{1-\sin\phi}{1+\sin\phi} = \tan^2\left(45°-\frac{\phi}{2}\right)$$

$$K_p = \frac{1+\sin\phi}{1-\sin\phi} = \tan^2\left(45°+\frac{\phi}{2}\right)$$

식에서 볼 수 있듯이 주동토압계수와 수동토압계수는 역수의 관계에 있다.

$$K_a = \frac{1}{K_p} \Longleftrightarrow K_p = \frac{1}{K_a}$$

$$\sin\phi = \frac{\left(\dfrac{\sigma_p - \sigma_v}{2}\right)}{\left(\dfrac{\sigma_p + \sigma_v}{2}\right) + c\cot\phi}$$

➡ $\sigma_p = \dfrac{1+\sin\phi}{1-\sin\phi}\sigma_v + 2c\dfrac{\cos\phi}{1-\sin\phi}$

➡ $\sigma_p = K_p\sigma_v + 2c\sqrt{K_p}$

여기서 $K_p = \dfrac{1+\sin\phi}{1-\sin\phi}$라고 하며, 이를 수동토압계수라 한다.

수동토압 발생 시 인장균열 깊이는 발생하지 않는다.

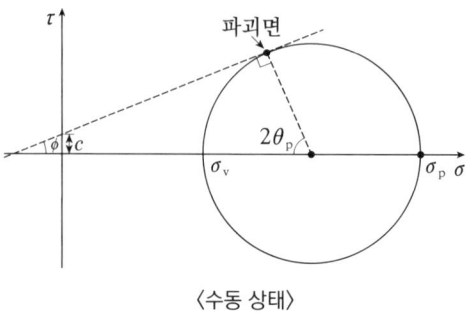

⟨수동 상태⟩

이제 수동파괴 시 파괴면의 각도 θ_p를 보자. 주동파괴 시 모어원에서 수평면과 파괴면이 이루는 각도는 $2\theta_p = 90° - \phi$이므로 $\theta_p = 45° - \dfrac{\phi}{2}$이다.

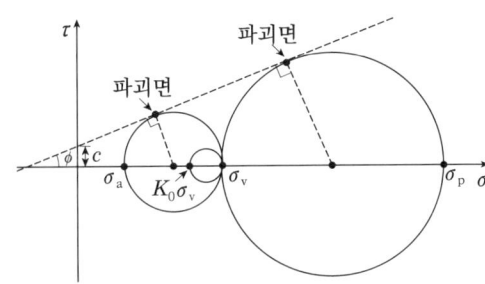

⟨수동 상태⟩

(4) 정지, 주동, 수동토압의 관계 파악하기

이제 정지, 주동, 수동토압의 관계를 파악하기 위해 이를 하나의 그림에 그려보자.

그림에서 좌측부터 $\sigma_a < K_0\sigma_v < \sigma_v < \sigma_p$이다. 이를 통해 수평토압의 크기는 주동토압< 정지토압< 수동토압 순으로 크다는 것을 파악할 수 있다.

또한 주동토압에서는 최대 주응력이 수직응력 σ_v지만, 수동토압에서는 최대 주응력이 수평응력 σ_p이다.

(5) 옹벽

옹벽이란 토압에 저항하여 흙의 붕괴를 막는 구조물을 의미한다.

학습 POINT

꼭알아두자!

1. 수동토압이란 횡방향 구속이 커지는 방향으로 옹벽에 변형이 발생하여 압축파괴 될 때 수평토압을 의미한다.

2. 수동토압의 공식을 암기한다.
$$\sigma_a = K_p\sigma_v + 2c\sqrt{K_p}$$
$$= K_p\gamma z + 2c\sqrt{K_p}$$
단, $K_p = \dfrac{1+\sin\phi}{1-\sin\phi}$

3. 수동 파괴 시 모어원에서 수평면과 파괴면이 이루는 각도 $\theta_p = 45° - \dfrac{\phi}{2}$이다.

4. 수평토압의 크기는 다음과 같다.
$$\sigma_a < \sigma_0 < \sigma_p$$

5. 주동토압에서는 최대 주응력이 수직응력이지만, 수동토압에서는 최대 주응력이 수평응력이다.

학습 POINT

○ 뒤채움 재료의 조건
① 투수계수가 커야 한다.
② 압축성이 작아야 한다.
③ 다짐이 양호해야 한다.
④ 투수에 따른 강도 저하가 작아야 한다.

○ 돌(블록)쌓기 옹벽
돌(블록)쌓기 옹벽이란 콘크리트 옹벽 대신 사용하는 옹벽을 의미한다.
- 돌(블록)쌓기 옹벽의 적용한계 높이는 7m로 하며, 찰쌓기는 5m, 메쌓기는 3m를 표준으로 한다.
- 찰쌓기 : 뒤채움에 콘크리트를 이용하고 줄눈에 모르타르를 사용하는 방법
- 메쌓기 : 뒤채움에 콘크리트를 이용하지 않는 방법

○ 보강토 옹벽
벽이나 블록을 설치하고 뒤채움 흙 사이에 지오그리드나 기타 보강재를 넣은 옹벽을 의미한다.
- 기초 지반이 견고하지 않은 곳에도 적용이 가능하다.(기초지반의 부등침하에 대한 영향이 비교적 작다.)
- 현장에서 콘크리트 타설 작업이 필요 없고, 특수한 시공장비가 필요하지 않아 공기단축이 가능하다.
- 전면판과 보강재가 제품화 되어 있어 시공속도가 빠르다.
- 전면판과 (인장력이 큰)보강재의 연결 및 보강재와 흙 사이의 마찰에 의하여 토압을 지지한다.
- 지진 위험지역에서는 기존의 옹벽에 비하여 안정적이다.
- 높은 옹벽의 축조가 가능하다.

○ 보강토 옹벽 3요소
- 전면벽
- 뒷채움흙
- 보강재

(5)-1 옹벽의 종류

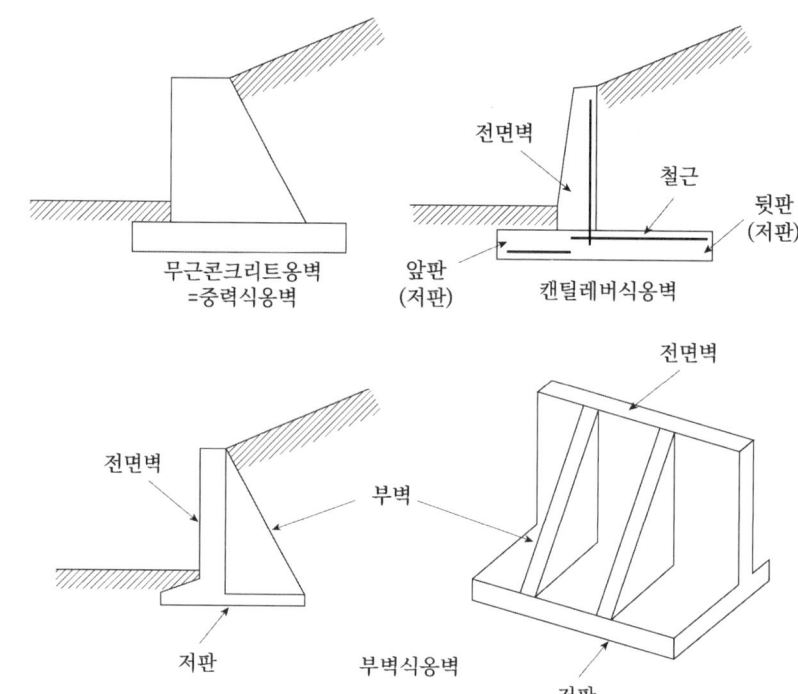

① 중력식 옹벽 : 철근이 들어가지 않아 무근콘크리트 옹벽이라고도 부르며, 자중에 의하여 안정을 유지한다.
② 캔틸레버식 옹벽 : 철근 콘크리트로 만들며 역T형 옹벽이라고도 부른다. 중력식 옹벽보다 높이가 높은 경우 사용된다.
③ 부벽식 옹벽 : 캔텔리버식 옹벽에 부벽을 이용하여 보강한 옹벽으로 부벽의 위치에 따라 앞부벽, 뒷부벽식 옹벽으로 분류한다. 뒷부벽은 자리를 차지하지 않기 때문에 앞부벽식 옹벽보다 많이 사용된다.

(5)-2 옹벽의 이해와 설계

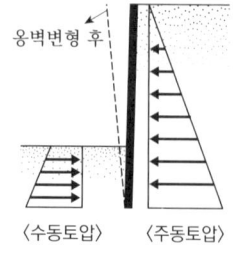
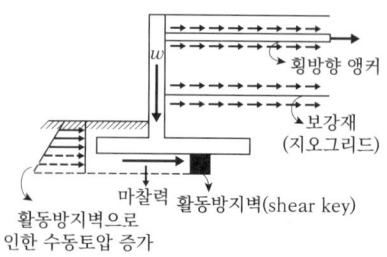

① 옹벽이 앞쪽으로 변형이 발생할 경우 뒤쪽은 횡구속이 작아지므로 주동토압, 앞쪽은 횡구속이 커지므로 수동토압이 발생한다.

② 옹벽 설계시 앞부벽에 작용하는 수동토압은 무시하거나 $\frac{1}{2}$만 고려한다.

③ 옹벽의 '활동'이란 수평운동을 의미하며, 안전율은 1.5 이상으로 한다. '전도'란 회전운동을 의미하며, 안전율은 2 이상으로 한다. 계산 과정은 기출문제에서 확인하자.

④ 전도 및 지지력에 대한 안정조건은 만족하지만, 활동에 대한 안정조건만을 만족하지 못할 경우에는 활동방지벽(shear key) 혹은 횡방향 앵커 등을 설치하여 활동저항력을 증대시킬 수 있다.

⑤ 옹벽의 안정을 위해서는 합력의 작용점이 저판의 중앙 $\frac{1}{3}$안에 위치하는 것이 바람직하다.

> **학습 POINT**
>
> ● **옹벽의 안정성 검토항목**
> - 활동
> - 전도
> - 지지력
>
> 추가적으로 원호활동에 대해 전체안정성을 평가하기도 한다.

(6) 다양한 지반 조건에 따른 토압 산정하기

토압론 파트에서는 Rankine 토압이론을 이용하여 다양한 지반조건에 따른 토압을 계산하는 문제가 빈번하게 출제된다. 실제로 문제를 풀어보는 것이 도움이 될 것이다.

(6)-1 모래 지반

다음과 같이 뒷채움이 모래로 된 옹벽의 주동, 수동토압의 크기와 작용점을 계산해 보자. $\gamma_t = 15 \text{kN/m}^3$, $\phi = 30°$이다. 문제에서 모래 지반이라고 언급할 경우 $c = 0$임에 유의하자.

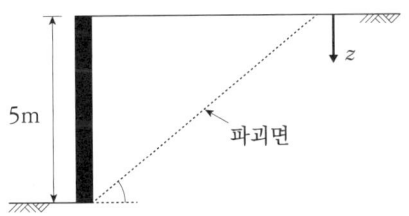

① 주동토압

$$K_a = \frac{1 - \sin\phi}{1 + \sin\phi} = \frac{1 - 0.5}{1 + 0.5} = \frac{1}{3}$$

$$\sigma_a = K_a \sigma_v - 2c\sqrt{K_a} = K_a \gamma_t z - 0 \; (\because c = 0)$$

$$= \left(\frac{1}{3}\right)(15 \text{kN/m}^3)(z)$$

$z = 5\text{m} \Rightarrow \sigma_a = 25 \text{kN/m}^2$

식을 그림으로 그리면 다음과 같다.

학습 POINT

○ 토압 계산

삼각등분포하중으로 작용하는 수압과 토압이 옹벽에 가하는 합력(F_t)을 비교해서 암기하면 유용하다.(상재하중과 점착력이 '0'일 때 삼각등분포하중 형태로 작용한다)

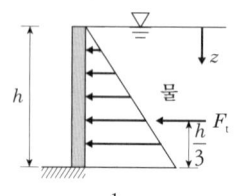

$$F_t = \frac{1}{2}\gamma_w h^2$$

γ_w: 물의 단위중량

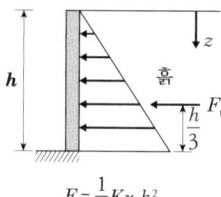

$$F_t = \frac{1}{2}K\gamma_s h^2$$

γ_s: 흙의 단위중량 K: 토압계수

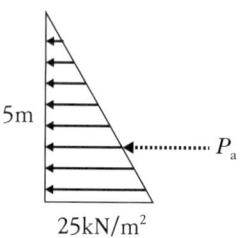

$$P_a = \frac{1}{2}(25\text{kN/m}^2)(5\text{m}) = 62.5\text{kN/m}$$

작용점은 삼각형 높이의 $\frac{1}{3}$ 지점이다.

② 수동토압

$$K_p = \frac{1+\sin\phi}{1-\sin\phi} = \frac{1+0.5}{1-0.5} = 3$$

$$\sigma_p = K_p\sigma_v + 2c\sqrt{K_p} = K_p\gamma_t z + 0$$
$$= (3)(15\text{kN/m}^3)(z)$$

$$z = 5\text{m} \Rightarrow \sigma_p = 225\text{kN/m}^2$$

이를 그림으로 그리면 다음과 같다.

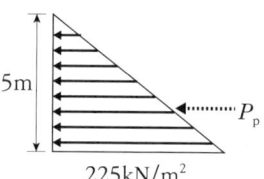

$$P_p = \frac{1}{2}(225\text{kN/m}^2)(5\text{m}) = 562.5\text{kN/m}$$

작용점은 삼각형 높이의 $\frac{1}{3}$ 지점이다.

(6)-2 점토 지반

이번에는 동일한 옹벽에서 뒷채움이 점토로 된 옹벽의 주동, 수동토압의 크기와 작용점을 계산해 보자. $\gamma_t = 15\text{kN/m}^3$, $\phi = 30°$, $c = 5\sqrt{3}\text{kN/m}^2$이다.

① 주동토압(인장 균열 발생 전)

$$K_a = \frac{1-\sin\phi}{1+\sin\phi} = \frac{1-0.5}{1+0.5} = \frac{1}{3}$$

$$\sigma_a = K_a\sigma_v - 2c\sqrt{K_a} = K_a\gamma_t z - 2c\sqrt{K_a}$$
$$= \left(\frac{1}{3}\right)(15\text{kN/m}^3)(z) - 2(5\sqrt{3}\text{kN/m}^2)\left(\sqrt{\frac{1}{3}}\right)$$

$z=0\text{m} \Rightarrow \sigma_a = -10\text{kN/m}^2$

$z=5\text{m} \Rightarrow \sigma_a = 15\text{kN/m}^2$

이를 그림으로 그리면 다음과 같다.

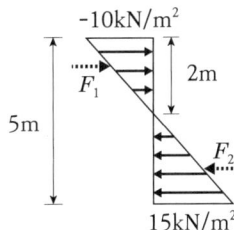

$$\sigma_a = \left(\frac{1}{3}\right)(15\text{kN/m}^3)(z) - 2(5\sqrt{3}\,\text{kN/m}^2)\left(\sqrt{\frac{1}{3}}\right) = 0 \Rightarrow z_c = 2\text{m}$$

$$F_1 = \frac{1}{2}(10\text{kN/m}^2)(2\text{m}) = 10\text{kN/m}$$

$$F_2 = \frac{1}{2}(15\text{kN/m}^2)(3\text{m}) = 22.5\text{kN/m}$$

$$F_t = 22.5\text{N/m} - 10\text{kN/m} = 12.5\text{kN/m}$$

② 주동토압(인장균열 발생 후)

인장균열이 발생한다면 위의 그림에서 인장균열 깊이까지의 토압 F_1이 없어지므로 $F_t = F_2 = 22.5\text{kN/m}$이다.

③ 수동토압

$$K_p = \frac{1+\sin\phi}{1-\sin\phi} = \frac{1+0.5}{1-0.5} = 3$$

$$\sigma_p = K_p\sigma_v + 2c\sqrt{K_p} = K_p\gamma_t z + 2c\sqrt{K_p}$$
$$= (3)(15\text{kN/m}^3)(z) + 2(5\sqrt{3}\,\text{kN/m}^2)(\sqrt{3})$$

$z=0\text{m} \Rightarrow \sigma_p = 30\text{kN/m}^2$

$z=5\text{m} \Rightarrow \sigma_p = 255\text{kN/m}^2$

이를 그림으로 그리면 다음과 같다.

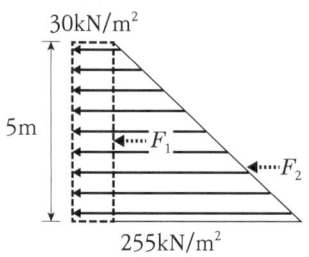

$$F_1 = (30\text{kN/m}^2)(5\text{m}) = 150\text{kN/m}$$

$$F_2 = \frac{1}{2}(255 - 30\text{kN/m}^2)(5\text{m}) = 562.5\text{kN/m}$$

$$F_t = 150\text{kN/m} + 562.5\text{kN/m} = 712.5\text{kN/m}$$

작용점은 응용역학 지식을 이용하여 다음과 같이 계산할 수 있다.

$$\text{작용점} = \frac{F_1\left(\frac{5\text{m}}{2}\right) + F_2\left(\frac{5\text{m}}{3}\right)}{F_1 + F_2} \approx 1.84\text{m}$$

(6)-3 상재 하중이 있는 경우

다음과 같이 뒷채움이 모래로 된 옹벽에 $q = 15\text{kN/m}^2$의 상재하중이 있는 경우 주동, 수동토압의 크기와 작용점을 계산해 보자. $\gamma_t = 15\text{kN/m}^3$, $\phi = 30°$이다. 문제에서 모래 지반이라고 언급할 경우 $c = 0$임에 유의하자. 상재 하중이 있는 경우 σ_v에 상재하중 q를 더하여 고려하면 된다. 그 이후는 전과 동일하다.

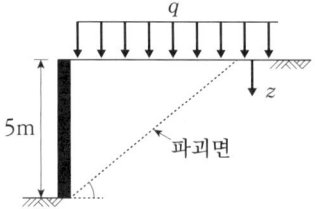

① 주동토압

$$K_a = \frac{1 - \sin\phi}{1 + \sin\phi} = \frac{1 - 0.5}{1 + 0.5} = \frac{1}{3}$$

$$\sigma_a = K_a(\sigma_v + q) - 2c\sqrt{K_a} = K_a(\gamma_t z + q) - 0 \; (\because c = 0)$$

$$= \left(\frac{1}{3}\right)((15\text{kN/m}^3)(z) + 15\text{kN/m}^2)$$

$z = 0\text{m} \Rightarrow \sigma_a = 5\text{kN/m}^2$

$z = 5\text{m} \Rightarrow \sigma_a = 30\text{kN/m}^2$

이를 그림으로 그리면 다음과 같다.

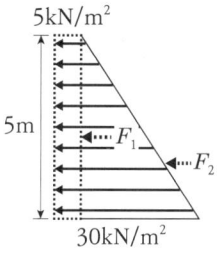

$$F_1 = (5\text{kN/m}^2)(5\text{m}) = 25\text{kN/m}$$
$$F_2 = \frac{1}{2}(30 - 5\text{kN/m}^2)(5\text{m}) = 62.5\text{kN/m}$$
$$F_t = 25\text{kN/m} + 62.5\text{kN/m} = 87.5\text{kN/m}$$

작용점은 응용역학 지식을 이용하여 다음과 같이 계산할 수 있다.

$$\text{작용점} = \frac{F_1\left(\frac{5\text{m}}{2}\right) + F_2\left(\frac{5\text{m}}{3}\right)}{F_1 + F_2} \approx 1.9\text{m}$$

② 수동토압은 토압계수가 바뀌는 것 이외에 과정은 동일하다.

(6)-4 여러 층으로 이루어진 지반

옹벽 뒷채움이 여러 층으로 이루어진 지반은 위층의 무게를 아래층에 상재 하중으로 재하하여 계산할 수 있다. 다음 조건에 대하여 계산해 보자.
다음과 같이 뒷채움이 모래로 된 옹벽에서 주동, 수동토압의 크기와 작용점을 계산해 보자. $\gamma_1 = 15\text{kN/m}^3$, $\phi_1 = 30°$이고, $\gamma_2 = 18\text{kN/m}^3$, $\phi_2 = 45°$이다. 단, $\sqrt{2} = 1.4$를 이용한다.

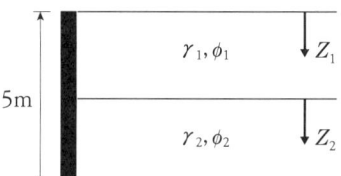

① 주동토압

$$0 \leq z_1 < 2.5\text{m}$$
$$K_{a1} = \frac{1 - \sin\phi_1}{1 + \sin\phi_1} = \frac{1 - 0.5}{1 + 0.5} = \frac{1}{3}$$
$$\sigma_{a1} = K_{a1}\sigma_v - 2c\sqrt{K_{a1}} = K_{a1}\gamma_1 z_1 - 0 (\because c = 0)$$
$$= \left(\frac{1}{3}\right)(15\text{kN/m}^3)(z_1)$$

$z_1 = 0\text{m}$ ➡ $\sigma_{a1} = 0$
$z_1 = 2.5\text{m}$ ➡ $\sigma_{a2} = 12.5\text{kN/m}^2$

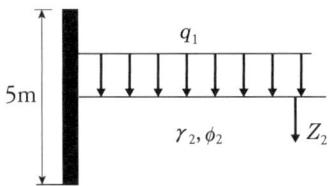

$0 \leq z_2 < 2.5\text{m}$

$q_1 = \gamma_1 z_1 = (15\text{kN/m}^3)(2.5\text{m}) = 37.5\text{kN/m}^2$

$K_{a2} = \dfrac{1-\sin\phi_2}{1+\sin\phi_2} = \dfrac{1-0.7}{1+0.7} \approx 0.18$

$\sigma_{a2} = K_{a2}(\sigma_v + q_1) - 2c\sqrt{K_{a2}} = K_{a2}(\gamma_2 z_2 + q_1) - 0 \; (\because c=0)$
$\quad = (0.18)((18\text{kN/m}^3)(z_2) + 37.5\text{kN/m}^2)$

$z_2 = 0\text{m} \Rightarrow \sigma_{a2} = 6.75\text{kN/m}^2$

$z_2 = 2.5\text{m} \Rightarrow \sigma_{a2} = 14.85\text{kN/m}^2$

이를 그림으로 그리면 다음과 같다.

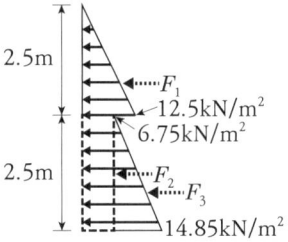

$F_1 = \dfrac{1}{2}(12.5\text{kN/m}^2)(2.5\text{m}) \approx 15.63\text{kN/m}$

$F_2 = (6.75\text{kN/m}^2)(2.5\text{m}) \approx 16.88\text{kN/m}$

$F_3 = \dfrac{1}{2}(14.85 - 6.75\text{kN/m}^2)(2.5\text{m}) \approx 10.13\text{kN/m}$

$F_t = 15.63\text{kN/m} + 16.88\text{kN/m} + 10.13\text{kN/m} = 42.64\text{kN/m}$

작용점은 응용역학 지식을 이용하여 다음과 같이 계산할 수 있다.

$$\text{작용점} = \dfrac{F_1\left(2.5\text{m} + \dfrac{2.5\text{m}}{3}\right) + F_2\left(\dfrac{2.5\text{m}}{2}\right) + F_3\left(\dfrac{2.5\text{m}}{3}\right)}{F_1 + F_2 + F_3} \approx 1.91\text{m}$$

② 수동토압은 토압계수가 바뀌는 것 이외에 과정은 동일하다.

(6)-5 물이 있는 경우

다음과 같이 뒷채움이 모래로 된 옹벽의 주동, 수동토압의 크기와 작용점을 계산해 보자. $\gamma_{sat}=18kN/m^3$, $\phi=30°$이다. 문제에서 모래 지반이라고 언급할 경우 $c=0$임에 유의하자. 흙은 연직응력과 수평응력이 토압계수의 관계에 있으나, 물은 연직응력과 수평응력의 크기가 같다. 즉 적절한 표현은 아니나 물의 토압계수는 '1'이라고 표현할 수 있다. 흙과 물의 토압계수가 동일하지 않으므로 이를 분리하여 계산하여야 한다. 단 주의할 점은 토압계수는 흙의 유효 연직응력과 유효 수평응력의 관계이므로 γ_{sat}이 아닌 γ'을 이용해야 된다는 점이다.

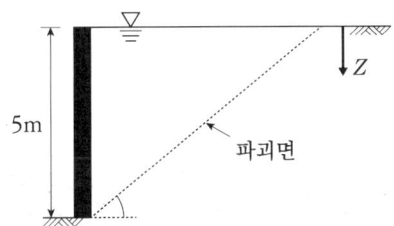

① 주동토압 : 우선 흙에 대한 수평응력을 계산한다.

$$K_a = \frac{1-\sin\phi}{1+\sin\phi} = \frac{1-0.5}{1+0.5} = \frac{1}{3}$$

$$\sigma_a = K_a \sigma_v - 2c\sqrt{K_a} = K_a \gamma' z - 0 (\because c=0)$$

$$= \left(\frac{1}{3}\right)(18-10kN/m^3)(z)$$

$z=5m \Rightarrow \sigma_a \approx 13.33kN/m^2$

다음으로 물에 대한 수평응력을 계산한다.

$$\sigma_w = \gamma_w z$$

$z=5m \Rightarrow \sigma_w = 50kN/m^2$

식을 그림으로 그리면 다음과 같다.

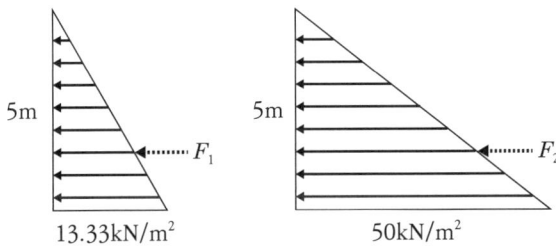

$$F_1 = \frac{1}{2}(13.33kN/m^2)(5m) \approx 33.33kN/m$$

학습 POINT

꼭 알아두자!

1. Rankine 토압이론을 이용하여 토압을 계산할 때 각 지반 조건에 대한 공식을 암기하는 것이 아니고 다음과 같은 기본 공식을 각 조건에 어떻게 적용하는지 알아두어야 한다.

   $\sigma_a = K_a \sigma_v - 2c\sqrt{K_a}$

   $\sigma_p = K_p \sigma_v + 2c\sqrt{K_p}$

   ① 건조

   기본 공식을 그대로 이용한다.

   ② 상재 하중

   σ_v에 상재 하중 q를 더하여 이용한다.

   ③ 뒷채움 여러 층

   위층의 무게를 아래층에 상재 하중으로 재하한다.

   ④ 물이 있는 경우

   흙의 σ_v 계산시 침수 단위중량을 이용하고 물의 수압은 별도로 계산한다.

2. 응력을 직접 그려서 합력과 작용점을 구하자.

학습 POINT

$$F_2 = \frac{1}{2}(50\text{kN/m}^2)(5\text{m}) = 125\text{kN/m}$$

$$F_t = 33.33\text{kN/m} + 125\text{kN/m} = 158.33\text{kN/m}$$

작용점은 삼각형 높이의 $\frac{1}{3}$ 지점이다.

② 수동토압 : 수동토압은 토압계수가 바뀌는 것 이외에 과정은 동일하다.

④ Coulomb 토압이론(흙 쐐기이론)

(1) 기본 가정

① 옹벽과 흙 사이의 마찰력(벽면마찰각 δ)을 고려한다.
② 흙의 점착력(c)을 무시한다. (단, 계산시 고려 가능)
③ 흙 쐐기 전체에 대한 힘 평형을 이용하여 토압을 계산한다.
④ 파괴면을 직선으로 가정한다. ➡ '수동토압이 크게 산정된다.'

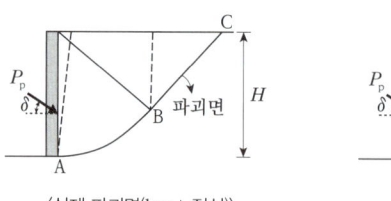
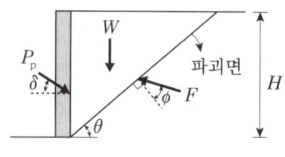

〈실제 파괴면(log + 직선)〉　　〈직선 가정 파괴면〉

★ Coulomb 토압이론은 점착력을 고려할 수 없다는 보기가 옳은 보기로 출제된 적이 있다. 그러나 Coulomb 토압이론에서도 작도법에 점착력을 고려하여 토압을 계산할 수 있다. 해당 보기가 이미 옳다고 출제된 적이 있으므로 수험생들은 Coulomb 토압이론에서 점착력을 고려할 수 없다고 알아두고 다른 보기와의 우열을 비교하여 답을 찾아야 한다.

(2) 주동토압, 수동토압

Rankine 토압이론과 달리 Coulomb 토압이론을 이용하여 토압의 크기를 계산하라는 문제는 출제되지 않는다. 왜냐하면 Coulomb 토압이론은 흙의 중량, 파괴면에서 저항력, 옹벽의 토압에 대한 힘평형 방정식을 이용하여(힘의 다각형) 토압을 계산하기 때문에 객관식 문제로 부적절하기 때문이다.

그러나 Coulomb 토압이론은 옹벽과 흙의 마찰력인 벽면마찰력을 고려하기 때문에 벽면마찰력이 커지면 주동토압은 작아지고, 수동토압은 커진다는 사실을 알아두어야 한다.

○ **Coulomb 토압의 흙 쐐기 힘평형**
토압(P_a, P_p), 흙의 자중(W), 파괴면에서 흙의 저항력(F)이 힘의 평형을 이루므로 폐삼각형을 이룬다.

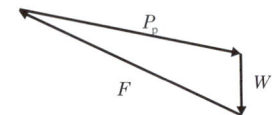

꼭알아두자!

1. Coulomb 토압이론의 기본 가정을 암기한다.
   ① 옹벽과 흙 사이의 마찰력을 고려한다.
   ② 흙 쐐기 전체에 대한 힘 평형을 이용하여 토압을 계산한다.
   ③ 파괴면을 직선으로 가정한다.
2. Coulomb 토압 이론에서 점착력은 고려할 수 없다.
3. 벽면마찰각(력)이 커지면 주동토압은 감소하고, 수동토압은 커진다.
4. Rankine 토압이론과 Coulomb 토압이론의 차이를 암기한다.

5 Rankine 토압이론과 Coulomb 토압이론 비교하기

Rankine 토압이론	Coulomb 토압이론
벽면마찰각 고려 ×	벽면마찰각 고려 ○
모어원을 이용하여 토압 계산	힘 평형을 이용하여 토압 계산
점착력 고려 × (단, 계산시 고려 가능)	점착력 고려 × (단, 계산시 고려 가능)
Coulomb 토압보다 주동토압을 크게 산정하여 안정하다.	Rankine 토압보다 수동토압을 크게 산정하여 불안정하다.

★ 지표면 경사가 수평이고, 옹벽이 연직이며, 옹벽과 흙 사이의 벽면마찰각(δ)를 무시할 경우 Coulomb 토압은 Rankine 토압과 같다.

학습 POINT

○ 소성평형이론

소성평형이론이란 흙의 파괴 직전 상태를 해석하겠다는 의미이다. 비슷한 표현으로 한계평형상태가 있다.
기출문제에서 Rakine 토압은 소성평형이론을 따르고, Colulmb 토압은 소성평형이론을 따르지 않는 것처럼 표현된 보기가 있는데 이는 정확한 표현이 아니라고 생각된다. Colulmb 토압이론도 파괴 직전의 상태에서 흙 쐐기의 힘의 평형을 고려하기 때문이다.

6 지하수의 조건과 토압

옹벽을 채우고 있는 흙의 지하수 조건에 따라 주동토압의 크기를 비교하는 문제가 출제된다. 지하수 조건에 따라 다음과 같이 5가지로 분류 가능하다.

양 : 옹벽 '양'쪽에 지하수위가 있는 경우
건 : 옹벽 뒤채움이 '건'조된 흙인 경우
경 : '경'사 배수재가 설치된 경우
연 : '연'직 배수재가 설치된 경우
정 : 옹벽 뒤채움에 '정'수압이 작용하는 경우

다음과 같이 암기하면 유용하다.

① 좌우에 '양', '정'을 쓴다. 양정이라는 단어는 물을 퍼올리는 높이라는 의미라는 것을 떠올리면 암기하기 쉽다.

양(쪽)				정(수압)

② 가운데에 '건', '경', '연'을 쓴다. 수능 정시 입결이 건국대학교, 경희대학교, 연세대학교 순이라는 것을 떠올리면 암기하기 쉽다.

양(쪽)	건(조)	경(사)	연(직)	정(수압)

따라서 지하수의 조건에 따른 주동토압의 크기는 다음과 같다.

양 < 건 < 경 < 연 < 정

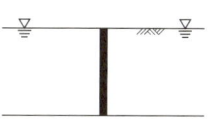
〈'양'쪽에 지하수위〉

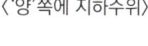
〈뒤채움 '건'조〉

〈'경'사 배수재〉

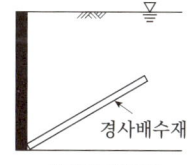
〈'연'직 배수재〉

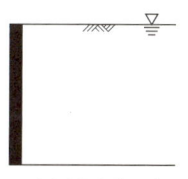
〈뒤채움 '정'수압〉

7 Peck 토압

옹벽은 하단을 기준으로 회전운동을 하지만 버팀대를 설치할 경우 변형의 양상이 다르고 이에 따라 토압의 형상도 다르다. 이를 고려한 것이 Peck 토압이다.

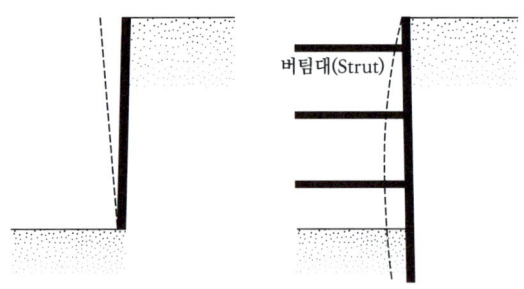

Peck 토압은 흙의 종류에 따라 아래 그림과 같이 적용한다.

흙의 종류	모래	부드러운 점토 $\left(\dfrac{\gamma H}{c} > 4\right)$	단단한 점토 $\left(\dfrac{\gamma H}{c} \leq 4\right)$
토압 형상	H, σ	$0.25H$ / $0.75H$, σ	$0.25H$ / $0.5H$ / $0.25H$, σ
σ	$0.65 K_a \gamma H$ K_a : Rankine 주동토압계수	$\gamma H \left(1 - \dfrac{4c}{H}\right)$ 또는 $0.3\gamma H$	$0.2\gamma H \sim 0.4\gamma H$

MEMO

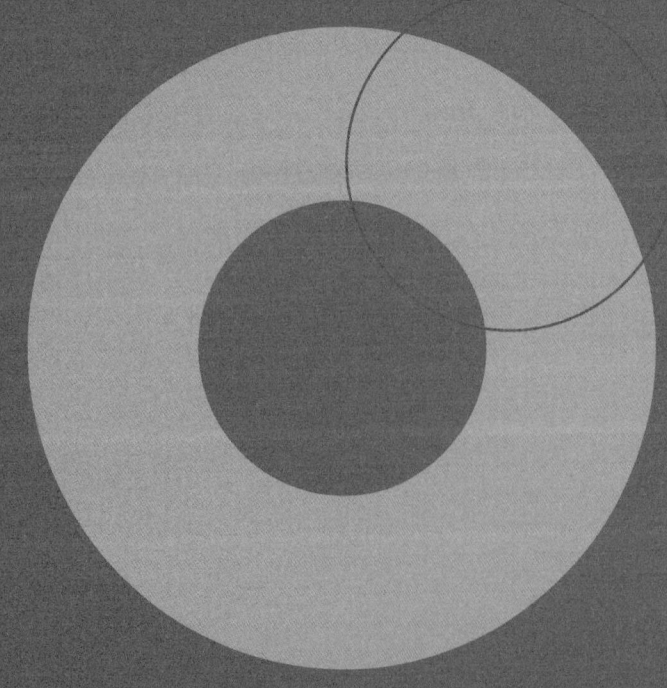

4 0 8 0
진 승 현
토 질 역 학

DAY 08

얕은 기초 / 깊은 기초 1

DAY 08 얕은 기초 / 깊은 기초 1

학습 POINT

○ 기둥과 확대기초

○ 기초의 종류
- 얕은 기초 : 독립기초, 전면기초
- 깊은 기초 : 말뚝기초, 피어기초, 케이슨 기초

○ 기초가 구비해야할 조건
- 지지력에 대해 안전할 것(= 지반 파괴가 없을 것)
- 동해, 세굴에 안전한 최소의 근입깊이를 가질 것
- 허용침하량을 넘지 않을 것
- 부등침하가 크지 않을 것
- 기술적, 경제적으로 시공 가능할 것

1 개요

지반에 건물이나 구조물을 건설할 경우 지중에서 전단파괴가 발생할 수 있다. 따라서 이러한 하중을 지중에 넓게 분포시켜 전단파괴를 방지하기 위해 기초를 설치한다. 기초는 깊이에 따라 얕은 기초와 깊은 기초로 구분한다.

2 얕은 기초

(1) 파괴 형상

얕은 기초의 파괴 형상은 전반전단파괴, 국부전단파괴, 관입전단파괴로 분류 가능하다. 파괴면을 점선으로 표현하면 다음과 같다.

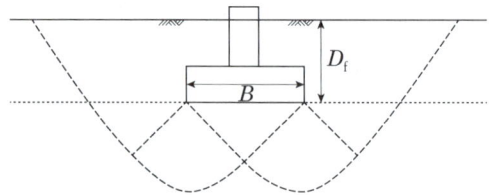

전반전단파괴란 지중에서 발생한 파괴면이 지표까지 이어지는 것을 의미한다.

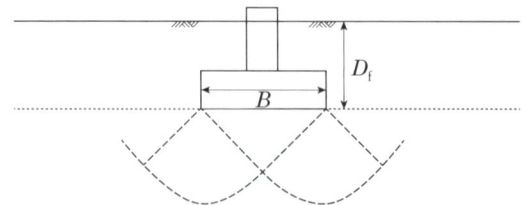

국부전단파괴란 지중에서만 파괴면이 발생하는 것을 의미한다.

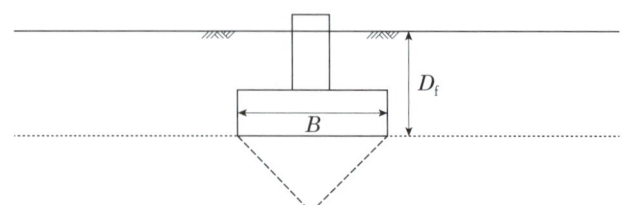

관입전단파괴란 기초 하부에서만 파괴면이 발생하는 것을 의미한다.

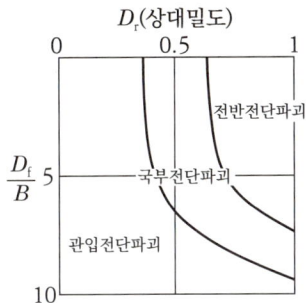

기초에서 어떤 파괴형상이 발생할 것인가는 흙의 상대밀도(D_r)와 기초의 근입깊이(D_f)에 관련이 있다. 흙의 상대밀도가 증가하면 전반전단파괴가 발생하는 양상이 있으며, 근입깊이가 증가하면 관입전단 파괴가 발생하는 양상이 있다.

(2) Terzaghi 극한지지력 공식
(2)-1 기본 가정

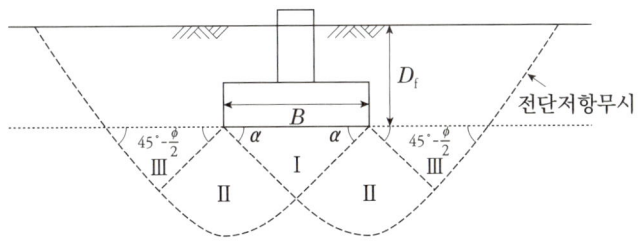

Terzaghi 극한지지력 공식의 기본가정은 다음과 같다.
① 파괴 형상을 전반전단파괴로 가정한다.
② 하중을 대상하중으로 가정한다.($L=\infty$인 줄기초 형상을 의미)
③ 기초 상부(D_f 부분) 전단 파괴면의 전단 저항력을 무시한다.
④ $\alpha=\phi$라고 가정한다.(기초저면과 지반사이가 매끄럽다면 $45°+\frac{\phi}{2}$)

위와 같은 가정을 통해 Terzaghi 극한지지력 공식은 다음과 같다.

$$q_u = cN_c + qN_q + \frac{1}{2}\gamma BN_\gamma$$

여기서 N_c, N_q, N_γ는 지지력 계수로 기초 하부 흙에 대한 내부마찰각(ϕ)에 대한 함수이다. 이는 표를 이용하여 구하거나 문제에서 주어진다.
Terzaghi 극한지지력 공식은 총 3항으로 구성된다.

학습 POINT

○ 구역 Ⅰ, Ⅱ, Ⅲ
파괴 순서는 Ⅰ, Ⅱ, Ⅲ으로 발생한다.
- 구역 Ⅰ : 기초하중을 직접 받는 주동영역, 탄성영역
- 구역 Ⅱ : 최대주응력의 작용 방향이 연직 방향으로부터 수평방향으로 계속적으로 회전하는 천이구역(전이영역), 파괴면은 Log-sprial(대수나선) 곡선으로 가정
- 구역 Ⅲ : 흙이 수평방향으로 움직이면서 저항하며, 최대주응력이 수평방향인 수동영역

○ 얕은 기초의 극한지지력

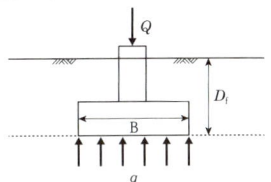

외부에서 하중 Q가 재하되면 지반에서는 이에 저항하는 저항력 q가 발생한다. 하중 Q가 커지면 저항력 q도 따라서 점차 커질 것이다. 그러나 흙의 지지력 q는 무한히 커지는 것이 아니고 한계값이 존재하는데, 이를 극한지지력 q_u라 한다.

○ 허용지지력
허용지지력(q_a)이란 계산된 극한지지력(q_u)에 안전율(FS)을 고려하여 계산된 지지력 값을 의미한다.(안전율은 일반적으로 2~3)

$$FS = \frac{q_u}{q_a} \Rightarrow q_a = \frac{q_u}{FS}$$

○ 지지력계수(N_c, N_q, N_γ)
- 지지력계수(N_c, N_q, N_γ)는 내부마찰각(ϕ)이 커짐에 따라 커진다. (단, 비례관계 없음)
- 실제 지반은 수중에 침수된 경우가 많아 수중에 침수된 경우가 많아 토질역학에서는 $\phi=0$의 비배수 상황에 대한 해석이 자주 요구된다. 따라서 $\phi=0$ 일 때 지지력 계수를 암기해야 한다.

	N_c	N_q	N_γ
Terzaghi	5.7	1	0
Meyerhof	5.14	1	0

학습 POINT

꼭 알아두자!

1. 얕은 기초의 파괴 형상은 전반 전단파괴, 국부전단파괴, 관입 전단파괴가 있다.
2. 얕은 기초의 파괴 형상은 상대 밀도와 근입깊이에 의하여 결정된다.
3. Teraghi 극한지지력 공식의 가정을 암기한다.
4. 지지력 계수는 내부마찰각에 대한 함수이다.
5. Terzaghi 극한지지력 공식에서 첫 번째, 세 번째 항은 기초 하부를, 두 번째 항은 기초 상부 흙을 고려한다.

Quiz. 01

폭이 2m인 정사각형 기초가 2m 깊이에 설치되었다. 모래 지반이며 습윤단위 중량이 $15\,kN/m^3$이고 내부마찰각이 30°일 때 기초의 극한 지지력은?
(단, $\phi=30°$일 때 $N_c=37$, $N_q=22$, $N_\gamma=19$로 한다.)

풀이
정사각형 기초이므로 수정계수를 이용한다. 단, 모래 지반의 점착력이 '0'임에 유의하자.
$q_u = \alpha c N_c + q N_q + \beta \gamma B N_\gamma$
$= 0 + (15kN/m^3)(2m)(22)$
$+ (0.4)(15kN/m^3)(2m)(19)$
$= 888 kN/m^2$

첫 번째 cN_c 항은 점착력에 대한 항으로, 기초 하부 흙에 대한 점착력 c를 이용한다.

두 번째 qN_q 항은 Terzaghi 극한 지지력 공식의 기본가정 ③에 의한 것으로, 기초 상부 전단파괴면의 전단 저항력을 무시하고 이를 하중으로 고려하겠다는 의미이다. 따라서 주어진 그림에서는 $q=\gamma D_f$로 표현할 수 있다.

세 번째 $\frac{1}{2}\gamma B N_\gamma$ 항은 단위중량에 대한 항으로, 기초 하부의 흙의 단위중량 γ를 이용한다.

(2)-2 국부전단파괴 고려

Terzaghi 극한지지력 공식의 기본가정 ①을 보면 전반전단파괴를 가정하였다. 국부전단파괴가 발생될 때는 강도정수 c, ϕ에 보정이 필요하다. 전반전단파괴보다 국부전단파괴가 파괴면이 짧기 때문에 더 작은 값을 사용해야 한다.

$$c_1 = \frac{2}{3}c_0, \quad \tan\phi_1 = \frac{2}{3}\tan\phi_0$$

c_0, ϕ_0 : 기존의 강도 정수
c_1, ϕ_1 : 수정된 강도 정수

극한지지력 공식의 형태는 기존의 식과 동일하며, 단지 수정된 강도 정수를 이용하면 된다.

(2)-3 원형, 정사각형, 직사각형 기초 형상 고려

Terzaghi 극한지지력 공식의 기본 가정 ②를 보면 줄기초 형상을 가정하였다. 그러나 실제 기초 형상은 원형이나 정사각형, 직사각형 형태가 많으므로 이를 고려하기 위해 α, β 계수를 도입한다. 기존의 극한지지력 공식은 다음과 같이 수정된다.

$$q_u = \alpha c N_c + q N_q + \beta \gamma B N_\gamma$$

	연속기초 (기본식)	원	정사각형	직사각형
α	1	1.3	1.3	$1+0.3\dfrac{B}{L}$
β	0.5	0.3	0.4	$0.5-0.1\dfrac{B}{L}$

(2)-4 지하수위에 따른 극한지지력 공식 적용

지하수가 있다면 Terzaghi 극한지지력 공식의 두 번째, 세 번째 항의 γ가 변화할 것이다. 이는 지하수위가 어디에 위치하는지에 따라 3가지 상황으로 나눌 수 있다. Terzaghi 극한지지력 공식의 γ를 식별하기 위해 다음과 같이 표기하여 설명하겠다.

$$q_u = cN_c + (\gamma_1 D_f)N_q + \frac{1}{2}\gamma_2 B N_\gamma$$

① 지하수위가 기초 위에 있는 경우

γ_1은 기초 상부 단위중량들의 가중평균을 이용하고, γ_2는 침수 상태이므로 침수 단위중량을 이용한다.

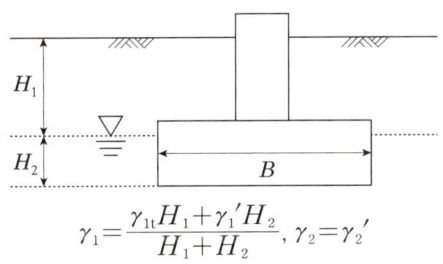

$$\gamma_1 = \frac{\gamma_{1t}H_1 + \gamma_1' H_2}{H_1 + H_2},\ \gamma_2 = \gamma_2'$$

② 지하수위가 기초 하부로부터 폭 B 이내에 있는 경우

γ_1은 침수되지 않았으므로 습윤 단위중량(or 건조 단위중량)을 이용하고, γ_2는 기초 하부 단위중량들의 가중평균을 이용한다. 단, 기초가 지하수 위에 영향을 받는 범위는 기초 하부에서 기초 폭 B 위치까지이다.

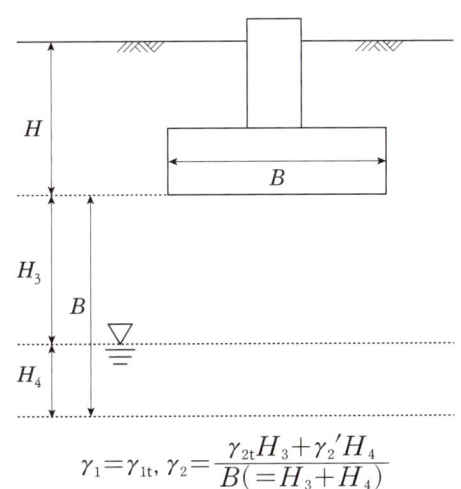

$$\gamma_1 = \gamma_{1t},\ \gamma_2 = \frac{\gamma_{2t}H_3 + \gamma_2' H_4}{B(=H_3+H_4)}$$

학습 POINT

Quiz.02

폭이 3m인 줄 기초가 있다. 근입깊이는 2m이고 지하수위는 지표로부터 3m에 위치한다. 흙의 점착력은 20kN/m^2이고, 내부마찰각은 $30°$이며, 포화 단위중량은 20kN/m^3이고 습윤 단위중량은 16kN/m^3일 때 기초의 극한지지력은? (단, $\phi = 30°$일 때 $N_c = 37$, $N_q = 22$, $N_\gamma = 19$로 한다.)

풀이

지하수위가 있는 기초의 극한지지력을 산정하기 위해서는 주어진 조건을 그리는 습관이 중요하다.

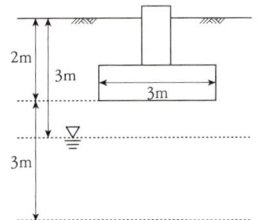

지하수위가 기초 하부로부터 폭 B 이내에 있으므로 ②의 경우이다.

$\gamma_1 = \gamma_{1t} = 16\text{kN/m}^3$

$\gamma_2 = \dfrac{\gamma_{2t}H_3 + \gamma_2' H_4}{B}$

$= \dfrac{(16\text{kN/m}^3)(1\text{m}) + (20-10\text{kN/m}^3)(2\text{m})}{3\text{m}}$

$= 12\text{kN/m}^3$

$q_u = cN_c + (\gamma_1 D_f)N_q + \dfrac{1}{2}\gamma_2 B N_\gamma$

$= (20\text{kN/m}^2)(37)$
$\quad + (16\text{kN/m}^3)(2\text{m})(22)$
$\quad + \dfrac{1}{2}(12\text{kN/m}^3)(3\text{m})(19)$

$= 1786\text{kN/m}^2$

학습 POINT

③ 지하수위가 기초 하부로부터 폭 B 밖에 있는 경우

지하수위에 영향이 없어 γ_1, γ_2는 습윤 단위중량(or 건조 단위중량)을 이용한다.

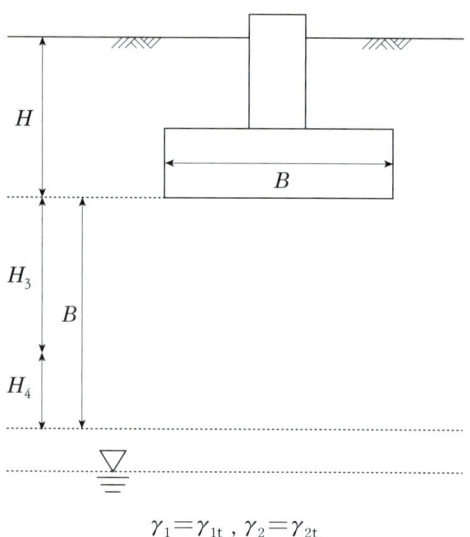

$$\gamma_1 = \gamma_{1t}, \gamma_2 = \gamma_{2t}$$

꼭 알아두자!

1. Terzaghi 극한지지력 공식은 전반전단파괴를 가정하였으므로 국부전단파괴를 고려하기 위해서는 수정된 토질정수를 이용한다.

$$c_1 = \frac{2}{3}c_0, \tan\phi_1 = \frac{2}{3}\tan\phi_0$$

c_0, ϕ_0 : 기존의 강도 정수

c_1, ϕ_1 : 수정된 강도 정수

2. Terzaghi 극한지지력 공식은 대상하중을 고려하였으므로 원형이나 정사각형, 직사각형 기초를 고려하기 위해 α, β 계수를 도입한다.

	연속기초 (기본식)	원	정사각형	직사각형
α	1	1.3	1.3	$1 + 0.3\frac{B}{L}$
β	0.5	0.3	0.4	$0.5 - 0.1\frac{B}{L}$

3. 지하수위에 따른 극한지지력 공식 산정 방법을 암기한다.

(3) Meyerhof 극한지지력 공식

Meyerhof 극한지지력 공식은 Terzaghi 극한지지력 공식을 수정한 것으로 다음과 같다.

$$q_u = cN_c(F_{cs}F_{cd}F_{ci}) + qN_q(F_{qs}F_{qd}F_{qi}) + \frac{1}{2}\gamma BN_\gamma(F_{\gamma s}F_{\gamma d}F_{\gamma i})$$

F_s : 기초 형상(Shape)에 대한 영향계수

F_d : 기초 근입깊이(Depth)에 대한 영향계수

F_i : 하중의 경사(inclination)에 대한 영향계수

Terzaghi 극한지지력 공식에서는 줄 기초를 가정하며 α, β를 도입하여 정사각형, 원형 기초에 대해 고려할 수 있었으나, Meyerhof 극한지지력 공식은 F_s를 도입하여 다양한 기초 형상에 대해 고려할 수 있다. 또한 하중의 기울기에 대해서도 F_i를 도입하여 고려할 수 있다. 영향계수는 계산하기가 복잡해서 문제에 출제된다면 주어질 것이다.

또한 Meyerhof 극한지지력 공식에서는 유효면적의 개념을 이용하여 편심의 영향을 고려할 수 있다.

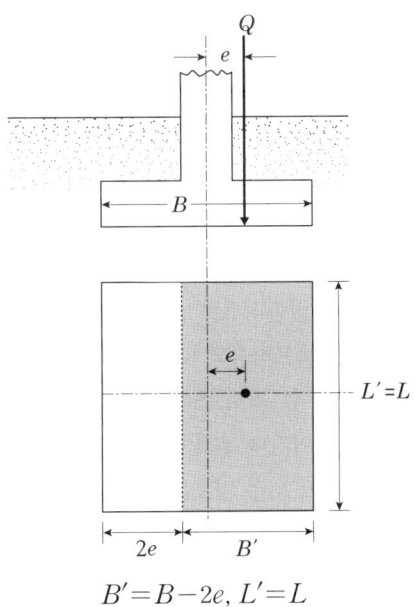

$B' = B - 2e$, $L' = L$

> **○ 유효면적(A')법을 이용한 극한하중 (Q_u) 계산**
> - 1방향 편심하중
> $B' = B - 2e_x$, $L' = L$
> $Q_u = q_u \times A' = q_u \times (B'L')$
> - 2방향 편심하중
> $B' = B - 2e_x$, $L' = L - 2e_y$
> $Q_u = q_u \times A' = q_u \times (B'L')$

단, 극한지지력 공식의 3번째 항에서 $B \rightarrow B'$임에 주의하자.

$$q_u = cN_c(F_{cs}F_{cd}F_{ci}) + qN_q(F_{qs}F_{qd}F_{qi}) + \frac{1}{2}\gamma B'N_\gamma(F_{\gamma s}F_{\gamma d}F_{\gamma i})$$

학습 POINT

꼭 알아두자!

1. Meyerhof 극한지지력 공식은 형상, 근입깊이, 하중의 경사에 대한 영향계수 F를 도입한다.
2. 지반, 기초의 조건에 따른 침하 형상과 접지압 그림을 암기한다.

● 평판재하시험의 이해

(1) 점성토($\phi=0$)
→ $N_\gamma=0$
① 평판재하시험
$$q_u=cN_c+qN_q+\frac{1}{2}\gamma B_0 N_\gamma=cN_c$$
② 얕은 기초
$$q_u=cN_c=q_0$$

(2) 사질토($c=0$)
① 평판재하시험
$$q_u=cN_c+qN_q+\frac{1}{2}\gamma B_0 N_\gamma$$
$$=\frac{1}{2}\gamma B_0 N_\gamma$$
② 얕은 기초
$$q_u=\frac{1}{2}\gamma B N_\gamma=q_0 \times \frac{B}{B_0}$$

● 즉시 침하량

표의 즉시침하량 공식은 작용압력이 같을 때 성립하며, 작용압력이 다르다면 이를 별도로 고려해야 한다.
($\frac{얕은\ 기초\ 작용\ 압력}{평판재하시험\ 작용압력}$ 을 곱해줘야 한다는 의미)

(4) 침하 형상과 접지압

지반, 기초의 조건에 따른 얕은 기초의 침하 형상과 접지압의 분포는 다음과 같다. 그림을 암기해 두어야 한다.

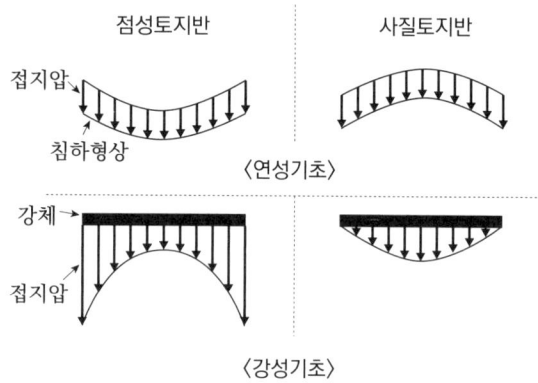

연성기초는 기초가 변형될 수 있으므로 침하 형상이 곡선이나, 이로 인해 접지압은 일정하다.
강성기초는 기초가 변형될 수 없으므로 침하 형상은 일정하나, 이로 인해 접지압은 변화한다.

(5) 평판재하시험($D_f=0$인 얕은 기초)

이 표준은 현장에서 직접 하중을 가하여 흙의 지지력을 측정하는 평판 재하시험 방법에 대하여 규정한다.

① 재하판 설치 전에 기초바닥까지 굴착하고, 평평하게 고른 후 표준사를 깔고, 수준기로 수평을 조정한다.
② 재하판의 두께 25mm 이상, 지름 300mm, 400mm, 750mm 인 강재 원판을 표준으로 하고 등가 면적의 정사각형 철판(일반적으로 30cm×30cm 사용)으로 해도 된다.
③ 평판을 위치시키고 계획된 시험 목표하중의 8단계로 나누고 누계적으로 동일 하중을 흙에 가한다. 각 단계별 하중을 증가한 후, 최소 15분 이상 하중을 유지해야 한다.
④ 시험하중이 허용하중의 3배 이상이거나 누적 침하가 재하판 지름의 10%를 초과하는 경우에 시험을 멈춘다. (지반의 상태가 너무 양호하여 극한지지력이 정해지지 않는 경우를 의미)

평판재하 시험의 결과를 이용하여 얕은 기초의 극한지지력, 침하량, 허용지지력을 추정한다. 단, 아래 표는 얕은 기초의 근입깊이(D_f)가 '0' 일 때 성립한다.

	사질토 지반	점성토 지반($\phi=0$)
극한 지지력	$q_u=q_0 \times \dfrac{B}{B_0}$	$q_u=q_0$
즉시 침하량	$S=S_0\left(\dfrac{2B}{B+B_0}\right)^2$	$S=S_0\dfrac{B}{B_0}$

q_0, S_0 : 평판재하시험 시 극한지지력, 침하량

q_u, S : 얕은 기초의 극한지지력, 침하량

③ 깊은 기초

(1) 깊은 기초

깊은 기초는 얕은 기초보다 근입깊이가 깊은 기초이다. 얕은 기초는 상향으로 밖에 저항하지 못하나 깊은 기초를 설치하면 다음과 같은 효과가 있다.

① 풍력, 지진력, 파도 등의 수평하중에 저항할 수 있다.
② 인장력, 부력 등에 의한 상향력에 저항할 수 있다.
③ 지표 부근의 흙이 유실되어도 저항력을 어느 정도 유지할 수 있다.

(2) 하중 메커니즘

깊은 기초가 외부 하중을 지지하는 방식은 얕은 기초와 조금 다르다.

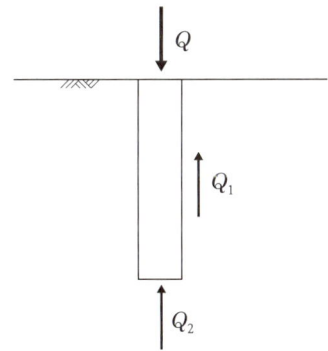

○ **깊은 기초의 파괴 형상**
깊은 기초는 근입깊이가 너무 깊어 관입전 단파괴만 발생한다.

깊은 기초는 외부 하중 Q에 대하여 기초와 흙의 마찰력인 Q_1과 흙이 기초를 떠받치는 힘 Q_2로 저항한다. 여기서 Q_1을 주면마찰력이라고 하며, Q_2는 선단지지력이라 한다.

외부하중 Q가 증가하게 되면 저항력 Q_1, Q_2도 증가할 것이다. 그러나 Q_1, Q_2는 무한히 증가하는 것이 아니고 한계치가 존재하는데 이를 각각 극한 주면마찰력(Q_s)과 극한 선단지지력(Q_p)이라 한다. 이때 하중 값을 극한 하중 Q_u라 한다.

$$Q = Q_1 + Q_2 \Rightarrow Q_u = Q_s + Q_p$$

그렇다면 외력 Q가 Q_u에 도달할 때 Q_1, Q_2가 동시에 Q_s, Q_p에 도달할 것인가? 그렇지 않다. 깊이 z지점에서 말뚝의 축력을 표현하면 다음과 같다.

학습 POINT

● **극한 주면마찰력과 극한 선단지지력**
극한 주면마찰력은 흙과 기초의 상대변위가 5~10mm, 극한 선단지지력은 흙과 기초의 상대변위가 기초 직경의 10~25% 발생될 때 발현된다. 일반적으로 말뚝 직경은 1m 내외이므로 더 작은 변위가 요구되는 주면마찰력이 먼저 극한 상태에 이르게 된다.

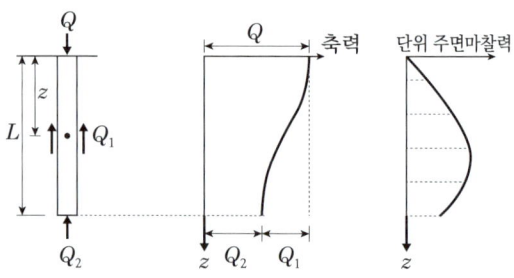

말뚝의 상단에 외력 Q가 가해졌으므로 $Z=0$ 위치에서 말뚝의 축력은 Q이다. 그러나 깊이가 깊어질수록 흙과 기초의 마찰력이 이를 부담하게 되므로 점차 말뚝이 받는 축력은 감소하게 된다. 이렇게 흙과 기초의 마찰력이 부담하고도 남은 하중을 선단에서 Q_2로 지지하게 된다. 즉, Q_1이 지지하고 남은 하중을 Q_2가 지지하게 되므로 일반적으로 Q_1이 극한 상태 Q_s에 도달하고, Q_2가 극한 상태 Q_p에 도달하는 것이 일반적이다.

Quiz. 03

$\phi=30°$, $\gamma_t=18kN/m^3$인 사질토에 다음과 같은 10m 길이의 말뚝이 타입 되었다. 말뚝의 선단지지력은? (단, $\phi=30°$일 때 $N_q^*=60$이다.)

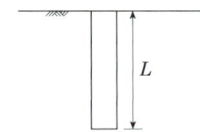

풀이
$q_p = qN_q^*$
$= (18kN/m^3)(10m)(60)$
$= 10800kN/m^2$

(3) 극한지지력 공식
(3)-1 선단지지력(Q_p)

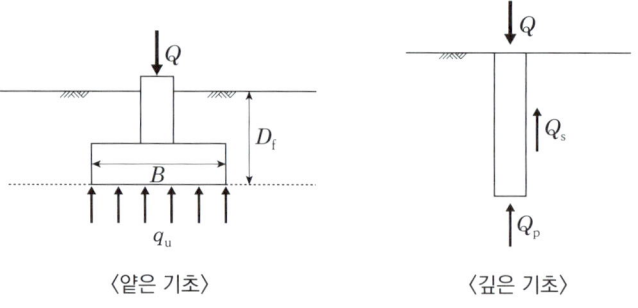

〈얕은 기초〉　　〈깊은 기초〉

얕은 기초의 극한지지력(q_u)과 깊은 기초의 선단지지력(Q_p)은 흙이 기초를 밑에서 떠받치는 힘으로 메커니즘이 유사하다. 따라서 깊은 기초의 선단지지력은 얕은 기초의 극한지지력 공식을 이용하여 계산할 수 있다.

$$q_u = cN_c + qN_q + \frac{1}{2}\gamma BN_\gamma$$
〈얕은 기초의 극한지지력 공식〉

Quiz. 04

포화 점성토에 다음과 같은 10m 길이의 말뚝이 타입 되었다. 말뚝의 선단지지력은?

$\gamma_1=18kN/m^3$, $c_{u1}=30kN/m^2$
$\gamma_2=20kN/m^3$, $c_{u2}=100kN/m^2$

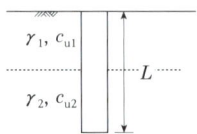

풀이
점성토에서 말뚝의 선단지지력은 말뚝 선단 지반의 비배수 전단 강도만 이용한다.

$q_p = 9c_u = 9(100kN/m^2)$
$= 900kN/m^2$

단, 기존의 얕은 기초의 극한지지력 공식에서 기초의 폭 'B'보다 깊은 기초의 직경 'D'가 매우 작아 세 번째 항인 γ항은 무시한다.

$$q_u = cN_c + qN_q + 0$$

그리고 얕은 기초와 깊은 기초의 지지력 계수가 다를 것이므로 깊은 기초의 지지력 계수에는 첨자를 붙여서 표현하므로 다음과 같다.

$$q_u = cN_c^* + qN_q^*$$

〈깊은 기초의 선단지지력 공식〉

지지력 계수는 얕은 기초와 마찬가지로 내부마찰각 ϕ에 대한 함수이다.

① 사질토($c=0$)

사질토는 점착력이 없기 때문에 선단지지력은 다음과 같다.

$$q_p = qN_q^*$$

여기서 q는 말뚝 선단깊이에서의 유효응력을 의미한다. 유념할 점은 **사질토의 q_p는 최댓값(한계깊이)이 있다**는 사실이다.

② 점성토($\phi=0$)

점성토는 비배수 상태가 일반적이므로 $\phi=0$이다. 이때 N_c^*는 '9'이므로 선단지지력은 아래와 같다. 점착력 c는 비배수 전단 강도 c_u를 이용한다. (N_q^*는 문제에서 주어진 값을 사용하면 되고 주어지지 않으면 '0' 이다.)

$$q_p = cN_c^* \Rightarrow q_p = 9c_u$$

단, 선단지지력을 하중의 형태로 표현하기 위해 계산된 선단지지력에 선단의 면적을 곱하여 표현한다.

$$Q_p = q_p A_p$$

(3)-2 주면마찰력(Q_s)

주면마찰력이란 흙과 기초 사이에 발생하는 마찰력이다. 따라서 말뚝 기초의 단위면적당 마찰력 f를 안다면 이를 말뚝 표면적에 대해 적분하여 주면마찰력을 계산할 수 있다.

$$Q_1 = \int f p dz$$

f : 단위면적당 마찰력, p : 주면 길이

단위면적당 마찰력은 전단강도 개념을 이용하여 계산할 수 있다.

학습 POINT

꼭 알아두자!

1. 깊은 기초는 외부하중에 대하여 선단지지력과 주면마찰력으로 저항한다.
2. 깊은 기초는 주면마찰력이 먼저 저항하고 남은 하중에 대하여 선단지지력이 부담하기 때문에 주면마찰력이 먼저 극한 상태에 도달하는 것이 일반적이다.
3. 사질토의 선단지지력은 한계값이 있고, 다음과 같다.

$$q_p = qN_q^*$$

4. 점성토의 선단지지력은 다음과 같다.

$$q_p = 9c_u$$

Quiz.05

$\delta = 30°$, $\gamma_t = 18kN/m^3$인 **사질토**에 다음과 같은 길이 10m, 직경 1m의 말뚝이 타입 되었다. 말뚝의 주면마찰력은?(단, $K=1.4$, $\pi=3$을 이용한다.)

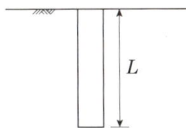

풀이

우선 평균 수직응력을 계산한다. 아래 그림의 면적을 깊이로 나누어 계산할 수 있다.

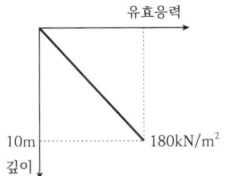

$$\bar{\sigma} = \frac{\frac{1}{2}(180kN/m^2)(10m)}{10m} = 90kN/m^2$$

$$f = K\sigma_v'\tan\delta$$
$$= (1.4)(90kN/m^2)(\tan30°) = 42\sqrt{3} kPa$$

$$Q_1 = \sum f p dz$$
$$= (42\sqrt{3}kPa)(1m \times \pi)(10m)$$
$$= 1260\sqrt{3} kN$$

학습 POINT

○ 토압계수

말뚝은 말뚝 상부를 타격하여 설치하는 타입식과 지반에 구멍을 뚫고 설치하는 천공식이 있다.
타입식이 흙과 말뚝 사이가 매우 빽빽하게 접하기 때문에 토압계수가 크다.

Quiz. 06

포화 점성토에 다음과 같은 $L=10\text{m}$, 직경 1m의 말뚝이 타입 되었다. α 방법을 이용하여 계산한 말뚝의 주면 마찰력은?(단, $\pi=3$으로 한다.)

$\gamma_1=18\text{kN/m}^3$, $c_{u1}=30\text{kN/m}^2$
$\gamma_2=20\text{kN/m}^3$, $c_{u2}=100\text{kN/m}^2$

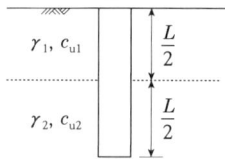

c_u	α
30kN/m^2	1
100kN/m^2	0.5

풀이

$f_1 = \alpha_1 c_{u1} = (1)(30\text{kN/m}^2)$
$\quad = 30\text{kN/m}^2$
$f_2 = \alpha_2 c_{u2} = (0.5)(100\text{kN/m}^2)$
$\quad = 50\text{kN/m}^2$

$Q_1 = f_1 p L_1 + f_2 p L_2$
$\quad = (30\text{kN/m}^2)(1\text{m}\times\pi)(5\text{m})$
$\quad\quad + (50\text{kN/m}^2)(1\text{m}\times\pi)(5\text{m})$
$\quad = 1200\text{kN}$

○ 한계깊이

사질토의 선단지지력(q_p)도 최댓값이 있고, 주면마찰력(Q_1)도 최댓값이 있다. 즉, 일정 깊이 이상에서는 값이 커지지 않는다는 의미이며, 이를 한계깊이가 있다고 표현한다.

$$f = \sigma_n \tan\phi + c$$

단, 말뚝 기초면에 작용하는 수직력이란 지중에서 발생하는 수평토압을 의미한다. (해당 내용이 이해되지 않는 수험생은 전단강도 파트를 다시 공부하자) 그리고 내부마찰각 ϕ는 흙의 토질 정수이므로 이 값이 아닌 흙과 말뚝 기초의 마찰각 δ를 이용한다. 따라서 말뚝과 흙 사이에서 발생하는 단위면적당 마찰력(f)은 다음과 같이 표현된다.

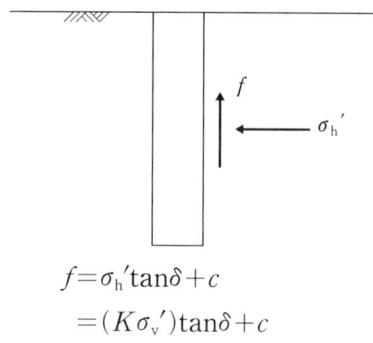

$$f = \sigma_h' \tan\delta + c$$
$$= (K\sigma_v')\tan\delta + c$$

사질토와 점성토는 단위면적당 마찰력 f를 계산하는 방법에 차이가 있다.

① 사질토($c=0$)

사질토는 점착력이 없기 때문에 단위 면적당 마찰력은 다음과 같다.

$$f = K\sigma_v' \tan\delta$$

토압계수 K는 주어지거나 별도의 언급이 없다면 정지토압계수를 이용한다. 유념할 점은 **사질토의 Q_1은 최댓값(한계깊이)이 있다**는 사실이다. 평균 유효응력 $\bar{\sigma}$을 이용하여 계산할 수 있으므로 문제에서 같이 살펴보기로 하자.

② 점성토

점성토에서 f를 계산하는 방법은 대표적으로 3가지(α, β, λ) 방법이 있다.

㉠ α 방법($\phi=0$)

α방법이란 '**단기해석 방법**'을 의미한다. 외부 하중 Q 재하시 점성토 지반을 단기해석하게 되면 비배수 상태가 되므로 $\phi=0$이 된다. 따라서 단위면적당 마찰력은 다음과 같다.

$$f = (K\sigma_v')\tan\delta + c \Rightarrow f = c_u$$

단, c_u는 흙과 흙 사이에서 발생하는 점착력을 의미하지만, 흙과 말뚝 사이에서 발생하는 마찰력을 계산하여야 하므로 점착력에 보정계수 α를 곱해 이용하는 것이다.

$$f = \alpha c_u$$

여기서 α는 c_u에 대한 함수로 표를 이용하여 구하거나 문제에서 주어진다.

ⓒ β 방법

β 방법이란 '**장기해석 방법**'을 의미한다. 외부 하중 Q 재하 시 단기적으로는 비배수 상태로 $\phi=0$이지만 시간이 경과하게 되면 흙이 점차 강도를 회복하게(재성형) 된다. 그러나 초기 ϕ와 다르게 새로운 내부마찰각 ϕ_r을 갖게 된다. 이때의 단위 면적당 마찰력은 다음과 같다. 단, 이때 흙의 점착력은 '0'이 된다.

$$f = (K\sigma_v')\tan\delta + c \Rightarrow f = K\sigma_v'\tan\phi_r$$
$$\phi_r : \text{재성형된 점토의 내부마찰각}$$

여기서 토압계수 K는 다음과 같이 결정한다.

$$\text{정규 압밀 점토} : K = 1 - \sin\phi_r$$
$$\text{과압밀 점토} : K = (1 - \sin\phi_r)\sqrt{OCR}$$

그러나 재성형된 점토의 내부마찰각 ϕ_r을 지반에서 계산하는 것은 쉽지 않다. 따라서 $f = K\sigma_v'\tan\phi_r$ 식에서 ϕ_r과 연관 있는 값을 β로 표현한다. 평균 유효응력 $\bar{\sigma}$을 이용하여 계산할 수 있으므로 문제에서 같이 살펴보기로 하자.

$$f = K\sigma_v'\tan\phi_r \Rightarrow f = \beta\sigma_v'$$

β는 문제에서 주어진다.

ⓒ λ 방법

λ 방법이란 다소 '**경험적인 방법**'이다. 단위 면적당 마찰력은 다음과 같이 표현한다. 단, λ는 말뚝 길이에 대한 함수로 표로 구하거나 문제에서 주어진다.

$$f = \lambda(\bar{\sigma} + 2\overline{c_u})$$
$$\bar{\sigma} : \text{평균 유효응력}, \quad \overline{c_u} : \text{평균 비배수 강도}$$

학습 POINT

Quiz. 07

포화 점성토에 다음과 같은 $L_f=10$m 직경 1m의 말뚝이 타입 되었다. β 방법을 이용하여 계산한 말뚝의 주면 마찰력은? (단, $\pi=3$, $\beta=0.25$로 한다.)

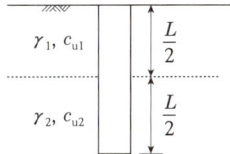

$\gamma_1 = 18\text{kN/m}^3$, $c_{u1} = 30\text{kN/m}^2$
$\gamma_2 = 20\text{kN/m}^3$, $c_{u2} = 100\text{kN/m}^2$

풀이

우선 평균 유효응력을 계산한다. 아래 그림의 면적을 깊이로 나누어 계산할 수 있다.

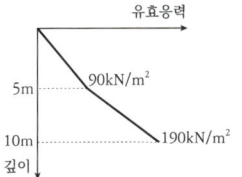

$\bar{\sigma} = 92.5\text{kN/m}^2$

$f = \beta\bar{\sigma}$
$ = (0.25)(92.5\text{kN/m}^2)$
$ = 23.125\text{kN/m}^2$

$Q_1 = fpL$
$ = (23.125\text{kN/m}^2)(1\text{m} \times \pi) \times (10\text{m})$
$ = 693.75\text{kN}$

학습 POINT

Quiz. 08

Quiz. 07과 동일한 말뚝에 대하여 λ방법을 이용하여 계산한 말뚝의 주면마찰력은? (단, $\pi = 3$으로 한다.)

L	λ
5m	0.32
10m	0.26

풀이

$\bar{\sigma} = 92.5 \text{kN/m}^2$

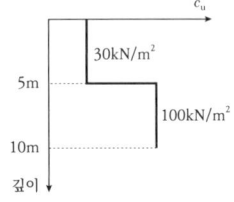

$\bar{c_u} = \dfrac{(c_{u1})(5\text{m}) + (c_{u2})(5\text{m})}{10\text{m}}$

$\quad = 65 \text{kN/m}^2$

$f = (0.26)(92.5 + 2 \times 65)$
$\quad = 57.85 \text{kN/m}^2$

$Q_1 = fpL$
$\quad = (57.85 \text{kN/m}^2)(1\text{m} \times \pi) \times (10\text{m})$
$\quad = 1735.5 \text{kN}$

○ **부마찰력의 크기에 영향을 주는 요소**

① 상대 변위 속도 : 말뚝과 흙 사이의 상대 변위 속도가 빠를수록 부마찰력이 크다.
② 말뚝의 표면 상태 : 말뚝이 마찰력이 큰 재료로 만들어지면 부마찰력이 크다. 말뚝을 역청재(아스팔트)로 코팅할 경우 매끈해지므로 부마찰력이 작아진다.
③ 말뚝의 표면적 : 말뚝의 표면적이 크면 흙과 접촉면적이 넓어져 부마찰력이 증가한다.

○ **부마찰력 감소 방법**

① 말뚝 표면을 역청재(아스팔트)로 코팅
② 표면적이 작은 말뚝을 사용
• 단면이 하단으로 가면서 조금씩 작아지는 말뚝(Tapered pile)을 사용
③ 선행하중을 가하여 지반침하를 미리 발생
④ 말뚝 직경보다 약간 큰 케이싱 설치

꼭 알아두자!

1. 사질토의 주면마찰력은 $f = K\sigma_v' \tan\delta$을 이용하여 계산한다. 단, 토압계수 K는 주어지며 타입식이 천공식보다 크다.
2. 사질토의 주면마찰력은 선단지지력과 마찬가지로 한계 값이 있다.
3. 점성토의 주면 마찰력은 α, β, λ 방법이 있다.
   ① α 방법 : $f = \alpha c_u$, α는 c_u에 대한 함수이다.
   ② β 방법 : $f = \beta\sigma'$, ϕ_r을 구하기 힘들어 β를 이용한 방법으로, β는 주어진다.
   ③ λ 방법 : $f = \lambda(\bar{\sigma} + 2\bar{c_u})$, λ는 말뚝 길이에 대한 함수이다.
   $\bar{\sigma}$: 평균 유효응력 $\bar{c_u}$: 평균 비배수 강도

(4) 부주면마찰력

외부에서 하중 Q는 하향으로 작용하므로 기초에서 주면마찰력(Q_1)과 선단지지력(Q_2)는 상향으로 작용한다. 그러나 예외적으로 주면 마찰력이 하향으로 작용하는 경우가 있는데 이를 부주면마찰력(Q_N)이라 한다. 여기서 부주면을 영어로 표기하게 되면 Negative skin friction이 되는데, 반대 방향의 주면마찰력이라는 의미이므로 이해하기가 쉽다.

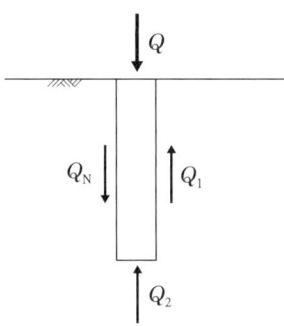

말뚝 주변의 흙이 상대적으로 말뚝보다 더 침하할 경우 흙이 말뚝을 끌고 내려간다. 이 힘이 부주면 마찰력이다. 원인은 다음과 같다.
① 지하수위가 하강할 경우 ➡ 유효응력 증가 ➡ 압밀!
② 말뚝 주변 지반에 하중이 재하될 경우 ➡ 유효응력 증가 ➡ 압밀!
③ 점착성 있는 압축성 지반인 경우 ➡ 압밀!

부주면마찰력이 발생하는 원인은 암기할 것이 아니라 말뚝 주변 흙이 말뚝보다 상대적으로 더 침하할 경우 발생한다는 것을 이해하면 된다.

꼭 알아두자!

1. 부주면마찰력은 하향으로 작용하는 주면 마찰력이다.
2. 부주면마찰력이 발생하는 원인은 말뚝 주변 흙이 말뚝보다 상대적으로 더 침하하여 흙이 말뚝을 끌고 내려가기 때문이다.

4 말뚝 비교

종류	기성말뚝		현장타설말뚝
	타입(항타)말뚝	매입(천공식)말뚝	
설치 방법	못을 박듯이 지반에 기둥을 해머로 때려박는 방법	지반을 굴착한 후 말뚝을 설치하고 매설하는 방법	지반을 굴착한 후 콘크리트를 타설하여 굳히는 방법
장점	• 동일 직경의 경우 지지력이 가장 큼 • 품질 관리 쉬움	• 큰 직경 말뚝 가능 • 소음, 진동 감소 • 품질 관리 쉬움	• 큰 직경 말뚝 가능 • 소음, 진동 감소 • 운반 제한 없음 • 길이 조절이 자유로움
단점	• 매우 큰 소음, 진동 • 큰 직경 말뚝 불가능 • 운반이 제한됨	• 시공 방법에 따라 품질이 크게 좌우됨 • 지지력이 작음 • 운반이 제한됨	• 시공 방법에 따라 품질이 크게 좌우됨 • 지지력이 작음 • 품질 관리 어려움

타입말뚝은 말뚝 타입시 흙이 좌우로 밀려 나가 다짐효과를 얻게 되므로 매입말뚝, 현장타설말뚝보다 더 큰 주면마찰력이 발생하게 되어 지지력이 크다.

5 무리말뚝(군말뚝)

(1) 무리말뚝(군말뚝)의 이해

무리말뚝이란 말뚝 캡(Pile cap)으로 일체화된 단말뚝의 집합을 의미한다. 무리말뚝을 구성하는 단말뚝은 깊은 기초로 관입전단 파괴를 발생시켜 선단지지력은 차이가 없으나, 단일 말뚝의 등압선 영향권 이내에 다른 단일 말뚝이 위치하여 말뚝의 주면마찰력을 감소시키게 된다. 이러한 이유로 무리말뚝의 극한지지력($Q_{균}$)은 개별 단일 말뚝의 극한지지력 합($\sum Q_{개별}$)보다 작아지는 것이 일반적이다.

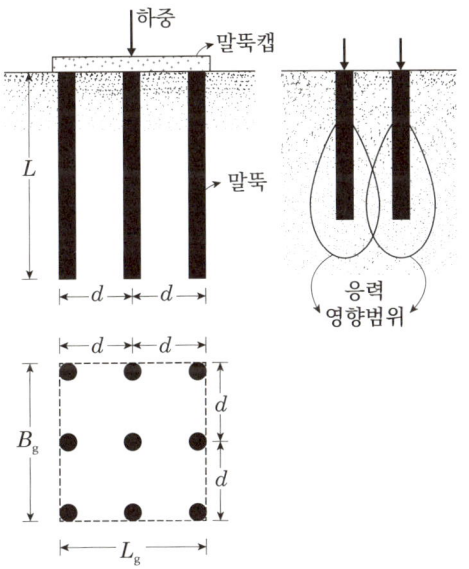

학습 POINT

○ **시간효과(Time effect)**
타입시 말뚝 주변 점토가 교란되면 강도가 저하된다. 따라서 교란된 점토 강도가 회복되기까지 기다린 후에 말뚝재하시험을 진행한다. 말뚝 타입 후 지지력의 증가 또는 감소 현상을 시간효과(time effect)라 하며, 틱소트로피 현상으로 이해할 수 있다.

○ **단일말뚝, 무리말뚝 응력범위와 침하량**
단일말뚝에 비하여 무리말뚝에서는 응력 범위가 훨씬 넓고 깊게 분포한다. 따라서 무리말뚝이 단일말뚝보다 침하량이 더 크며, 이는 얕은기초에서 침하량이 기초의 폭에 비례하는것과 같은 원리이다.

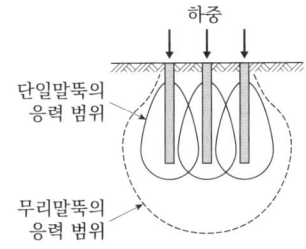

○ **무리말뚝의 영향을 무시할 수 있는 말뚝의 최소 중심 간격(D_0)**
말뚝의 중심간격(d)이 최소 중심 간격(D_0)보다 작다면 무리말뚝으로 해석한다.
$D_0 = 1.5\sqrt{r \times L}$
D_0 : 무리말뚝의 영향을 무시할 수 있는 말뚝의 최소 중심 간격
r : 말뚝의 반지름
L : 말뚝의 길이

○ **말뚝 캡의 영향**
단일 말뚝들의 말뚝 상단이 평평하지 않아 말뚝 캡과 완전히 일체화되지 않았거나 말뚝 캡이 하중을 균등하게 분배하지 못하는 경우 무리말뚝의 효율(η)이 영향을 받는다.

○ **무리말뚝 시공방법 및 순서**
무리말뚝은 단일말뚝의 집합이므로 당연히 극한지지력은 시공 방법에 영향을 받게 된다. 또한 무리말뚝은 단일말뚝간 간섭이 발생하기 때문에 시공 순서에 영향을 받게 된다.
• 정사각형, 직사각형, 지그재그 등으로 하는 것이 좋으며, 가능한 대칭으로 배치하는 것이 좋다.
• 중앙부에서 주변부로 타입한다.
• 높은 쪽에서 낮은 쪽으로 타입한다.

학습 POINT	

● 느슨한 사질토에서 군말뚝 효율

사질토 지반에서는 타입 공법으로 시공시 다짐 효과로 인해 극한 주면마찰력은 오히려 커진다.

∴ 무리말뚝에서 선단지지력은 말뚝 간의 영향을 받지 않고 주면마찰력은 오히려 상승하므로 무리효율은 말뚝 수가 많을수록 증가할 수 있다.

$$\eta = \frac{Q_{\text{군}}}{\sum Q_{\text{개별}}} < 1$$

단, 느슨한 사질토의 경우 무리효율(η)는 1보다 클 수 있다. 또, 시공 후 경과 시간에 따라 무리효율(η)이 변한다. 왜냐하면 깊은 기초의 극한지지력은 유효응력에 연관되는데 유효응력은 물의 과잉간극수압에 따라 변하기 때문에 시간에 따라 극한지지력이 변화하고 이로 인해 무리효율(η)이 변화할 수 있다. (틱소트로피 개념으로도 해석할 수 있다)

(2) 무리효율(η) 공식

(2)-1 Converse-Labarre 공식

$$\phi = \tan^{-1}\left(\frac{D}{d}\right)$$

$$\eta = 1 - \frac{\phi}{90}\left(\frac{(n_1-1)n_2 + (n_2-1)n_1}{n_1 n_2}\right)$$

d : 말뚝 중심간격, D : 말뚝 지름

n_1, n_2 : 말뚝 가로, 세로 개수

(3) 군말뚝에 배치된 말뚝이 받는 하중

● 모멘트에 의한 축력 이해

아래와 같이 우력 모멘트를 이용하여 간단하게 증명가능하나, 수험생들은 공식을 단순암기하는 것이 좋다.

$$M = \left(\frac{n_A}{2}Q_A \times 2x_A\right) + \left(\frac{n_B}{2}Q_B \times 2x_B\right)$$

$$= \left(\frac{n_A}{2}Q_A \times 2x_A\right)$$
$$+ \left(\frac{n_B}{2} \times Q_A \frac{x_B}{x_A} \times 2x_B\right)$$

$$\left(\because \sigma = -\frac{My}{I}\right)$$

$$= n_A Q_A x_A + n_B Q_A \frac{x_B^2}{x_A}$$

$$= Q_A\left(n_A x_A + \frac{x_B^2}{x_A}\right)$$

$$\therefore Q_A = \frac{M}{\left(n_A x_A + \frac{x_B^2}{x_A}\right)}$$

$$= \frac{M \times x_A}{n_A x_A^2 + n_B x_B^2}$$

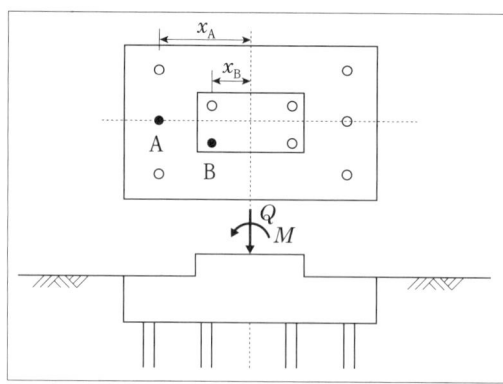

$$Q_A = -\frac{Q}{n} - \frac{M_y \times x_A}{\sum x^2}$$

$$= -\frac{Q}{n} - \frac{M_y \times x_A}{(n_A x_A^2 + n_B \times x_B^2)}$$

Q : 축 하중, M : 모멘트 하중

n : 말뚝의 총 갯수

n_A : x_A 위치의 말뚝 갯수, n_B : x_B 위치의 말뚝 갯수

MEMO

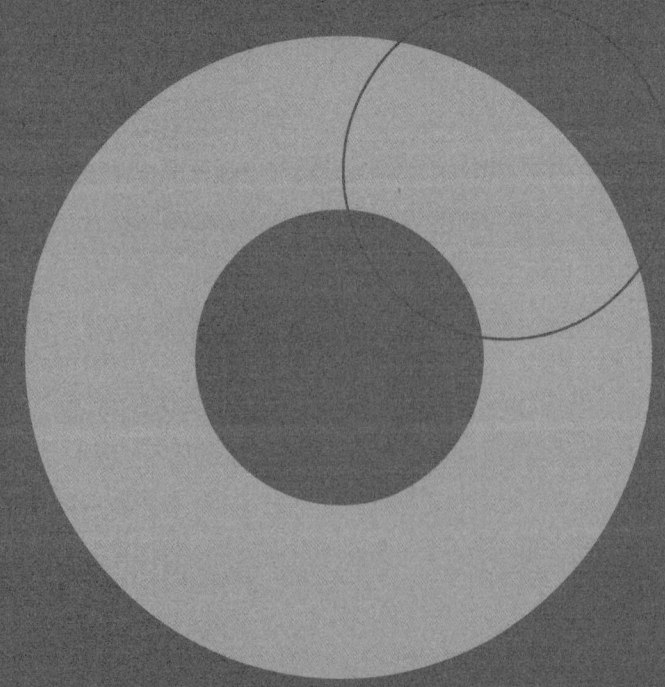

4 0 8 0
진 승 현
토 질 역 학

DAY 09

사면안정론

사면안정론

학습 POINT

1 개요

전단 강도 파트에서 공부한 내용을 보면 다음과 같다.

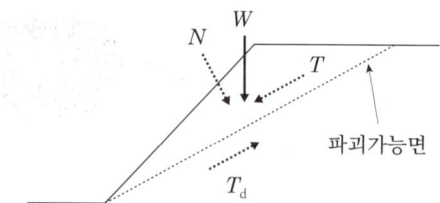

외부 하중(자중 포함)에 의하여 전단 파괴면에 발생하는 응력을 전단응력(τ)이라고 하였으며, 이로 인해 발생하는 동일한 크기의 저항응력을 유발전단강도(τ_d)라고 하였다. 그리고 유발전단강도의 최댓값을 전단강도(τ_f)라 하였다. 물론 τ_d가 τ_f까지 커진다면 사면에서 파괴가 발생할 것이다. 이번 파트에서 공부할 내용은 사면이 현재 받고 있는 τ와 최대 저항응력 τ_f을 비교하여 안전율을 계산하는 것이다. 안전율이란 다음과 같이 표현할 수 있다.

$$FS = \frac{저항력}{외력} = \frac{전단강도(\tau_f)}{전단응력(\tau)}$$

Quiz.01

다음 무한사면의 안전율은?

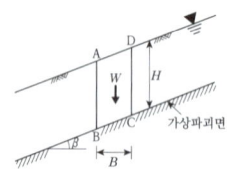

$\beta = 30°$, $\phi = 45°$, $H = 10\text{m}$
$\gamma_{sat} = 20\text{kN/m}^3$, $c = 25\text{kPa}$

풀이

물이 사면을 따라 흐르는 경우이므로 무한사면의 안전율 일반식에서 분모에는 γ_{sat}를, 분자에는 γ'를 이용한다.

$$FS = \frac{\gamma' H \cos^2\beta \tan\phi + c}{\gamma_{sat} H \cos\beta \sin\beta}$$

$$= \frac{(10\text{kN/m}^3)(10\text{m})\left(\frac{\sqrt{3}}{2}\right)^2(1) + 25\text{kPa}}{(20\text{kN/m}^3)(10\text{m})\left(\frac{\sqrt{3}}{2}\right)\left(\frac{1}{2}\right)}$$

$$= \frac{2\sqrt{3}}{3}$$

2 무한사면의 안전율

무한사면이란 파괴면의 깊이보다 파괴면의 길이가 상대적으로 커서 파괴면이 무한하다고 간주할 수 있는 사면을 의미한다. 무한사면에 대한 문제는 다음과 같은 3가지 지반 조건에 대하여 출제되며 그림을 보고 어떤 상황인지 식별해야 한다.

(1) 건조, 습윤한 사면

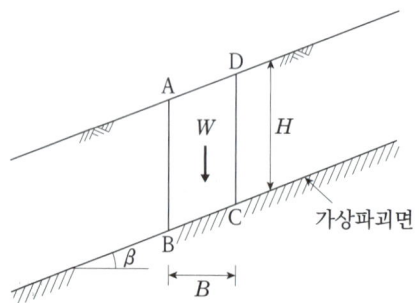

(2) 수중 침수 사면

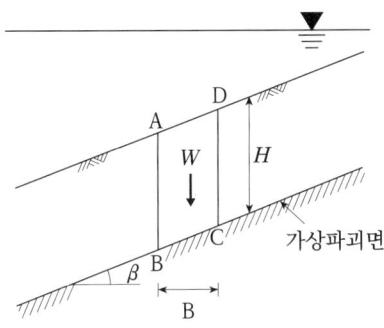

(3) 물이 사면을 따라 흐르는 경우

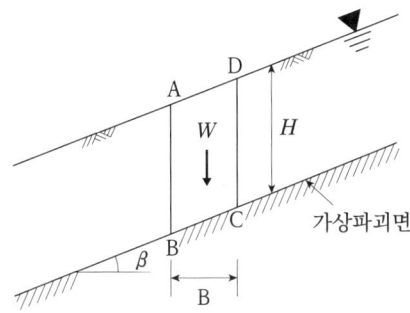

무한사면의 안전율은 가상파괴면에서 전단응력(τ)과 전단강도(τ_f)를 이용하여 표현할 수 있다. 유도 가능하나 유도 과정은 중요하지 않으며, 다음과 같은 일반식의 암기가 필요하다.

$$FS = \frac{\tau_f}{\tau} = \frac{\gamma H \cos^2\beta \tan\phi + c}{\gamma H \cos\beta \sin\beta}$$

위 식에서 분모, 분자 항에 단위 중량 γ가 포함되는데, 이는 3가지 지반 조건에 따라 이용되는 값이 다르다. 아래 표를 암기하자.

	건조, 습윤 사면	수중 사면	물이 사면을 따라 흐르는 경우
분자 γ	γ_d or γ_t	γ'	γ'
분모 γ	γ_d or γ_t	γ'	γ_{sat}

꼭 알아두자!

1. 무한사면 안전율에 대한 일반식과 사면 조건에 따라 이용해야 하는 단위중량을 암기한다.

학습 POINT

Quiz.02

다음과 같은 두 개의 사질토 무한사면이 있다. 두 사면의 안전율 비는 얼마인가?

(a)

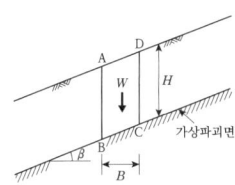

$\beta = 30°$, $\phi = 45°$, $H = 10\text{m}$
$\gamma_t = 18\text{kN/m}^3$

(b)

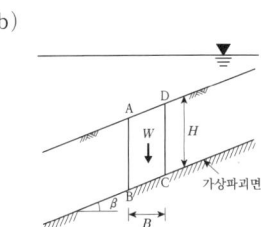

$\beta = 30°$, $\phi = 45°$, $H = 10\text{m}$
$\gamma_{sat} = 20\text{kN/m}^3$

풀이

두 사면 모두 사질토 지반이므로 점착력은 없다. 따라서 두 사면의 안전율은 다음과 같다.

$FS_a = \dfrac{\gamma_t H \cos^2\beta \tan\phi}{\gamma_t H \cos\beta \sin\beta}$

$= \dfrac{\tan\phi}{\tan\beta}$

$FS_b = \dfrac{\gamma' H \cos^2\beta \tan\phi}{\gamma' H \cos\beta \sin\beta}$

$= \dfrac{\tan\phi}{\tan\beta}$

★ 두 사면의 안전율은 동일하며, 사면 높이 H에도 영향을 받지 않는다.

학습 POINT

○ Culmann's method 와 높이

유한사면의 파괴 형상은 원호파괴가 발생하는 것이 일반적이다. 그러나 사면의 경사(β)가 너무 급한 경우 직선파괴가 발생하기도 하며 이러한 해석 방법을 쿨만의 방법이라 한다.

쿨만의 방법에서 높이(H)에 대한 관계식은 유도 과정이 다소 복잡하므로 공식을 암기해두면 좋다.

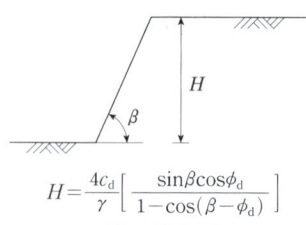

$$H = \frac{4c_d}{\gamma}\left[\frac{\sin\beta\cos\phi_d}{1-\cos(\beta-\phi_d)}\right]$$

H : 사면높이
c_d : 유발점착력, ϕ_d : 유발내부마찰각
β : 사면의 경사

$$FS = \frac{c}{c_d}, \ FS = \frac{\tan\phi}{\tan\phi_d}$$

FS : 안전율
c : 점착력, ϕ : 내부마찰각

Quiz. 03

다음과 같은 포화 점토 사면의 안전율은? (단, π는 3을 이용한다.)

$R=10\text{m}, \gamma_{sat}=20\text{kN/m}^3,$
$A=30\text{m}^2, x=4\text{m}$
$c_u=20\text{kPa}, \theta=\frac{\pi}{2}$

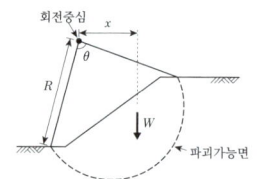

3 유한사면의 안전율

유한사면이란 파괴면의 깊이가 파괴면의 길이보다 상대적으로 작아서 파괴면이 유한하다고 간주할 수 있는 사면을 의미한다.

유한사면의 안전율은 사면 전체에 대한 해석법(Mass Method)과 절편법(Method of slice)이 있다. 유한사면의 파괴 형상은 원호파괴가 발생하는 것이 일반적이다.

선단파괴	사면원파괴, 사면내파괴	중점원파괴, 사면저부파괴
(toe circle)	(slope circle)	(deep circle, mid-point circle)
파괴 끝단이 사면의 하단에 닿는 경우	일반적인 파괴 모형	원형사면이 깊게 저면을 통하는 경우

사면의 원호 파괴 형상은 크게 선단파괴, 사면원파괴, 중점원파괴 형상으로 구분할 수 있다. 사면의 기울기가 커진다면 선단파괴의 가능성이 크며, 기울기가 $\beta>53°$이라면 선단파괴로 간주한다.

(1) 사면 전체에 대한 해석법(질량법)

사면 전체에 대한 해석법이란 파괴 가능면 이내의 흙을 하나의 덩어리로 하여 해석하겠다는 의미로 $\phi=0$ 해석법과 $c-\phi$ 법이 있다.

(1)-1 $\phi=0$ 해석법

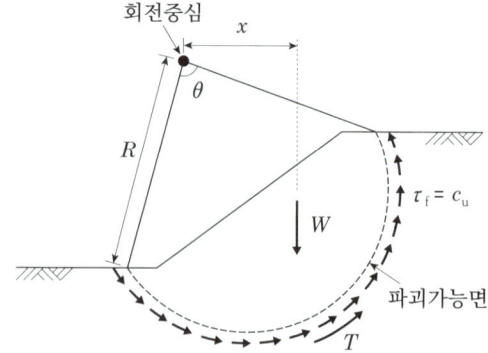

$\phi=0$ 해석법이란 흙을 비배수 상태에서 해석하는 것으로 전단파괴면에서 전단강도는 $\tau_f=\sigma\tan\phi+c$ ➡ $\tau_f=c_u$로 해석하겠다는 의미이다. 위와 같은 그림에서 파괴 가능면에서 발생하는 저항 모멘트는 다음과 같이 표현할 수 있다.

$$M_r = TR = (\tau_f L)(R) = (c_u)(R\theta)(R)$$

L : 파괴 가능면의 길이

사면의 무게 W에 의해 발생되는 유발모멘트는 다음과 같다.

$$M_d = Wx = (\gamma_{sat} A)(x)$$

비배수 상태이므로 γ는 포화단위중량 γ_{sat}를 이용하는 것이 일반적이나 γ_t가 문제에서 주어질 수도 있다. 따라서 안전율은 다음과 같이 표현할 수 있다.

$$FS = \frac{M_r}{M_d} = \frac{c_u R^2 \theta}{\gamma_{sat} A x}$$

해당 식을 암기하지 말고 이해를 통해 도출하도록 하자. 여기서 주목해야 할 점은 계산된 안전율은 가정된 파괴면에서의 안전율이라는 것이다. 사면에서는 무한히 많은 파괴 가능면이 존재할 것이고, 각각의 사면에 대하여 안전율을 계산하였을 때 가장 작은 안전율을 갖는 파괴 가능면이 실제 파괴면이 된다. 이를 계산하기 위해 안정수(N_s)라는 개념이 도입되었다.

$$N_s = \frac{c_d}{\gamma H}$$

$c_d = \dfrac{c_u}{FS}$: 유발 비배수 전단강도

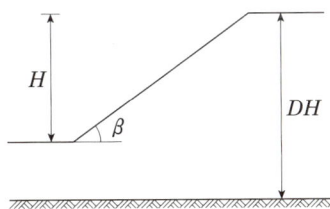

안정수는 유한 사면의 경사 β, D에 대한 함수로 그래프를 통하여 구할 수 있으며 문제에서는 주어진다. 사면의 안정수를 알게 되면 유발 전단강도 c_d를 구할 수 있고, 이를 이용하여 안전율을 계산할 수 있다.

학습 POINT

풀이

사면이 포화 점토이므로 $\phi=0$ 해석법으로 계산한다. 회전 중심에 대한 저항모멘트와 외력모멘트는 다음과 같다.

$$\begin{aligned}M_r &= (C_u)(R\theta)(R) \\ &= (20\text{kPa})\left(10\text{m} \times \frac{\pi}{2}\right)(10\text{m}) \\ &= 3000\text{kN} \cdot \text{m/m}\end{aligned}$$

$$\begin{aligned}M_d &= Wx = (\gamma_{sat} A)(x) \\ &= (20\text{kN/m}^3 \times 30\text{m}^2)(4\text{m}) \\ &= 2400\text{kN} \cdot \text{m/m}\end{aligned}$$

$$\begin{aligned}FS &= \frac{M_r}{M_d} = \frac{3000\text{kN} \cdot \text{m}}{2400\text{kN} \cdot \text{m}} \\ &= 1.25\end{aligned}$$

Quiz. 04

다음 그림과 같이 지면을 절취하려 한다. 사면의 경사 $\beta=50°$, $D=1$로 할 때 $N_s=0.2$이다. 이 사면은 최대 몇 미터까지 절취할 수 있는가?

$\gamma_{sat}=20\text{kN/m}^3$, $c_u=20\text{kPa}$

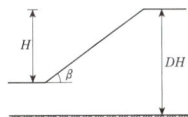

풀이

유한사면에서 파괴 발생 직전 최대 절취 높이를 계산하기 위해 유발 전단강도를 비배수 전단강도와 동일한 크기로 하여 계산한다.

$$N_s = \frac{c_d}{\gamma H} \Rightarrow N_s = \frac{c_u}{\gamma_{sat} H_{cr}}$$

$$\begin{aligned}\Rightarrow H_{cr} &= \frac{c_u}{\gamma_{sat} N_s} \\ &= \frac{(20\text{kPa})}{(20\text{kN/m}^3)(0.2)} \\ &= 5\text{m}\end{aligned}$$

꼭 알아두자!

1. 유한사면의 파괴 형상은 원호파괴가 일반적이나 사면의 경사가 급한 경우 직선파괴도 발생한다.
2. 사면 전체에 대한 해석법은 $\phi=0$해석법과 $c-\phi$법이 있다.
3. 안정수를 이용한 해석법을 알아두자.

학습 POINT

● 절편법 출제
절편법은 너무 많은 계산량을 요구하므로 계산문제가 출제될 수 없다.
따라서 일반적인 특징을 묻는 문제가 출제된다.
다음과 같은 보기가 출제될 수 있으니 익혀두도록 한다. 그 내용을 이해할 필요는 없다.
① 미지수의 개수가 방정식의 개수보다 많아 가정이 필요하며, 절편법은 필연적으로 반복해법이다.(힘의 작용위치, 각도 등을 가정하면 반대로 방정식의 개수가 미지수의 개수보다 많아진다)
② 모멘트 평형으로 안전율을 계산할 수도 있고, 힘 평형으로 안전율을 계산할 수도 있다.
③ 지하수위 위의 흙은 습윤단위중량을, 지하수 아래 흙은 침수단위중량을 이용한다.

★ 절편법은 그 내용을 이해하기 보다 수박 겉핥기 식으로 공부하되 중요한 특징들을 반드시 눈에 익혀 두어야 한다.

● 절편법 분류
절편법은 절편력을 가정하는 방법에 따라 종류가 다양하나, 간편법 이외에는 이름만 알아두는 것으로 충분하다.
정밀해법 : ① Spencer
② Morgenstern+Price
간편해법 : ① Fellenius ② Bishop
③ Janbu

(1)-2 $c-\phi$ 법(마찰원법)

$c-\phi$ 법이란 전단파괴면에서 전단강도를 ϕ 와 c를 모두 고려하여 $\tau_f = \sigma\tan\phi + c$로 해석하겠다는 의미이다. 그러나 파괴면의 각 지점에서 수직응력 σ_n 값이 다르기 때문에 이를 수식으로 해석하는 것은 어려우며, 도해법을 이용하는 것이 일반적이다.

따라서 문제로 출제하기가 어려워 출제된 적이 없다. 수험생들은 다른 부분을 학습하고 심화 과정에서 학습하기로 하자.

(2) 절편법

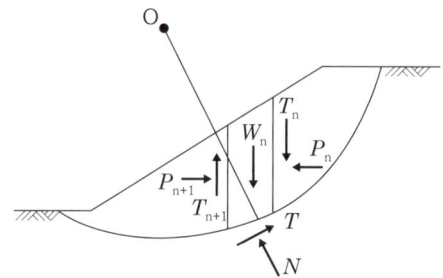

절편법이란 사면 전체에 대한 해석법과 달리 파괴 가능면 이내의 흙을 여러 절편으로 쪼개서 해석하겠다는 의미이다. 불균질한 사면이나 지면의 일부가 지하수위에 침수된 경우 해석에 용이하다.

각 절편 사이의 힘인 절편력(T_n, P_n)을 어떻게 가정하는지에 따라 Fellenius, Bishop, Janbu 방법으로 분류된다. 각 절편법의 가정사항과 특징을 암기하는 것이 중요하다.

	평형 조건	가정	특징
Fellenius (보통의 절편법)	(원형파괴) 모멘트 평형	$T_{n+1}-T_n=0$ $P_{n+1}-P_n=0$	사실상 절편력을 무시하여 오차가 크다. (과소평가 경향)
Bishop	(원형파괴) 모멘트 평형	$T_{n+1}-T_n=0$	
Janbu	(비원형파괴) 힘 평형	$T_{n+1}-T_n=0$	수정계수 이용

단, 위의 문자 T는 X로, P는 E로 표현하기도 하므로 문자로 암기하기보다는 그림에서 어떤 힘을 의미하는지 보아야 한다.

절편법은 계산양이 매우 많아 컴퓨터를 이용하여야 하므로 계산 문제가 출제될 수 없다. 따라서 위의 가정사항을 암기하는 정도로 학습하면 된다.

꼭 알아두자!
1. 각 절편법의 평행 조건, 가정, 특징을 암기한다.
2. 절편법 관련 문제에서 나올 수 있는 보기를 눈에 익혀둔다.

4 사면 안정 검토

사면 안정 검토는 '포화된 점토 위에 성토할 때', '포화된 점토를 절취할 때', '흙 댐'에 대하여 출제된다. 수험생들이 제한된 시간 안에 사면 안정을 해석하는 것은 사실상 불가능하다. 따라서 빈번하게 이용되는 8개의 그래프를 암기하여 이용한다. 처음에는 모든 그래프를 암기하는 것이 쉽지 않겠지만 암기만 하면 사면 안정 검토 문제는 짧은 시간에 완벽하게 풀 수 있다.

(1) 포화된 점토 위에 성토할 때

① 전단응력
포화된 점토 위에 성토할 경우 시공 중에는 성토되는 흙의 무게로 인하여 지중의 전단응력이 점차 증가하다가 시공이 완료되면 일정한 전단응력을 보인다.

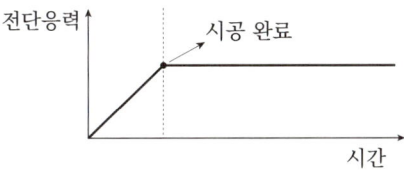

② 간극수압
포화된 점토 위에 성토할 경우 시공 중에는 성토되는 흙의 무게로 인하여 지중에 과잉간극수압이 발생하기 때문에 간극수압은 정수압보다 크게 증가한다. 그러나 시공이 완료되고 흙 속의 물이 배수됨에 따라 과잉간극수압이 소산되어 다시 정수압이 된다.

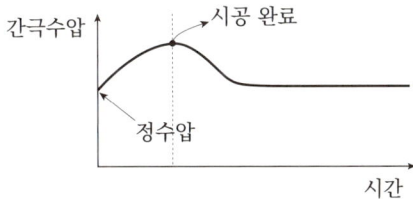

③ 안전율
포화된 점토 위에 성토할 경우 시공 중에 과잉간극수압이 점차 커지므로 전단강도가 점차 작아져 안전율이 시공 직후 가장 낮다. 그러나 과잉간극수압이 소산되어 점차 정수압에 이르게 되므로 전단강도가 회복되어 안전율이 상승해 일정하게 된다.

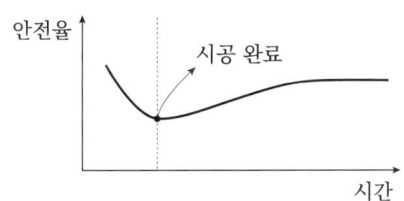

학습 POINT

Quiz. 05

포화된 점토 위에 축조된 점토 제방의 사면에 대한 설명으로 옳지 않은 것은?

① 포화 점토 지반에 축조된 점토제방에서 안전율은 시공 직후 가장 작고 그 이후부터 점차 증가한다.
② 포화 점토 지반에 축조된 점토제방에서 전단강도는 시공완료 시점부터 점차 감소한다.
③ 포화 점토 지반에 축조된 점토제방은 시공 직후 파괴되지 않는다면 그 이후에도 안정하다.
④ 포화 점토 지반에 축조된 점토제방에서 간극 수압은 시공직후 최대이다.

풀이

①, ④ 안전율, 간극수압 그래프를 통해 확인할 수 있다.
② 시공 완료 시점부터 간극수압이 점차 감소하여 정수압에 이르게 되므로 전단강도는 점점 증가한다.
$\tau_f = (\sigma_n - u)\tan\phi + c$
③ 안전율 그래프를 보면 시공 직후 안전율이 가장 낮기 때문에 시공 직후 안정하다면 사면은 안정하다.

정답 ②

◎ 비압밀 비배수 시험 토질정수

사면 안정해석을 할 때 비압밀 비배수 시험 토질정수를 이용하겠다는 의미는 사면에서 배수가 진행되지 않는다고 고려하겠다는 의미이다. 이러한 해석은 두 가지 의미를 지닐 수 있다.

① 단기해석 : 배수가 될 시간이 충분하지 않다고 해석되므로 단기해석을 의미한다.
② 보수적인 설계 : 과잉간극수압이 최대로 해석되므로 유효응력과 전단강도는 최소가 된다. 이는 보수적인 설계를 의미한다.

학습 POINT

Quiz. 06
포화된 점토를 절취할 경우 사면에 대한 설명으로 옳지 않은 것은?

① 포화 점토지반의 절토사면에서 간극수압은 시공 직후 가장 작다.
② 포화 점토지반에 축조된 점토제방은 시공 직후 파괴되지 않는다면 그 이후에도 안정하다.
③ 포화 점토지반의 절토 사면에서 전단강도는 시공 완료 시점부터 점차 감소한다.
④ 포화 점토지반의 절토 사면에서 안전율은 시간이 지남에 따라 점차 감소한다.

풀이
① 간극수압 그래프를 통해 확인할 수 있다.
②, ④ 포화 점토지반의 절토 사면에서 안전율은 점차 감소하기 때문에 사면은 시간이 지남에 따라 점점 위험하다.
③ 포화 점토지반의 절토사면에서 간극수압은 시공 완료 시점부터 점차 회복한다. 따라서 전단강도는 점차 감소한다.
$$\tau_f = (\sigma_n - u)\tan\phi + c$$

정답 ②

● **성토사면, 절토사면의 최소 안전율**
성토사면에서는 성토 직후 안전율이 최소이다. 따라서 성토 직후 파괴가 발생하지 않는다면 사면은 안정하다.
절토사면에서는 시간이 경과함에 따라 안전율이 감소한다. 따라서 절토 직후 파괴가 발생하지 않았다고 해서 사면이 안정한 것은 아니다.

(2) 포화된 점토지반을 절취할 때

① 간극수압

포화된 점토지반을 절취할 때는 지중에 응력이 감소하므로 '−'과잉간극수압이 발생하여 간극수압이 감소하였다가 시간이 지남에 따라 정수압으로 회복한다.

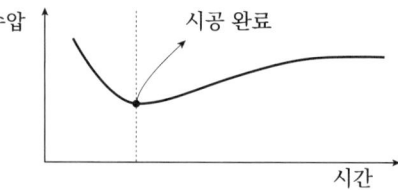

② 안전율

포화된 점토지반에서 안전율은 시간이 지남에 따라 점차 감소한다.

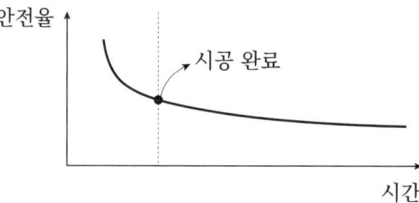

꼭 알아두자!

1. 포화된 점토 위에 성토, 절토 시 그래프 5개를 암기한다.
2. 포화된 점토 위에 성토 시 안전율은 시공 직후 가장 낮기 때문에 시공 직후 파괴가 발생하지 않으면 사면은 안정하다.
3. 포화된 점토를 절취 시 안전율은 점차 작아지기 때문에 시공 직후 파괴가 발생하지 않았다고 해서 사면이 안정한 것은 아니다.

(3) 흙 댐

흙 댐은 사면 안정 해석의 단계가 많기 때문에 다소 복잡하다. 각 단계에 대한 설명보다 그림의 암기가 요구된다.

① 전단응력

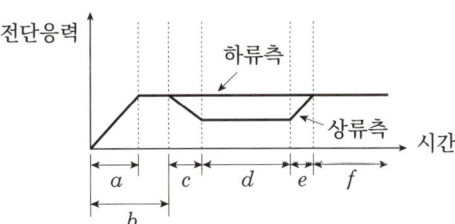

a : 시공기간 b : 간극수압 소산 c : 담수
d : 만수위 e : 수위 급강하 f : 댐 수위 저하

② 간극수압

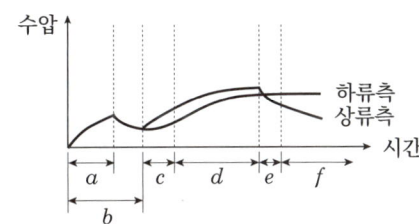

a : 시공기간 b : 간극수압 소산 c : 담수
d : 만수위 e : 수위 급강하 f : 댐 수위 저하

③ 안전율

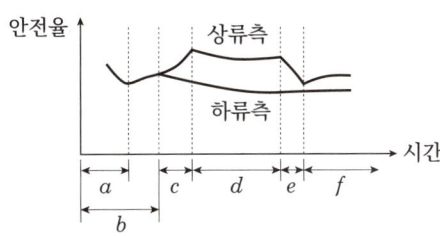

a : 시공기간 b : 간극수압 소산 c : 담수
d : 만수위 e : 수위 급강하 f : 댐 수위 저하

학습 POINT

Quiz.07

흙 댐의 안정에 대한 설명으로 옳지 않은 것은?

① 수위 급강하시 상류측 사면은 안전율이 급격하게 떨어진다.
② 시공 기간에는 간극수압이 상승한다.
③ 담수 시 상류측의 전단응력은 증가한다.
④ 시공 직후 흙 댐의 안전율은 낮아 위험하다.

풀이

①, ②, ④ 그래프를 있는 그대로 읽으면 알 수 있다.
③ 담수 시 상류측의 전단응력은 감소한다.

정답 ③

○ 흙 댐에서 가장 위험한 경우
• 상류측 : 시공 직후, 수위 급강하 시
• 하류측 : 시공 직후, 정상 침투(만수위) 시

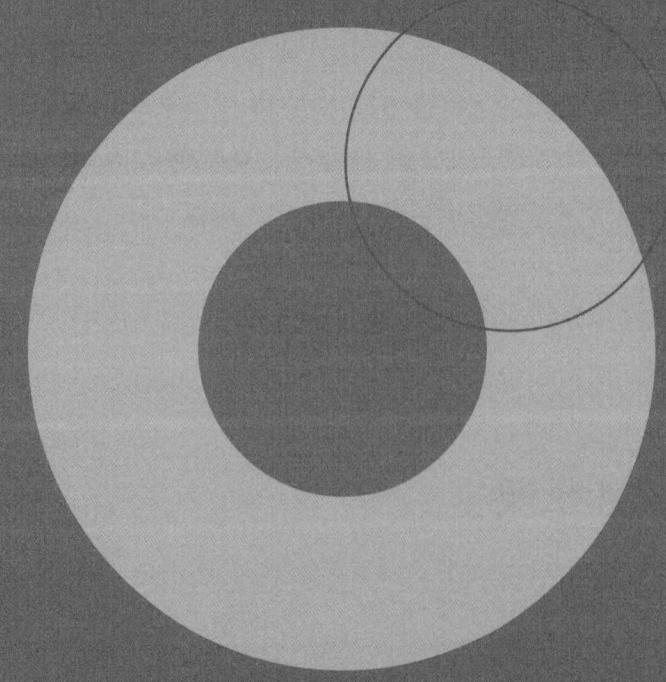

4 0 8 0
진 승 현
토 질 역 학

부록

지반공학/시공학/건설재료

해당 내용은 너무 지엽적이거나 출제 빈도가 낮은 내용을 정리한 것이다. '지반공학/시공학/건설재료'는 굉장히 광범위하나 출제빈도는 높지 않다.(최근 시험마다 2문제 정도 출제되나 고득점을 맞는 수험생들도 버리고 넘어가는 내용들이다.) 이러한 부분까지 수험생들이 학습하기는 어렵다고 판단된다. 앞의 내용을 모두 학습한 후 그럼에도 시간이 남는 수험생들만 추가적으로 학습하면 되겠다.

DAY 01 지반조사

1 지구물리 탐사

(1) 탄성파 탐사법

$$V = \sqrt{\dfrac{E}{\left(\dfrac{\gamma}{g}\right)}}$$

V : 탄성파 속도, E : 암반의 탄성계수
γ : 암반의 단위중량, g : 중력가속도

2 보링(Boring)

보링(Boring)이란 땅에 구멍을 파는 작업으로 지반의 층서 파악 및 흙시료 채취 목적으로 시행하는 가장 정확한 지반 조사 방법이다.
① 회전식(로터리식) 보링 : 시간과 공사비가 많이 들지만 확실한 코어를 얻을 수 있다.
② 충격식 보링 : 시간과 공사비가 적게 들지만 교란된 시료를 얻을 수 있다.
③ 수세식(세척식) 보링 : 물을 분사하여 보링하는 방법으로 연약한 지층에서 가능하다.
④ 오거식(auger) 보링 : 끝에 나사가 붙은 어스오거를 이용하여 인력으로 보링하는 방법으로 교란된 시료를 얻을 수 있다.

3 샘플링(Sampling), 시료채취

샘플링(Smapling)이란 지층에서 시료를 채취하는 작업을 의미한다.

(1) 면적비(A_r)

면적비(A_r)가 10% 이상일 경우 채취된 시료가 교란되었다고 판정한다.

$$A_r = \dfrac{A_{샘플러}}{A_{시료}} \times 100\% = \dfrac{\left(\dfrac{\pi(d_0^2 - d_i^2)}{4}\right)}{\left(\dfrac{\pi d_i^2}{4}\right)} \times 100\% = \dfrac{d_0^2 - d_i^2}{d_i^2} \times 100\%$$

d_0 : 외경, d_i : 내경

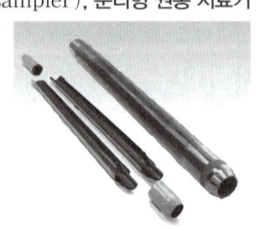
● 스플릿 스푼 샘플러(Split spoon sampler), 분리형 원통 시료기

(2) 샘플링(Sampling), 시료채취 방법

교란 시료 채취	불교란 시료 채취
① 스플릿 스푼 샘플러 (Split spoon, 분리형 원통 시료기)	① 피스톤 튜브(Piston tube) 샘플러 ② 얇은 관(Thin wall tube) 샘플러 ③ Laval 샘플러 ④ Foil 샘플러

4 사운딩(Sounding)

사운딩(Sounding)이란 로드 끝에 설치한 저항체를 땅 속에 관입, 회전, 인발 등의 저항으로 지층의 성질을 파악하는 지반조사 방법을 의미한다.

1) 사운딩의 종류

정적 사운딩(점성토)	동적 사운딩(사질토)
① 정적 콘(원추)관입시험(CPT) : 더치콘 관입시험 　(화란식) ② 이스키 미터 시험 ③ 베인(Vane) 전단 시험	① 동적 콘(원추)관입시험(CPT) ② 표준관입시험(SPT)

- 표준관입시험(SPT)는 사질토에 적합하나 점성토에도 적용 가능하다.
- 정적 원추관입시험(CPT)는 연속적인 지층분류 및 전단강도 추정 등 연약점토 특성분석에 매우 효과적이며, 콘지수를 이용하여 비배수 전단강도 추정이 가능하다.
- 베인(Vane) 전단 시험은 연약한 점토층에서 비배수 전단강도(c_u)를 직접 산정할 수 있다.

2) 표준관입 시험(SPT : Standard Penetration Test)

표준관입시험이란 분리형 원통 샘플러(Split spoon sampler)를 로드 끝에 연결하고, 질량 (63.5 ± 0.5)kg 의 해머를 (760 ± 10)mm 높이에서 자유 낙하시켜 로드를 타격하는 시험을 의미한다. 이때 300mm 관입 시키는데 필요한 타격횟수 N치를 측정한다.

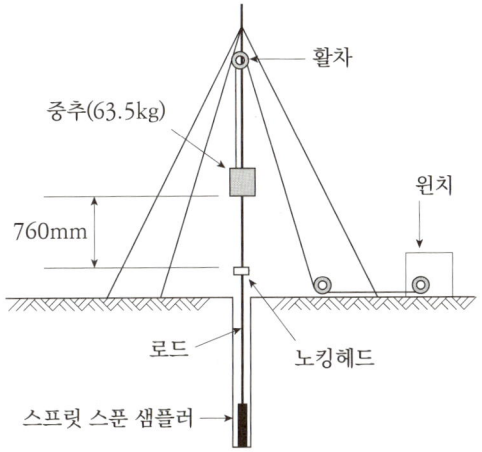

학습 POINT

(1) 표준관입 시험 특징

① 타격횟수(N)는 50회를 최댓값으로 한다. 50회 타격을 했음에도 30cm 관입이 발생하지 않은 경우 관입량을 기록한다. (ex. 50회/20cm ➡ 50/20)
② 50회 타격 관입량이 1cm 미만인 경우 관입 불능으로 판단한다.
③ 사질토에 대해서는 신뢰할 만하나 점성토에 대해서는 신뢰도가 많이 떨어진다.
④ 표준관입시험은 로드(Rod)의 길이가 크면 로드 변형으로 에너지 손실이 발생하므로 N치가 크게 나온다.
⑤ 예비타격 : 표준관입시험 시 보링구멍 밑면 흙이 보링에 의하여 교란이 발생하기 때문에 처음 150mm 관입에 요구되는 N치를 제외한다. (표준관입시험은 예비타격을 포함하여 총 15cm씩 세 번 타입)

○ **N치의 보정**
- 로드(rod)길이(L)가 15m 보다 길 때
$$N_1 = N_o\left(1 - \frac{L}{200}\right)$$
- 포화된 실트질 흙에서 N이 15 보다 클 때
$$N_1 = 15 + \frac{N_o - 15}{2}$$

(2) N치의 이용

N치를 이용하여 다양한 지반특성을 추정해 볼 수 있으며, 그 경계는 매우 불명확하나 일반적으로 다음과 같이 정리할 수 있다.

사질토	점성토
① 상대밀도	① 연경도
② 내부마찰각	② 점착력
③ 탄성계수	③ 전단강도
④ 지지력계수	④ 일축압축강도
⑤ 액상화 가능성	⑤ 기초지반 허용지지력

○ **사질토의 얕은기초 극한지지력 추정식(Meyerhof)**
$$q_u = 3NB\left(1 + \frac{D_f}{B}\right)$$
N : 타격횟수
B : 기초 폭
D_f : 근입 깊이

(2)-1 사질토 지반 추정

N값	흙의 상태	상대밀도	내부 마찰각
0~4	매우 느슨	0~15	30 미만
4~10	느슨	15~35	30~35
10~30	중간	35~65	35~40
30~50	조밀	65~85	40~45
50 이상	매우 조밀	85~100	45 이상

○ **점성토의 일축압축강도(q_u) 추정**
$$q_u = \frac{N}{8}$$
N : 타격횟수

(2)-2 점성토 지반 추정

N값	흙의 상태	전단강도(kN/m^2)	일축압축강도(kN/m^2)
0~2	매우 연약	0~1.4	0~2.5
2~4	연약	1.4~2.5	2.5~5
4~8	중간	2.5~5	5~10
8~15	견고	5~10	10~20
15~30	대단히 견고	10~20	20~40
30 이상	딱딱	20 이상	40 이상

(3) Dunham 공식(모래 내부마찰각 추정)

Dunham 공식(모래)	입자 모양	입도분포
$\phi = \sqrt{12N} + 15$	둥글다	불량(균등)
$\phi = \sqrt{12N} + 20$	둥글다	양호
	모남	불량(균등)
$\phi = \sqrt{12N} + 25$	모남	양호

자갈 : $C_u \geq 4$ and $1 < C_c < 3$ ➡ 'W'이 외는 'P'

모래 : $C_u \geq 6$ and $1 < C_c < 3$ ➡ 'W'이 외는 'P'

균등계수 : $C_u = \dfrac{D_{60}}{D_{10}}$, 곡률계수 : $C_c = \dfrac{D_{30}^2}{D_{10} \times D_{60}}$

3) 콘관입시험(CPT : Cone Penetration Test), 원추관입시험

콘관입시험이란 원추관입시험이라고도 불리며, 원뿔 형태의 콘을 지중에 관입하여 선단 저항값(q_c), 마찰저항(f_s)을 연속적으로 측정하는 시험을 의미한다.

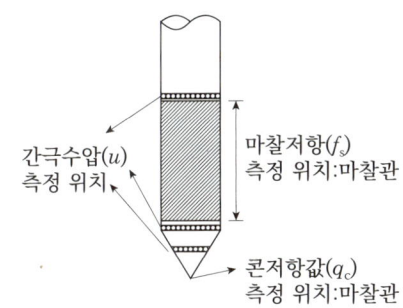

〈표준관입시험(SPT)와 콘관입시험(CPT) 비교〉

	SPT	CPT
시료채취	가능	불가능
연속성	불연속적	연속적

○ **피조콘시험**(Piezocone Test)
피조콘시험(Piezocone Test)는 정적 콘(원추)관입시험(CPT)에 간극수압(u)을 측정할 수 있도록 변환기를 부착한 장비를 이용하나, 수험생들은 자세히 분류할 필요는 없다.

○ **콘관입시험의 지반정수 추정**
· 내부마찰각(ϕ)
· 비배수전단강도(c_u)
· 압밀계수(C_v)

5 공내재하시험(PMT : Pressure Meter Test)

공내재하시험(Borehole dilatometer test)이란 프레셔미터테스트(PMT)라고 불리며, 시추공의 벽면을 수평방향으로 가압하여 응력과 변형율의 관계를 통해 탄성계수와 횡방향 변형계수를 측정하는 시험방법을 의미한다.(수압에 의해 측정셀 팽창)

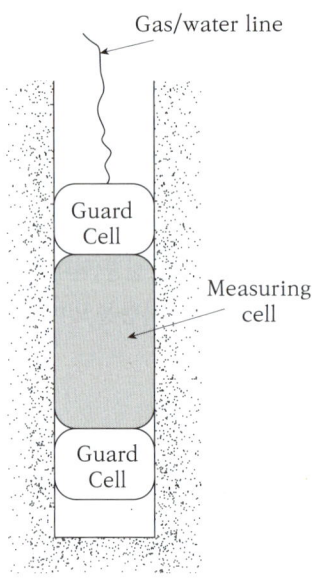

6 평판재하시험(PBT : Plate Bearing Test)

1) 얕은기초의 평판재하시험

이 표준은 현장에서 직접 하중을 가하여 흙의 지지력을 측정하는 평판 재하시험 방법에 대하여 규정한다.

(1) 시험방법

① 재하판 설치 전에 기초바닥까지 굴착하고, 평평하게 고른 후 표준사를 깔고, 수준기로 수평을 조정한다.
② 재하판의 두께 25mm 이상, 지름 300mm, 400mm, 750mm인 강재 원판을 표준으로 하고 등가 면적의 정사각형 철판(일반적으로 30cm×30cm 사용)으로 해도 된다.
③ 평판을 위치시키고 계획된 시험 목표하중의 8단계로 나누고 누계적으로 동일 하중을 흙에 가한다. 각 단계별 하중을 증가한 후, 최소 15분 이상 하중을 유지해야 한다.
④ 시험하중이 허용하중의 3배 이상이거나 누적 침하가 재하판 지름의 10%를 초과하는 경우에 시험을 멈춘다. (지반의 상태가 너무 양호하여 극한지지력이 정해지지 않는 경우를 의미)

(2) 평판재하시험의 극한지지력, 항복하중, 허용지지력 산정

(2)-1 극한지지력(q_u)의 산정

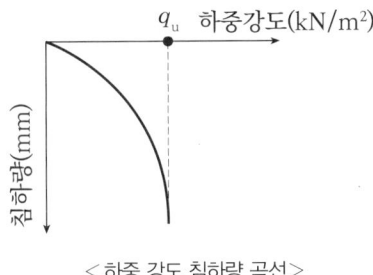

<하중 강도 침하량 곡선>

① 하중 강도－침하량 곡선이 침하량 축과 평행하게 될 때 하중강도 값
② ①의 방법으로 극한지지력(q_u)을 결정하지 못한 경우에는 재하판 지름의 10% 침하량에서의 하중 강도 값 or 항복강도(q_y)의 1.5배를 극한지지력(q_u)으로 간주한다.

(2)-2 항복강도(q_y)의 산정

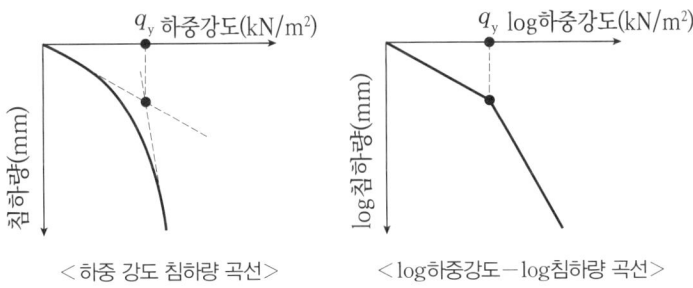

<하중 강도 침하량 곡선>   <log하중강도－log침하량 곡선>

① 하중 강도－침하량 곡선의 초기 직선부와 후기 직선부(최대 곡률점의 접선)의 교점의 하중 강도를 항복하중(q_y)으로 간주한다.
② log하중강도－log침하량 곡선의 꺾인 점의 하중 강도를 항복하중(q_y)으로 간주한다.

(2)-3 허용지지력(q_t) 산정
허용지지력은 항복강도(q_y)의 1/2, 극한강도(q_u)의 1/3 중 작은 값으로 결정한다.

(3) 얕은 기초의 극한지지력, 침하량, 허용지지력 산정
평판재하 시험의 결과를 이용하여 얕은 기초의 극한지지력, 침하량, 허용지지력을 추정한다.

| 학습 POINT |

(3)-1 극한 지지력, 침하량 산정

단, 아래 표는 얕은 기초의 근입깊이(D_f)가 '0' 일 때 성립한다.

	사질토 지반	점성토 지반($\phi=0$)
극한 지지력	$q_u = q_0 \times \dfrac{B}{B_0}$	$q_u = q_0$
즉시 침하량	$S = S_0 \times \left(\dfrac{2B}{B+B_0}\right)^2$	$S = S_0 \dfrac{B}{B_0}$

q_0, S_0: 평판재하시험 시 극한지지력, 침하량
q_u, S: 얕은 기초의 극한지지력, 침하량

(3)-2 허용지지력(q_a) 산정

① 단기 허용 지지력 : $q_a = 2q_t + \dfrac{1}{3}qN_q$

② 장기 허용 지지력 : $q_a = q_t + \dfrac{1}{3}qN_q$

q_a : 얕은기초의 허용지지력
q_0 : 평판재하시험 시 허용지지력, $q = \gamma D_f$

● $\dfrac{1}{3}qN_q$의 이해

평판재하시험은 근입깊이(D_f)가 '0' 이다. 따라서 근입깊이(D_f)가 있는 경우 $qN_q = (\gamma D_f)N_q$를 별도로 고려하나 허용지지력이므로 안전율 3을 도입하여 $\dfrac{1}{3}qN_q$를 추가적으로 더해 준다고 생각하면 이해하기 쉽다.

2) 도로의 평판재하시험

이 표준은 도로의 노상과 노반의 지반반력 계수를 구하기 위한 평판 재하 시험방법에 대하여 규정한다.

(1) 시험방법

① 지반을 수평하게 고르고, 필요하면 얇게 모래를 깐다.
② 재하판의 두께 25mm 이상, 지름 300mm, 400mm, 750mm인 강재 원판을 표준으로 하고 등가 면적의 정사각형 철판(일반적으로 30cm × 30cm 사용)으로 해도 된다.
③ 하중 강도가 $35kN/m^2$ 씩 되도록 하중을 단계적으로 증가해 나가고, 하중을 올릴 때마다 그 하중에 의한 침하의 진행이 멈추는 것을 기다려 하중계와 변위계의 눈금을 읽는다. (1분간의 침하량이 그 하중 강도에 의한 그 단계에서의 누적 침하량의 1% 이하가 되면, 침하의 진행이 정지된 것으로 본다.)
④ 침하량이 15mm에 달하거나 재하 응력이 현장에서 예상할 수 있는 가장 큰 접지 압력의 크기 또는 지반의 항복점을 넘으면 시험을 멈춘다.

(2) 지반 반력계수 계산

지반 반력 계수는 하중 강도 - 침하량 곡선에서 일정 침하량일 때의 하중 강도를 구하고, 다음 식에 따라 산출한다.

$$K_s = \frac{P}{S}$$

K_s : 지반반력 계수(MN/m^3), P : 하중 강도($\mathrm{k}N/\mathrm{m}^2$), S : 침하량(mm)

> **학습 POINT**
>
> ◉ **재하판 지름에 따른 지지력계수 관계**
>
> $$K_{30} = 1.3 K_{40} = 2.2 K_{75}$$
>
> K_{30} : 지름 30cm 재하판을 사용할 때 지지력계수
>
> K_{40} : 지름 40cm 재하판을 사용할 때 지지력계수
>
> K_{75} : 지름 75cm 재하판을 사용할 때 지지력계수

DAY 02 깊은 기초2(말뚝/피어/케이슨)

학습 POINT

● **기성말뚝**
기성말뚝이란 공장에서 미리 제작한 말뚝을 의미한다.

1 말뚝 기초

1) 말뚝 기초 분류
(2) 시공법에 따른 분류

종류	기성말뚝		현장타설말뚝
	타입(항타)말뚝	매입(천공식)말뚝	
설치 방법	못을 박듯이 지반에 기둥을 해머로 때려박는 방법	지반을 굴착한 후 말뚝을 설치하고 매설하는 방법	지반을 굴착한 후 콘크리트를 타설하여 굳히는 방법
장점	• 동일 직경의 경우 지지력이 가장 큼 • 품질 관리 쉬움	• 큰 직경 말뚝 가능 • 소음, 진동 감소 • 품질 관리 쉬움	• 큰 직경 말뚝 가능 • 소음, 진동 감소 • 운반 제한 없음 • 길이 조절이 자유로움
단점	• 매우 큰 소음, 진동 • 큰 직경 말뚝 불가능 • 운반이 제한됨	• 시공 방법에 따라 품질이 크게 좌우됨 • 지지력이 작음 • 운반이 제한됨	• 시공 방법에 따라 품질이 크게 좌우됨 • 지지력이 작음 • 품질 관리 어려움

(2)-1 타입(항타)말뚝

타입말뚝은 항타 장비의 종류에 따라 대표적으로 다음과 같이 분류할 수 있다.

① 드롭해머 공법 : 드롭해머는 타격에너지가 작으므로 소규모 말뚝의 타입과 선굴착 말뚝의 최종타입에 적용된다.

② 증기해머 공법 : 단동식 증기/공기 해머는 분당 35~60회의 타격속도를 갖고 있다. 단단한 점성토 지반에서는 타격속도가 늦은 단동식 해머가 복동식 해머보다 유리하고, 경사말뚝 타입에는 불리하다. 복동식 증기/공기 해머는 타격속도가 단동식의 두 배 정도로 빠르기 때문에 경사말뚝타입과 연약점토지반 및 사질토지반에서 단동식보다 유리하다.

③ 디젤해머 공법 : 디젤해머에는 단동식과 복동식이 있는데 최대 타격속도는 단동식은 분당 35~60회, 복동식은 분당 80~100회이다. 경사말뚝 타입에 적당하고, 보통 내지 단단한 지반에서 작동이 잘되나 연약지반에서는 지반반력의 부족으로 해머의 시동이 꺼지기도 한다. 디젤해머는 작동과정 중 낙하하는 램이 실린더내부와 계속 마찰하게 되는 등 기계적 효율 손실이 크며 각각의 장비별로 효율이 크게 차이를 나타낸다. 또 지반 반력이 급격히 증가하는 경우 램의 반발을 조절할 수 없어 말뚝재료에 과잉 항타응력을 유발시킬 위험 또한 매우 크다. 이 밖에 디젤해머 시공은 소음, 지반진동 및 매연 등 건설 공해의 발생 때문에 적용에 제약을 받는다.

● **시험항타(시항타, 말뚝박기시험)**
시험항타란 기성말뚝의 본항타 이전에 시험시공말뚝에 항타를 진행하는 것으로, 목적은 다음과 같다.
① 말뚝 길이 결정
② 말뚝 지지력 추정
③ 항타장비 선정
④ 시공성 검토
⑤ 이음공법 결정

● **디젤해머 공법 특징**
① 취급이 비교적 간단하다.
② 부대설비가 적어 작업성과 기동성이 있다.
③ 배기가스 및 소음공해가 있다.
④ 연약지반에서 능률이 저하된다.

④ 진동해머 : 진동해머는 말뚝머리에 무거운 자중을 지닌 해머를 얹고 진동을 발생시킴으로써 말뚝을 관입시키는 것으로서 포화지반이나 배토량이 작은 말뚝에 적합하고 점성토 지반과 배토말뚝에도 사용되고 있으며 말뚝 뽑기에도 많이 쓰인다. 진동해머는 타격해머보다 지반에 발생하는 항타진동, 소음과 말뚝손상이 적으며 타입속도가 빠른 이점이 있다. 그러나 장애물이 있을 때 말뚝관입이 안되는 단점이 있다.

(5) 변위 양상에 따른 분류

① 주동말뚝 : 말뚝이 먼저 횡하중을 받고 말뚝이 먼저 움직여 이로 인한 토압이 지반으로 전달되는 거동
② 수동말뚝 : 다양한 원인에 의해 지반이 먼저 변형하고 이로 인한 토압이 말뚝에 전달되는 거동

○ 수동말뚝 해석방법
① 간편법
② 탄성법
③ 지반반력법
④ 유한요소법

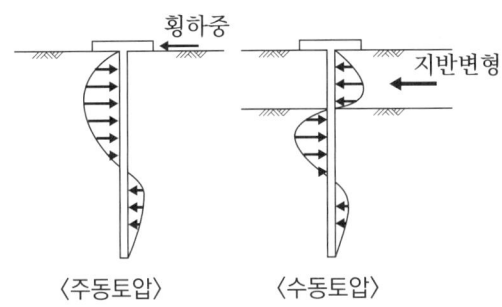

〈주동토압〉　〈수동토압〉

학습 POINT

● **동역학 공식에 의한 방법의 적용**

동역학 공식에 의한 방법은 타입(항타) 말뚝에 적용한다. 타입(항타) 말뚝의 경우, 해머 또는 램(ram)으로 말뚝으로 항타하게 된다. 말뚝을 항타하면 말뚝머리에 동하중이 작용되며, 이러한 동적 하중을 잘 이용하면 항타 시에 지지력을 예측할 수도 있고, 항타 시 말뚝에 작용되는 응력을 예측하여 항타 시공 가능성 여부도 평가할 수 있다.

● **Hiley 식**

Hiley 식은 말뚝과 지반 및 말뚝 머리의 리바운드량(탄성변형량)을 고려한 공식이며, 식에서 $W_h H$ 는 타격에너지(위치에너지)를 의미한다.

● **말뚝재하시험에 의한 방법**

말뚝의 극한지지력을 구하는 수많은 공식들이 제안되었지만, 말뚝 재하시험이 가장 정확하다.

2) 말뚝 지지력 산정

방법			
정역학적 공식에 의한 방법 (안전율 3)	Terzaghi 식	—	
	Meyerhof 식	$Q_u = 40 N A_p + \dfrac{1}{5}\overline{N} A_s$ Q_u : 극한지지력 (t) N : 선단 N치, A_p : 말뚝 선단 면적, A_s : 말뚝 주면 면적, $\overline{N}$: 지중 가중 평균 N치	
	Dörr	—	
	Dunham	—	
동역학적 공식에 의한 방법	Sanders 식	$q_u = \dfrac{W_H \times H}{S}$, $q_a = \dfrac{q_u}{8}$ W_H : 해머 중량, H : 해머 낙하고(cm), S : 타격 당 말뚝의 평균 관입량(cm)	
	Engineering news 식	$q_u = \dfrac{W_H \times H}{S+C} \times E$, $q_a = \dfrac{q_u}{6}$ W_H : 해머 중량, H : 해머 낙하고(cm), S : 타격 당 말뚝의 평균 관입량(cm) C : 손실 상수(단동식 증기 해머=0.254cm, 낙하식(drop) 해머=2.54cm) E : 해머 효율	
	Hiley 식	$Q_u = \dfrac{W_h H \times E}{S + \dfrac{1}{2}(C_1+C_2+C_3)} \times \left(\dfrac{W_h + n^2 W_P}{W_h + W_P}\right)$ W_h : 해머 중량, H : 해머 낙하고(cm), E : 해머 효율, s : 타격당 당 말뚝의 평균 관입량(cm), C : 리바운드량, n : 반발계수, W_p : 말뚝무게	
	Weisbach		
말뚝재하 시험에 의한 방법	압축재하시험	정(적)재하 시험	사하중 재하방법
			반력말뚝 재하방법
			어스앵커 재하방법
		동(적)재하 시험	—
		정동재하 시험	—
		간편말뚝 시험(SPLT)	—
	인발재하시험	—	
	수평재하시험	—	

(1) 말뚝재하시험(압축재하시험)

말뚝의 지지력을 구하는 공식은 수없이 많지만, 실제로 말뚝에 하중을 재하해보는 말뚝 재하시험의 신뢰성이 가장 높다.

① 정(적)재하 시험 : 실제 하중을 재하하는 방법이다. 가장 신뢰도가 크나 많은 시간과 비용이 들어간다.

- 양방향 정(적)재하 시험(오스터버그셀) : 말뚝 내부에 유압장치를 위치(지반 조건에 따라 하부에 설치하거나 이격시켜 중간 정도 위치에 설치)시킨 상태에서 콘크리트를 타설하고 양생한 뒤 양방향으로 하중을 가해 지반의 지지력을 평가하는 정(적)재하 시험이다. 양방향재하시험은 시험하중이 매우 큰 대구경 현장타설 말뚝에서 경제적인 시험방법이다.

② 동(적)재하 시험 : 항타분석기(PDA : Pile Driving Analyzer)를 이용하여 말뚝 머리에 변형률계와 가속도계를 부착하고 항타하여 하중을 재하하는 방법이다.

③ 정동재하 시험 : 말뚝 머리에 하중을 얹고 말뚝과 상재하중 사이에 가스 챔버를 이용한 폭발력을 발생시켜 하중을 재하하는 방법이다.

④ 간편말뚝 재하시험(SPLT : Simple Pile Loading Test) : 선단부를 말뚝 몸체로부터 분리할 수 있도록 하여 말뚝내부에 설치된 하중전달 부재를 통하여 선단부에서만 하중이 전달되도록 하여 이에 소요되는 반력은 말뚝의 주면마찰력을 이용하는 방법이다.

학습 POINT

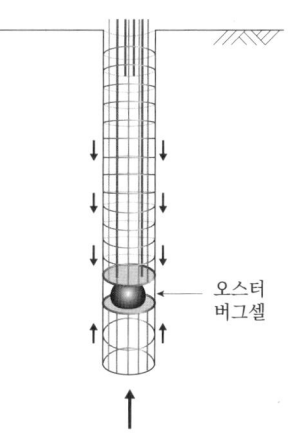

○ 오스터버그셀 시험

DAY 03 연약지반 개량공법

1 연약지반 개량 공법

개량원리	적용지반	('일시적') 공법	
하중평형공법	점성토	압성토(Surcharge) 공법	
		경량재쌓기(≈하중경감) 공법	
압밀공법	점성토(압밀)	선행재하(선행압밀, Pre-Loading) 공법	
		생석회 말뚝(Chemico Pile) 공법	
		샌드매트(Sand mat) 공법	
연직배수 (Vertical Drain)공법	점성토(압밀)	샌드 드레인(Sand Drain) 공법	
		팩 드레인(Pack Drain) 공법	
		PVD(Prefabricated Vertical Drain) 공법	
지하수위 강제배수공법	점성토(압밀)	'**침투압**(MAIS) **공법**'	
		'**전기침투**(전기삼투, Electro-Osmosis) **공법**'	
		'**진공압밀**(대기압) **공법**'	
	사질토	'**웰 포인트**(Well Point) **공법**'	
지하수위 중력배수공법	사질토	'**심정**(Deep Well) **공법**'	
다짐공법	사질토	바이브로 플로테이션(진동다짐, Vibroflotation) 공법	
		폭파다짐 공법	
		전기충격 공법	
	점성토, 사질토	모래 다짐 말뚝(쇄석 다짐 말뚝)(Sand Compaction Pile, Vibro Composer) 공법	
		동다짐(동압밀, Dynamic Compaction) 공법	
치환공법	점성토, 사질토	굴착치환(제거치환) 공법	
		강제치환 공법	자중치환 공법
			폭파치환 공법
고결공법	점성토, 사질토	약액주입(그라우팅) 공법	LW 공법
			SGR 공법
			JSP 공법
		'**동결 공법**'	
		표층혼합처리 공법	
		심층혼합처리 공법	

1) 압성토(Srucharge) 공법

압성토공법이란 연약지반 위에 성토하면 흙의 중량으로 인해 지반 침하가 발생하고, 이로 인해 사면 하단 근처의 지반이 올라오게 된다(성토 좌측), 이를 방지하기 위해 성토 근처에 쌓은 흙을 압성토라 한다.

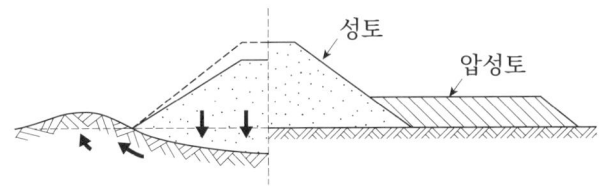

3) 선행재하(선행압밀, Pre-Loading) 공법

프리로딩 공법이란 연약지반 상부에 하중을 미리 가해 지반의 압밀도를 촉진시키고 잔류침하를 줄이는 공법이다. 압밀계수가 커서 침하에 소요되는 시간이 작고, 압밀토층 두께가 작아서 프리로딩에 의한 지중응력 증가가 큰 지반에서 주로 적용된다. 압밀을 끝내기 위해서는 많은 시간이 소요되므로 공사기간이 충분해야 한다.

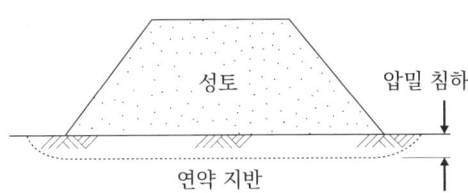

4) 샌드매트(Sand mat) 공법, 연직배수(Vertical Drain) 공법

Sand mat이란 연약지반 위에 1m 내외 두께로 포설하는 모래층을 의미한다. 일반적으로 연직배수재를 같이 설치하여 압밀효과를 증대시킨다.

> **○ 샌드매트**
> 샌드매트(Sand mat)를 '부사'라고 명칭하기도 한다.

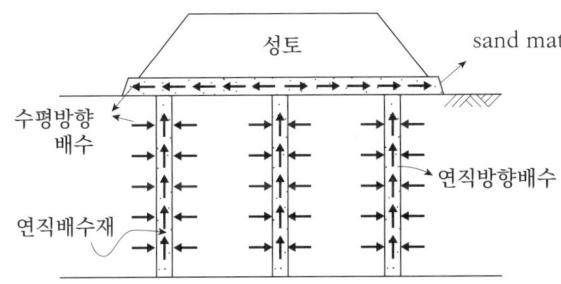

학습 POINT

○ **배수재의 재료**
연직배수 공법의 원리는 동일하나 사용하는 재료에 따라 다양하게 분류할 수 있다.
① 모래 : 샌드 드레인(Sand Drain), 팩 드레인(Pack Drain)
② 카드보드(종이) : 페이퍼 드레인(Paper Drain)
③ 플라스틱 : 플라스틱 보드 드레인(Plastic Board Drain)
④ 각종 섬유 : PVD(Prefabricated Vertical Drain)
시방서에서는 샌드드레인(모래), 팩드레인(모래망), PVD(각종 토목섬유)으로 분류된다.

○ **페이퍼 드레인(Paper Drain) 열화 현상**
페이퍼 드레인의 경우 재료의 열화현상으로 인해 장기간의 배수효과는 샌드 드레인(Sand Drain)보다 불리하다.

(1) 샌드매트(Sand mat)의 역할
① 연약지반 압밀 촉진을 위한 상부 배수층
② 지하수 상승시 압성토의 지하 배수층
③ 시공장비의 주행성 확보

(2) 연직배수제(Vertical Drain)
시간계수 $\left(T_v = \dfrac{C_v t}{H_{dr}^2}\right)$를 보면 배수거리가 짧을수록 시간계수가 급격하게 증가하므로 평균 압밀도(U_{avg})를 높이는 가장 효과적인 방법은 배수거리를 줄이는 것이며, 이를 위해 연직 배수재를 설치한다. 공법의 원리는 동일하나 사용하는 재료에 따라 다양하게 분류할 수 있다.

(2)-3 페이퍼 드레인(Paper Drain)이 샌드 드레인(Sand Drain) 보다 유리한 점
① 저렴한 공사비
② 빠른 시공속도
③ 주변 지반 비교란
④ Drain 단면 일정
⑤ 배수효과 좋음

6) 전기침투(삼투)(Electro-Osmosis) 공법
지반에 전류를 흐르게 하여 흙 속의 물을 배수시키는 공법이다.

8) 웰 포인트(Well point) 공법
강관의 선단에 웰포인트(well point)를 부착하여 지중에 관입한 다음 관 내부를 진공화함으로써 간극수의 집수효과를 높이는 공법으로 사질토 지반에 적용하여야 한다.

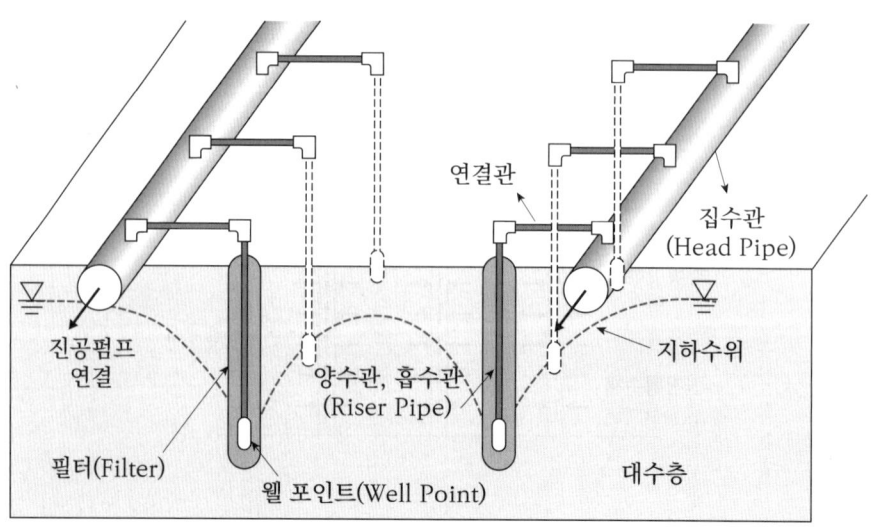

10) 바이브로 플로테이션(진동다짐, Vibroflotation) 공법

수평방향으로 진동하는 진동체를 진동체의 하단에 물을 분출시키면서 소정의 깊이까지 지중에 삽입하여 진동체 주변에 있는 간극에 지표에서 모래나 자갈 등을 보급하면서 끌어 올림으로써 느슨한 모래지반을 심층다짐하는 공법이다.

11) 모래 다짐 말뚝(쇄석 다짐 말뚝)(Sand Compaction Pile, Vibro Composer) 공법

연약지반 중에 강관케이싱을 관입(①~②)하고, 진동 또는 충격하중을 사용하여 모래를 압밀(③~⑦ 반복)하여, 직경이 큰 압축된 모래기둥을 조성(⑧)하여 지반을 안정시키는 공법으로, 느슨한 사질토 지반에 널리 활용되고, 점성토에서도 사용 가능하지만 효과적이지 못하다. 지반을 한계간극비 이하로 다져서 유동화를 방지하거나 지반의 전단강도를 증가시키는 것에 주된 목적이 있다. 바이브로콤포서(Vibro Composer)의 일종이다.

> **학습 POINT**
>
> ○ 충격식 모래 다짐 말뚝 공법
> 충격식은 진동식과 과정은 동일하나, 내관을 상하로 왕복시켜 외관에 충격하중을 주는 방식으로 진행된다.
>
>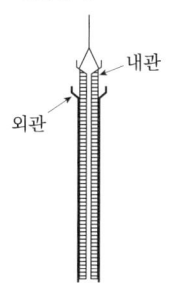

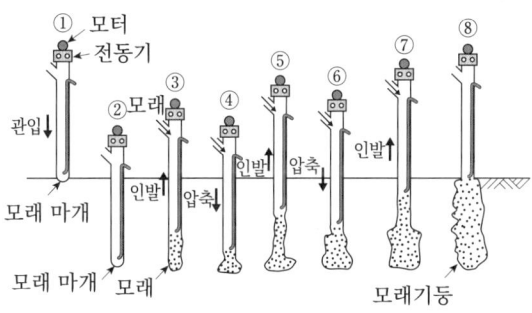

〈진동식 모래 다짐 말뚝 공법〉

12) 동다짐(동압밀, Dynamic Compaction) 공법

10~40kN의 강재블록이나 콘크리트 블록과 같은 중추를 10~30m의 높은 곳에서 여러 차례 낙하시켜 충격과 진동으로 지반을 개량하는 공법으로, 지하수위에 관계없이 사질토지반이나 매립지반을 개량하는 데 효과적이다. 포화된 점성토에서도 사용 가능하지만 효과적이지 못하다. 시공 중 사운딩을 실시하여 개량효과를 점검할 수 있다.

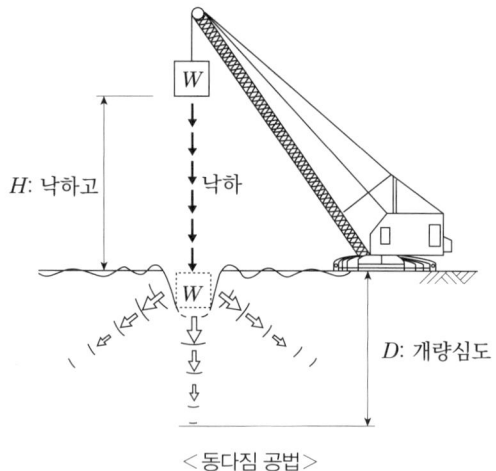

<동다짐 공법>

(1) 동다짐공법 개량심도

개량심도란 낙하 에너지가 전달되는 영향 범위로 해당 깊이까지 지반이 개량되는 효과가 있다.

$$D = C \times a \times \sqrt{WH}$$

D : 개량심도, C : 낙하 방법에 따른 계수
a : 토질계수(폐기물 0.3~0.5, 사질토 0.4~0.6, 쇄석 0.5~0.7)
W : 추의 무게(kN), H : 낙하고(m)

● 무게(kN)
무게(kN) = 질량 × 중력가속도
($9.81 m/s^2$ or $10 m/s^2$)

14) 약액주입(그라우팅) 공법

지반 내에 주입관을 삽입하여 약액(주입재)을 압력으로 주입하거나 혼합하여 지반을 고결 또는 경화시켜 강도증대 또는 차수효과를 높이는 공법이다.

(1) 약액주입 공법 고려사항

① 약액의 종류 및 배합률
② Gel Time(굳는데 소요되는 시간)
③ 주입률, 주입량, 주입속도, 주입압력
④ 주입형식
⑤ 주입관의 종류와 설치방안(간격, 길이, 주입공의 직경, 개수)

(5) 약액주입 공법 종류
약액주입공법은 매우 다양하나 아래의 방법들이 대표적이다.
① LW(Labiles Wasser glass) 공법 : 물유리계 용액을 사용하고, 경화재로 시멘트 현탁액과 벤토나이트를 사용하여 지반 속에 침투시켜 지반을 강화시키는 공법
② SGR(Space Grouting Rocket) 공법 : 이중관 로드에 특수 선단 장치를 결합시켜 지반내에 유공관을 형성하여 급결성과 완결성의 주입재를 저압에 의해 복합 주입하여 지반을 그라우팅 하는 공법
③ JSP(Jumbo Special Patter) 공법 : 지반중에 초고압으로 가압된 경화재를 에어제트(Air Jet)와 함께 이중관 선단에 부착된 분사노즐로 분사시켜 지반의 토립자를 교반하여 경화재와 혼합 고결시키는 공법

15) 표층혼합처리 공법
초연약지반의 주행성 확보를 목적으로 지표면에서 깊이 약 3m 이내의 연약토를 석회계, 시멘트계, 플라이 애시계 등의 안정재를 혼합하여 지반강도를 증가시키는 공법으로 해안매립지 같은 초연약지반의 지표면을 고화시키기 위해 사용하는 공법

16) 심층혼합처리 공법
원지반의 연약점성토와 고화제를 강제적으로 혼합하여 지반 중에 견고한 안정처리토를 형성하는 연약지반 개량공법으로서 중력식의 방파제, 안벽 또는 호안의 하부 기초공 등에 적용한다.

DAY 04-1 암반 / 석재 / 터널

학습 POINT

1 암반

1) 암석
암석이란 암반을 구성하고 있는 소재를 의미한다.

암석의 분류
암석의 분류 방법은 다양하다.
① 성인(지질학적)에 의한 분류 : 화성암, 퇴적암, 변성암
② 산출상태에 의한 분류 : 괴상암, 성층암
③ 화학성분에 의한 분류 : 규산질암, 석회질암, 점토질암
④ 조직구조에 의한 분류 : 결정질암, 쇄설질암
⑤ 압축강도에 의한 분류 : 경석, 준경석, 연석
⑥ 용도에 의한 분류 : 구조용, 장식용, 골재용

(1) 암석의 분류(성인(지질학적)에 의한 분류)
암석의 분류방법은 다양하나 보편적으로 성인(지질학적)에 의한 분류가 사용된다.

(1)-1 화성암(Igneous rock)
지구내부 용융상태의 마그마가 냉각되어 굳은 것. 지구 내부 깊은 곳에서 천천히 냉각된 것을 '심성암', 지표면에 분출되어 급격하게 냉각된 것을 '화산암'이라 한다.

① 화강암 : 석재 중 조직이 균일하고 내구성 및 강도가 큰 편이며, 외관이 아름다운 장점이 있는 반면 내화성이 작아 고열을 받는 곳에 적합하지 않다. 균열이 적기 때문에 비교적 큰 재료를 채취할 수 있으나, 자중이 크고 경도가 높아 가공이나 시공이 곤란하다.

② 안산암 : 사장석, 휘석, 감람석 등이 주성분으로 중성 화산암석에 속한다. 석질이 강경하고 강도와 내구성, 내화성이 매우 크다. 판상 또는 주상의 절리를 가지고 있어 채석 및 가공이 쉬우나, 조직과 광택이 고르지 못하고 절리가 많아 큰 석재를 얻을 수 없다. 교량, 하천의 호안공사 및 돌쌓기, 부순돌로서 도로용 골재 등 건설공사용으로 많이 사용된다.

③ 섬록암, ④ 현무암, ⑤ 유문암, ⑥ 반려암, ⑦ 섬장암, ⑧ 조면암, ⑨ 감람암 등

● ③ 화학 성분에 의한 분류
화성암의 규산(SiO_2) 함량에 따른 분류
· 66% 이상 : 산성암
· 52~66% : 중성암
· 52% 이하 : 염기성암

● 심성암, 화산암의 종류
· 심성암 : 화강암, 섬장암, 섬록암, 반려암, 감람암 등
· 현무암 : 유문암, 조면암, 안산암, 현무암 등

(1)-2 퇴적암(Sedimentary rock)
표면에 노출된 암석이 풍화·분해되어 바람 또는 물에 의하여 운반되고 물리적, 화학적인 침전 작용에 의하여 퇴적된 것. 물에 의하여 운반되거나, 물속의 물질이 퇴적되어 생된된 것을 '수성암'이라 하며, 거의 대부분의 퇴적암은 수성암이다.

① 사암 : 일반적으로 공극률이 가장 크다.
② 응회암 : 내화성이 크나 강도 및 내구성은 작다.
③ 석회암 : 석회물질이 침전·응고한 것으로서 용도는 석회, 시멘트, 비료 등의 원료 및 제철 시의 용매제 등에 사용된다.
④ 혈암 : 점토가 불완전하게 응고된 것으로, 색조는 흑색, 적갈색 및 녹색이 있으며, 부순돌, 시멘트 제조시 원료로 많이 이용된다.

⑤ 역암, ⑥ 이암(≈셰일), ⑦ 규조토, ⑧ 화산재, ⑨ 각력암, ⑩ 암염, ⑪ 백운암, ⑫ 석고, ⑬ 석탄

(1)-3 변성암(Metamorphic rock)

화성암 또는 퇴적암이 지열, 지각의 변동에 의한 압력작용 및 화학작용 등에 의해서 조직이 변화한 것.
① 대리석 : 강도는 매우 크지만 내구성이 약하며, 풍화되기 쉬우므로 옥외에 사용하는 경우는 드물고, 실내장식용으로 많이 사용된다.
② 편마암, ③ 천매암, ④ 점판암, ⑤ 결정편암(편암), ⑥ 규암, ⑦ 사문암, ⑧ 혼펠스 등

2) 암반

(1) 암반의 구조

① 절리 : 암반내의 불연속면, 상대적인 변위 없음. 화성암에서 많이 보이며, 암석 특유의 천연적으로 갈라진 금
② 단층 : 암반내의 불연속면, 상대적인 변위 있음.
③ 층리 : 퇴적암이나 변성암의 일부에서 생기며, 평행상의 절리.
④ 편리 : 변성암에 생기며, 방향이 불규칙하고 얇은 판자모양으로 갈라지는 절리.
⑤ 석리 : 암석을 구성하는 조암광물의 집합상태에 따라 생기는 눈 모양.
⑥ 석목(돌눈) : 화강암에서 뚜렷하며, 암석의 가공이나 채석에 이용되는 것으로 갈라지기 쉬운 면
⑦ 벽개 : 잘 갈라지는 면.
⑧ 결정도 : 결정작용의 정도.

○ 절리의 종류
- 주상절리 : 화성암에 많이 보이며, 돌기둥을 배열한 것 같은 모양
- 판상절리 : 수성암, 안산암 등에서 많이 보이며, 판자를 겹쳐놓은 모양
- 구상절리 : 암석의 노출부가 양파모양
- 불규칙 다면괴상절리 : 암석생성시 냉각으로 인해 생기는 불규칙한 모양

(2) 암반의 사면 파괴 형태

원호파괴 (원형파괴)	평면파괴	쐐기파괴	전도파괴 (토플링파괴)

(3) 암반의 초기응력 측정 방법

암반의 초기응력은 응력개방법, 응력보상법, 수압파쇄법, 시추코어 이용법(변형률회복법)등으로 분류할 수 있다.

학습 POINT

① 오버코어링 시험(Overcoring test)

응력 개방법으로 암반에 변형률 측정기를 설치한 후 응력 개방에 따른 변화량을 측정하고 암반의 응력을 계산하는 방법이다. 공경변형법, 공격변형법, 공저변형법, 반구/원뿔형 공저변형법 등이 있다.

② 플랫잭 시험(Flat jack test)

응력 보상법으로 암반에 플랫잭을 설치한 후 암반과 밀착시키고 초기 변위를 회복할 때까지 압력을 가해 암반의 응력을 계산하는 방법이다.

③ 수압파쇄 시험(Hydraulic fracturing test)

수압파쇄법으로 암반 중에 천공한 보어 홀에 액체를 주입하여 압력을 상승시키고 공벽에 균열을 유도하여 현지지압(초기지압)의 크기와 방향을 계산하는 방법이다.

④ 시추코어 이용법(변형률 회복법)

ASR(Anelastic Strain Recovery), DSCA(Differntial Strain Curve Analysis), AE(Acoustic Emission), DRA(Defoation Rate Analysis)가 있다.

(4) 암반의 공학적 분류

① RQD 분류법
② RMR 분류법 → 〈RMR 분류법 평가요소〉
③ Q분류법(Q-system)
④ RSR 분류법
⑤ 암반하중 분류법

〈RMR 분류법 평가요소〉
① RQD
② 일축압축강도
③ 지하수
④ 불연속면 간격
⑤ 불연속면 상태
⑥ 불연속면 방향

● 암질지수(RQD) 평가

RQD(%)	암질
0~25	아주 불량
25~50	불량
50~75	보통
75~90	양호
90~100	아주 양호

(4)-1 TCR(암석 회수율), RQD(암질지수)

암석회수율(TCR : Total Core Recovery)	암질지수(RQD : Rock Quality Designation)
$\frac{\sum 코어길이}{시추길이} \times 100\%$	$\frac{\sum 10cm \text{ 이상 코어길이}}{시추길이} \times 100\%$

● Q-시스템(Q-system) 식의 의미

- $\frac{RQD}{J_n}$: 암반의 크기
- $\frac{J_r}{J_a}$: 암반의 전단강도
- $\frac{J_w}{SRF}$: 환경적 요소

(4)-2 Q분류법(Q-system)

$$Q = \frac{RQD}{J_n} \times \frac{J_r}{J_a} \times \frac{J_w}{SRF}$$

J_n : 절리군 수, J_r : 절리 거칠기 계수, J_a : 절리면 변질 계수, J_w : 지하수 보정 계수
SRF : 응력 저감 계수

흙막이 / 사면안정

1 흙막이 공법

2) 흙막이벽(흙막이 공법)의 분류

공법 종류	H-pile + 흙막이판	강널말뚝 (Steel sheet pile)	주열식 지하 연속벽 공법		벽식 지하 연속벽 공법
			C.I.P (주열식 콘크리트 벽체)	S.C.W (소일 시멘트 벽체)	지하(지중)연속벽 (Slurry Wall, Diaphragm Wall)
특징	일정 간격으로 H-pile(엄지말뚝)을 설치하고, 사이에 토류판을 끼워넣어 흙막이벽을 형성	흙막이 공사에서 토압에 저항하고, 동시에 차수 목적으로 서로 맞물림 효과가 있는 수직 타입의 강재 널말뚝	지반을 천공한 후 철근망 또는 필요시 H형강을 삽입하고 콘크리트를 타설하는 현장타설말뚝으로 주열식 현장벽체	오거 형태의 굴착과 함께 원지반에 시멘트계 결합재를 혼합, 교반시키고 필요시에 H-형강 등의 응력분담재를 삽입하여 조성하는 주열식 현장 벽체	벤토나이트 안정액을 사용하여 지반을 굴착하고 철근망을 삽입한 후 콘크리트를 타설하여 지중에 시공된 철근 콘크리트 연속벽체로 주로 영구벽체로 사용
장점	① 공사비가 저렴하다. ② 자재 재사용이 가능하다. ③ 소음, 진동이 적다.	① 벽체의 차수성이 좋다. ② 자재 재사용이 가능하다. ③ 공기가 짧다.	① 인접구조물에 영향이 적다. ② 벽체의 강성이 크다.	① 벽체의 차수성이 좋다. ② 토사유실이 적다. ③ 공기가 짧다.	① 벽체의 차수성이 좋다. ② 벽체의 강성이 크다. ③ 소음, 진동이 적다. ④ 큰 지지력을 얻을 수 있다. ⑤ 주변 지반의 침하를 방지할 수 있다.
단점	① 지하수위가 높은 경우 벽체의 차수성이 좋지 않다. ② 벽체의 강성이 작다. ③ 토류판과 지반 사이의 여굴 발생에 따른 지반 침하가 발생할 수 있다.	① 벽체의 강성이 작다. ② 자갈 및 암반 구간에 시공이 어렵다. ③ 소음, 진동이 크다.	① 벽체의 차수성이 좋지 않다. ② 암반 구간에 시공이 어렵다.	① 벽체로 이용이 불가하다. ② 자갈 및 암반 구간에 시공이 어렵다.	① 공사비가 비싸다. ② 장비규모가 크다.

> **지하 연속벽 공법**
> 지하 연속벽 공법에는 주열식 지하 연속벽 공법과 벽식 지하 연속벽 공법이 있으며, 종류는 굉장히 다양하나 수험생들이 모두 학습하기는 어려우므로 이름만 기억해 두자.
> C.I.P 공법, S.C.W 공법, P.I.P 공법, M.I.P 공법, 이코스(ICOS) 공법, 엘스(ELSE) 공법, 솔테땅쉬(Soletanche) 공법, 지하(지중)연속벽체(Slurrly Wall, Diaphragm Wall) 공법 등

3) 개착(굴착)공법 분류

(1)-5 어스앵커(Earth Anchor) 공법

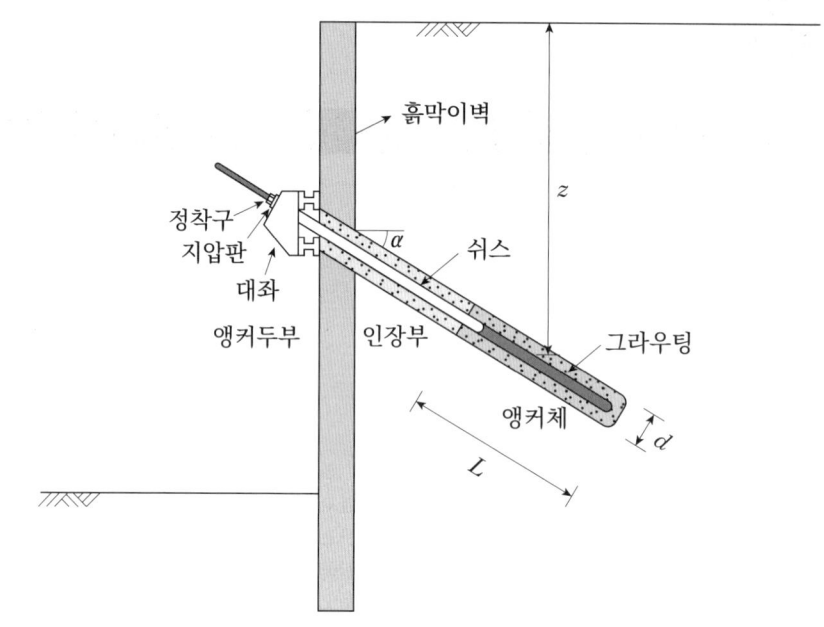

● 앵커 극한저항의 이해
앵커 극한저항은 앵커체를 원기둥이라고 생각하고, 원기둥 겉면적(πdl)에서 발생하는 전단저항을 고려한 것이다.

● 벽면마찰각(δ), 부착력(c_a)
앵커와 흙의 재료가 다르기 때문에 전단강도 계산시 벽면마찰각(δ), 부착력(c_a)을 적용해야 한다. 그러나 별도의 언급이 없는 경우 벽면마찰각(δ)은 내부마찰각(ϕ), 부착력(c_a)은 점착력(c)으로 볼 수 있다.

(1)-5-3 앵커 극한저항

① 모래층

$$Q_u = (\tau_f)(\pi dL)$$
$$= (\sigma \tan\delta + c_a)(\pi dL) = (K)(\overline{\sigma})(\tan\delta)(\pi dL) \ (\because c_a = 0)$$
$$= (K)(rz)(\tan\delta)(\pi dL)$$

② 점토층

$$Q_u = (\tau_f)(\pi dL)$$
$$= (\sigma \tan\delta + c_a)(\pi dL) = (c_a)(\pi dL) \ (\because \delta = 0)$$

$$c_a \left(= \frac{2}{3}c\right) : \text{허용부착력}$$

② 사면안정공법

사면안정공법이란 사면의 안전율을 향상시키는 공사 방법을 의미하며, 안전율을 증가시키는 비탈면 보강공법(적극적인 방법)과 안전율 감소를 방지하는 비탈면 보호공법(표면 처리 방법, 소적극적 방법)이 있다.

1) 비탈면 보강공법(적극적인 방법)

비탈면 보강공법은 매우 다양하나 시방서에서는 네일, 록볼트, 억지말뚝에 대하여 규정하므로 해당 부분에 대해 주의깊게 보는 것이 좋다.

① 소일네일링(Soil Nailing) 공법 : 경사면에 소형 천공 후 프리스트레싱 없는 네일(철근)을 삽입하고 시멘트를 그라우팅하여 사면을 고정하는 방법
② 록볼트(Rock Bolt) 공법: 소일 네일링과 유사하나 록볼트를 기반암에 고정하는 방법
③ 억지말뚝공법 : 사면을 관통하여 부동지반까지 말뚝을 일렬로 시공함으로써 사면의 활동하중을 말뚝의 수평저항으로 받아 부동지반에 전달시키는 방법
④ 어스앵커(Earth Anchor, 지반앵커) 공법 : 소일 네일링과 유사하나 PS 강선을 이용
⑤ FRP 보강 그라우팅 공법 : 소일 네일링과 유사하나 FRP 관을 사용하여 내구성을 향상
⑥ 록앵커(Rock Anchor) 공법 : 앵커에 가해진 프리스트레스로 사면을 고정하는 방법
⑦ 추가적으로 사면의 경사를 직접적으로 완화시키거나 옹벽을 설치할 수 있다.

2) 비탈면 보호공법(표면 처리 방법, 소적극적 방법)

비탈면 보호공법은 매우 다양하나 시방서에서는 격자블록 및 돌(블록) 붙이기, 콘크리트 뿜어 붙이기, 비탈면 녹화에 대하여 규정하므로 해당 부분에 대해 주의깊게 보는 것이 좋다.

① 격자블록 및 돌(블록) 붙이기 공법
② 콘크리트 뿜어 붙이기(숏크리트) 공법 : 사면의 표면을 정리한 후 시멘트를 뿜어 부착시켜 표면을 보호하는 공법
③ 비탈면 녹화 공법
- 씨앗 살포(Sedd spray) 공법 : 사면에 종자, 비료, 침식방지안정제 등을 뿜어 부착시켜 표면을 보호하는 공법
- 식생 매트공법, 식생 판공법, 식생 망태공법, 식생 줄떼공, 식생평떼공 : 매트, 판, 망 형태로 사면 표면에 씨앗, 비료를 부착시켜 보호하는 공법
- 텍솔 공법 : 성토사면의 토사 속에 고분자합성수지로 된 특수섬유와 모래를 혼합시킨 특수보강재를 살포하여 인공뿌리역할을 하도록 함으로써 사면보호기능을 하는 공법

학습 POINT

○ 암반보강공법
사면안정공법 중 토사, 풍화가 심한 지반에만 적용 가능한 공법들도 있으므로 암반보강공법은 별도로 암기한다.
- 록볼트(Rock Bolt) 공법
- 록앵커(Rock Anchor) 공법
- 숏크리트(Shotcrete) 공법

토목섬유

학습 POINT

● 토목섬유의 기능
토목섬유의 기능으로는 분리, 차단, 여과, 배수, 보강, 표층 침시 방지, 보호, 응력완화(아스팔트 층간)가 있다.

3 토목섬유

토목섬유란 토공 및 기초 분야에서 이용되는 건설 재료를 의미한다.

1) 토목섬유의 그림문자 및 역할

시험에 출제되는 토목섬유의 기능을 표현하는 그림문자와 역할은 다음과 같다.

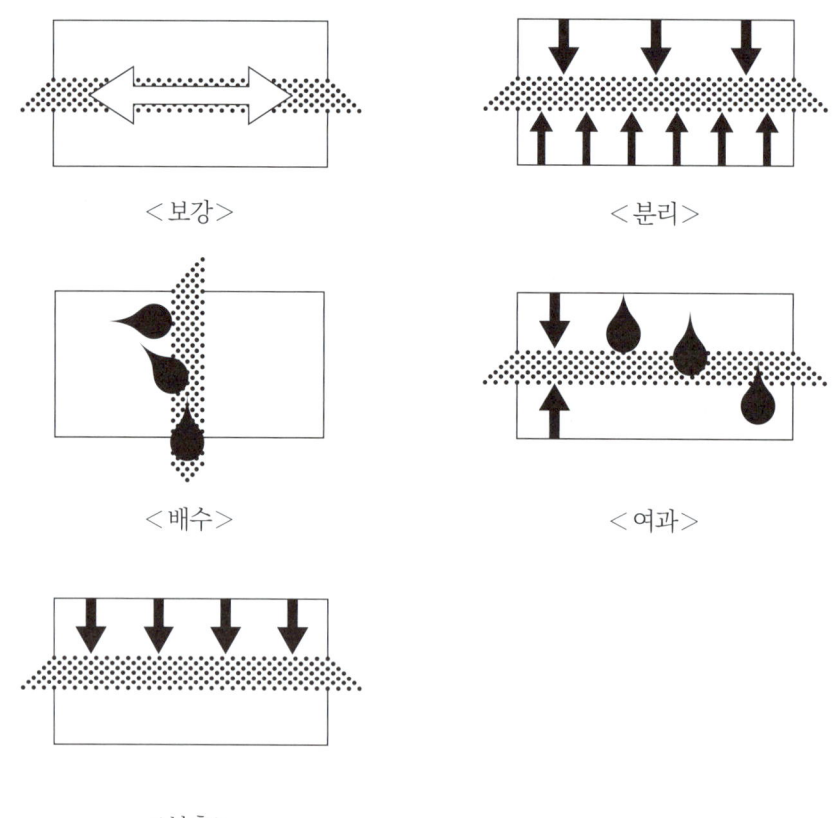

① 보강기능 : 토목섬유의 인장강도는 흙의 지지력을 증가시킨다.
② 분리기능 : 인접한 다른 흙이나 채움재가 서로 섞이지 않도록 방지한다.
③ 배수기능 : 물이 흙으로부터 여러 형태의 배수로로 빠져나갈 수 있도록 한다.
④ 여과(필터)기능 : 입도가 다른 두 개의 층 사이에 배치되어 침투수가 세립토층에서 조립토층으로 흘러갈 때 세립토의 이동을 방지한다.

09-2 포장

6 도로 노상의 지지력

1) 현장시험, 실내시험

(1) 노상토 지지력비시험(CBR : California Bearing Ratio)

노상토 지지력비시험이란 직경 50mm의 피스톤을 '특정 관입량에 대한 표준하중과 시험하중의 비를 백분율'로 표현한 강도지표 CBR치를 구하는 시험을 의미한다.

(1)-1 CBR

$$CBR = \frac{q}{q_0} \times 100 = \frac{Q}{Q_0} \times 100$$

CBR : 지지력비(%)

q : 관입량에 따른 하중 강도(MN/m^2), q_0 : 관입량에 따른 표준 하중 강도(MN/m^2)

Q : 관입량에 따른 하중(kN), Q_0 : 관입량에 따른 표준 하중(kN)

관입량(mm)	표준 하중 강도(q_0)(MN/m^2)	표준하중(Q_0)(kN)
2.5	6.9	13.4
5.0	10.3	19.9

★ 관입량 5.0mm에서 CBR이 관입량 2.5mm의 것보다 큰 경우에는 새로운 공시체로 재시험을 한다. 그러나 다시 동일한 결과를 얻었을 때는 관입량 5.0mm일 때의 CBR을 사용한다.

(1)-2 평균 CBR, 설계 CBR

균질한 토질을 나타내는 구간의 여러 지점 수(n) 만큼의 CBR 시험을 실시하고, 다음 식으로 계산한다. 아스팔트 포장의 두께를 결정하는 데 이용된다.

$$평균 CBR = \frac{\sum CBR}{지점수}$$

$$설계 CBR = 평균 CBR - \frac{CBR_{max} - CBR_{min}}{d_2}$$

d_2 : 시료채취 지점수(n)에 따른 계수

단, 설계 CBR은 계산된 값의 정수부분으로 한다.

> **학습 POINT**
>
> ○ 노상토 지지력비시험(CBR : California Bearing Ratio)
> 노상토 지지력비시험은 현장시험 및 실내시험 모두 가능하다.

MEMO